全国中等职业技术学校通用教材

# 体育与健康

TIYU YU JIANKANG

（第2版）

中国劳动社会保障出版社

**图书在版编目(CIP)数据**

体育与健康/人力资源社会保障部教材办公室组织编写．—2 版．—北京：中国劳动社会保障出版社，2017

全国中等职业技术学校通用教材

ISBN 978－7－5167－3239－7

Ⅰ．①体… Ⅱ．①人… Ⅲ．①体育-中等专业学校-教材②健康教育-中等专业学校-教材 Ⅳ．①G634.961②G637.9

中国版本图书馆 CIP 数据核字(2017)第 234869 号

**中国劳动社会保障出版社出版发行**

（北京市惠新东街 1 号　邮政编码：100029）

*

河北鹏盛贤印刷有限公司印刷装订　　新华书店经销

787 毫米×1092 毫米　16 开本　20 印张　434 千字

2017 年 9 月第 2 版　2025 年 8 月第 26 次印刷

**定价：32.00 元**

营销中心电话：400-606-6496

出版社网址：http://www.class.com.cn

http://jg.class.com.cn

# 前言

FOREWORD

学校体育工作对青少年身心健康和国家民族长远发展具有战略意义。为了更好满足中等职业学校体育教学需要，切实发挥体育育人作用，培养学生健康体魄，塑造健全人格，促进技能人才全面发展，依据人力资源社会保障部印发的《技工院校体育与健康课程标准（2016）》，我办在全国中等职业技术学校通用教材《体育与健康》的基础上组织有关专家和一线教师编写了《体育与健康（第2版）》教材。

本教材主要体现了以下四个特点：

1. 坚持健康第一的指导思想，全面增强学生体质，促进学生健康成长。健康是人类文明的象征，是事业成功的基石，是为祖国和人民服务的基本前提，也是提高中华民族素质的基础。教材强化“天天锻炼、人人健康”的理念，注重培养学生体育兴趣，形成良好锻炼习惯和健康生活方式；教材提倡学生为了自己美好的职业生涯和人生，把健康第一的思想落实到实际行动中——在操场上、在阳光下、在大自然的怀抱中，自觉地投入到体育学习和锻炼中去。

2. 树立终身体育意识，养成经常锻炼的习惯，培养终身进行体育锻炼的能力。本教材融入素质教育和终身体育思想。素质教育的意义不仅仅在于教学生“学会”，更在于让学生“会学”，即让学生通过自己的思考、实践和经验去掌握学习的方法和要领。学校体育工作培养学生树立终身体育的思想观和正确的体育价值观，把体育作为强身健体的手段并贯穿于整个人生，为终身健康服务。教材注重启发学生进行发散性思维，引导学生创造力的发挥，从而逐渐形成学生体育锻炼的意识、技能和习惯。

3. 体现职业教育中体育职业性特征。中等职业学校的技能教育要求学生能够在较短的时间内，了解工具、掌握工艺、适应生产条件。因此，教材高度重视职业教育中体育职业性的特征，通过使用体育的形式、手段和方法，最大限度地保证生产实践活动所必要的体能和运动能力得到发展和完善，从而提高职业教育的教学效果。

4. 关注学生的个体差异和不同需求，激发学生运动兴趣，培养学生运动特长，提高学生运动能力。教材力求以生动、形象和活泼的表达，激发学生的学习兴趣，使学生“乐学”：通过“知识窗”“明星介绍”等栏目，开阔学生眼界，丰富体育知识；通过“练一练”“注意事项”等环节，培养学生规律性锻炼的习惯和兴趣，使学生掌握科学的锻炼方法等。教材力求满足体育与健康课程的教学需要，培养学生勇敢顽强、积极进取、团结协作、勇于创新的精神，锻炼学生与人交流、解决问题、自我学习的能力，促进体育与德育、智育、美育等协调发展。

本教材由梁道松主编，朱镇京、王莉、徐秀丽、孔靖、任玉娟、叶茜参加编写，姚明焰、杨兆春审稿。由于编者水平的局限，本教材存在不足之处，希望广大读者批评指正，以便我们进一步完善。

人力资源社会保障部教材办公室

2017 年 7 月

# 目录

CONTENTS

# 理论篇

LILUN PIAN

* 概述
* 体育锻炼
* 运动防护
* 体育竞赛

# 第一章　概　　述

你能说出体质与健康之间的联系与区别吗？

你未来可能从事什么工作？ 哪些运动可以预防相关职业多发病呢？

你喜欢哪些运动？ 如果在你30岁、50岁、70岁时分别给你一笔价值5 000元的运动资金，你想为那时的自己选择什么样的运动项目呢？

希望本章的学习可以帮助你找到答案。

## 第一节　体　　质

体质是指人体的质量，是人的生命活动和劳动工作能力的物质基础。它是在先天遗传和后天获得的基础上表现出来的人体形态结构、生理功能和心理因素的综合的、相对稳定的特征。

体质在其形成和发展过程中，具有明显的个体差异和阶段性。人体质的差异主要表现在形态发育、生理机能、心理状态、身体素质、运动能力，以及对环境的适应和对疾病的抵抗能力等方面。同时，人的不同生长发育阶段，如儿童期、青少年期、中老年期，体质的状况是不断发展和变化的。

### 一、体质的综合评价指标

人体的形态结构、生理功能、身体素质和运动能力（简称体能）、心理发育，以及对内外界环境的适应能力同寓于人体，相互依存、相互影响、相互制约，构成体质不可分割的五个重要因素。身体的形态结构是体质的物质基础，生理功能、体能和心理条件是体质的主、客观表现，对内外环境的适应能力是它们的综合反映。一定的形态结构必然表现出一定的生理功能。体能是各器官、系统机能在人体运动过程中的客观反映。发展和提高体能的过程，会相应地引起机体一系列形态结构、生理功能的变化。而伴随着形态结构、生理功能的变化及体能的发展、提高，又会产生一定的心理过程和个体心理特征，从而构成体质不可分割的五个因素。具体表现为：

（1）身体形态发育水平，即体格、体型、姿势、营养状况及身体组成成分等。

（2）生理生化功能水平，即机体的新陈代谢功能及各系统、器官的工作效能。

（3）身体素质和运动能力水平，即身体在运动中表现出来的力量、速度、耐力、灵敏性、柔韧性、协调性等素质及走、跑、跳、投、攀等身体运动能力。

（4）心理发展状态，包括本体感知能力、个体意志力、判断能力等。

（5）适应能力，主要是对外界环境条件的适应能力，如抗寒、抗热能力和对疾病的抵抗力。

影响体质强弱的因素是多方面的，它与遗传、环境、营养、体育锻炼等有密切关系。遗传性状为体质的发展提供了可能性或前提条件，而体质强弱的现实性，则有赖于环境、营养、卫生和身体锻炼等因素。因此，有计划、有目的地进行科学的锻炼，是增强体质积极有效的手段之一。

### 二、理想体质

理想体质是指人体具有的良好质量，它是在充分发挥遗传潜力的基础上，经过后天的积极培育，使人体的形态结构、生理功能、心理智力以及对内外环境的适应能力等各方面得到全面发展的、相对良好的状态。理想体质具有明显的人群与个体差异（例如种族、地域、性别、年龄、职业等）。

理想体质的主要标志是：

（1）身体健康，机体内部的结构和功能完整而协调。

（2）发育良好，体型匀称，体格健壮，体姿正确。

（3）心血管、呼吸与运动等系统具有良好的功能。

（4）有较强的运动与职业劳动等身体活动能力。

（5）心理发育健全，情绪乐观，意志坚强，有较强的抗干扰、抗不良刺激的能力。

（6）对自然、社会和精神心理环境有较强的适应能力。

同学们的体质达到怎样的标准才算理想呢？大家可以参见本教材附录《国家学生体质健康标准（2014 修订版）》

## 第二节 健 康

健康是人类生存发展的一个基本要素，追求健康与幸福是人类一切社会活动的原始动力和终极目标。

### 一、健康观

人们对于健康的理解经历了一个长期的历史演变过程。在生产力水平低下、生活贫困时期，人们认为无病就是健康。著名的哲学家希滕贝格曾说过：“一个人首先是通过疾病获得了健康感。”人们谈论着疾病，想当然地认为没有患任何疾病的人就是健康的。历代的医学家和养生专家也大都认为健康就是“无病、无残、无伤”。这就是建立在生物医学模式上的健康观。

随着社会发展和医学研究的深入，人们意识到忽视了心理因素、社会因素的健康观有其局限性，于是产生了“生物—心理—社会医学模式”的健康观。

1948 年，世界卫生组织（WHO）在其《宪章》中提出了健康不仅是没有疾病或不虚弱，而且是指躯体的、心理的和社会的良好状态的三维健康观。

1978年，国际卫生保健大会发表的《阿拉木图宣言》对健康内涵的描述为："健康不仅是没有疾病和身体不虚弱，而且是身心健康、社会幸福的完美状态。"并且提出："健康是基本人权，达到尽可能的健康水平，是世界范围内的一项最重要的社会目标。"

1989年，世界卫生组织对健康又做出了定义，明确地将道德健康纳入健康的基本构成要素，提出"一个人在躯体健康、心理健康、社会适应良好和道德健康四个方面皆健全"才算健康的四维健康观，同时提出了人体健康的十条标志。

世界卫生组织提出人体健康的十条标志：

(1) 精力充沛，能从容不迫地应付日常生活和工作的压力而不感到过分紧张。

(2) 处事乐观，态度积极，乐于承担责任，不挑剔。

(3) 善于休息，睡眠好。

(4) 应变能力强，能适应环境的各种变化。

(5) 能够抵抗一般性感冒和传染病。

(6) 体重得当，身材均匀，站立时头、肩、臀位置协调。

(7) 眼睛明亮，反应敏锐，眼睑不发炎。

(8) 牙齿清洁，无空洞，无痛感；齿龈颜色正常，不出血。

(9) 头发有光泽，无头屑。

(10) 肌肉、皮肤富有弹性，走路轻松有力。

## 二、亚健康

实际上，大多数人在不同程度上处于不完全健康又没有患病的状态，医学上称这种状态为"第三状态""灰色状态"，即亚健康。亚健康状态是机体介于健康与疾病之间的一种特殊状态，此时机体尚无器质性病变，但体力降低、反应能力下降、适应能力减退、精神状态欠佳和人体免疫功能低下，已有程度不同的各种患病的危险因素，具有发生某种疾病的高危倾向。

亚健康状态大体表现为以下四种：躯体亚健康状态、心理亚健康状态、人际交往亚健康状态及慢性疲劳综合征。

躯体亚健康状态具体表现为躯体性疲劳，如经常感到乏力、困倦，肌体酸痛，眼睛易疲劳，无缘由的头晕、头痛、耳鸣、目眩、颈肩僵硬等。此外，还表现为易感冒、易出汗、易便秘、易晕车、胸闷心悸等。

心理亚健康状态最常见的症状是焦虑，主要表现为烦躁、易怒、睡眠障碍，进而出现心悸、不安、慌乱、手足无措、无所适从等。

人际交往亚健康状态主要表现为与他人之间的心理距离加大、交往频率下降、人际关系不稳定，如对人对事的态度冷淡、冷漠，常有无助、无望、空虚、自卑、猜疑、自闭等感觉。

慢性疲劳综合征是亚健康最主要的表现形式，它是一种以疲劳低热（或自觉发热）、咽喉痛、肌肉痛、关节痛、头痛、注意力不易集中、记忆力下降、睡眠障碍和抑郁等非特异性表现为主的综合征。

健康、亚健康、疾病三者之间是可以互相转化的，亚健康状态是在不断变化发展的，既可向健康状态转化，也可向疾病状态转化。究竟向哪方面转化，取决于自我保健措施和自身的免疫力水平。向疾病状态转化是亚健康状态的自发过程，而向健康状态转化则需要采取自觉的防范措施，加强自我保健，包括：①生活节奏规律有序；②均衡饮食，适量饮水；③坚持锻炼，控制体重；④戒烟限酒，注意用药；⑤排遣压力，提高自信；⑥心理健康，延年益寿。

## 三、影响健康的四大因素

世界卫生组织报告显示，健康有四大决定因素（见图 1—1）：一是内因，即父母的遗传因素，占 15%；二是外界环境因素，其中社会环境占 10%，自然环境占 7%，共占 17%，内外因素共占 32%；三是医疗条件，占 8%；四是个人生活方式的影响，占 60%。在这四大因素中，就个人本身而言，前三种是相对固定的，而个人生活方式对人体的健康影响最大。

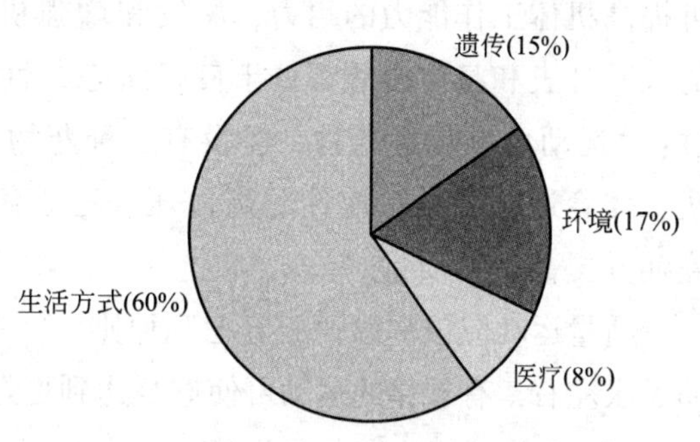


图 1—1 影响健康的因素

生活方式是指长期形成的生活习惯、生活制度和生活意识。生活方式对人体的影响具有潜袭性、累积性、经常性、广泛性和持久性等特点。健康的生活方式决定健康的体魄。不健康的生活方式范围广泛，如不参加体育锻炼、不合理饮食、不规律睡眠、吸烟、酗酒、闯红灯、不系安全带等。不健康的生活方式可以增加患病的危险性、导致疾病的发生甚至导致死亡。

## 四、体质、健康与运动

### 1. 体质与健康

体质和健康是两个不同的概念，它们之间既有联系，又有区别。人们可以通过改善物质生活条件、养成健康的生活方式和有目的、有计划、科学的身体锻炼等手段，来保持良好的体质状况，不断增强体质。两者不同点是：体质是人体的质量，是一切生命活动的物质基础，而健康则是体质状况的反映和表现。评价一个人体质时，首先要考虑其健康状况，然后再从形态、功能等方面进行评价。身体健康是体质良好最起码的条件，但同样是健康的人，体质状况却千差万别。

### 2. 健康与运动

健康教育专家洪昭光总结出和生活方式相关的健康四大基石，即合理膳食、适量运动、戒烟限酒、心理平衡。下面简单介绍适量运动。

#### （1）健康的基石

医学之父希波克拉底讲了一句话，传了 2 400 多年。他说：“阳光、空气、水和运动，是生命和健康的源泉。”这就是说要想得到健康，运动同阳光、空气和水是一样重要的。由此可见运动对于健康的重要性。在古代奥林匹克运动发源地希腊的埃多斯山崖上至今保留着古代的岩刻，脍炙人口的名言：“您想变得健康吗？您就跑步吧！您想变得聪明吗？您就跑步吧！您想变得健美吗？您就跑步吧！”

古往今来，不知有多少人梦寐以求地追求健康，但却忘记了运动可促进健康这一最朴素的真理。适量运动可使你的血液变得“富有”，血管富有弹性，肺活量增加，心肌更加强壮，心率降低，骨密度增加，血压降低；可以控制体重，使形体更趋健美，预防肥胖；还可提高机体工作能力的耐力，激发和增强机体免疫力，改善不良情绪等。另外，积极运动的人，外表和身体机能都处于良好状态，性格开朗，对生活充满信心。一位法国医生曾讲过：“运动可以代替药物，但没有一种药物可以代替运动。”医学流行病学的研究也反复证明：体育运动能有效地预防高血压、冠心病、脑猝死、糖尿病、骨质疏松症、肥胖和减少癌症并提高生活质量。

适量运动应该掌握“三五七”原则：“三”是指每次运动30分钟以上。“五”是指每周运动5次左右，有规律的运动可使健身达到更好的效果。“七”是指运动的适量。强度以“运动后心率+年龄=170左右”为宜。比如一个17岁的人，运动中心率保持在153次/分钟左右，153+17=170(次)。

总之，生命在于运动，健康来自锻炼。养成运动的习惯，将终身受益。

(2) 给同学们的健康忠告

① 每天锻炼一小时，健康工作50年，幸福生活一辈子！

“每天锻炼一小时”是应该终身养成的良好运动习惯。每天锻炼一小时，说起来并不难，难就难在持之以恒，要真正做到每天不间断，这是对一个人意志和毅力的考验。

“健康工作50年”是人生中最重要的历程，也是人生价值的重要体现。健康的体魄是为祖国、为人民服务的基本前提，是健康工作，实现人生价值的物质保障。只有健康工作，才会有热情的投入、融洽的合作和满意的效率，才会有充沛的精力、创造的激情和奉献的愉快。

“幸福生活一辈子”是幸福人生的最终目标。身体是人生最宝贵的财富，有健康的身体，才有幸福生活的物质基础。

②要运动，不要受限制。有些同学常常抱怨：我们现有的条件差，没有游泳池，没有足球场，篮球场太少，乒乓台不够用，什么运动场地都没有……让我们到哪里去锻炼身体、增强体质、促进健康呢？

的确，有时候你很想改变自己的生活方式，但往往又会受到时间、场地、经费等各种条件的限制。这个时候你就要用到最先进的“健身器械”了——你自己的身体。如果感兴趣，你可以了解自重健身的方法。除此之外，很多运动不需要特殊的运动场地，有空间、有路就可以运动。比如，步行、慢跑、骑车、跳绳等都是对身体很有益的运动，对促进健康的效果都很好。

③ 走下网络、走出宿舍、走向操场。随着时代的发展，网络和移动通信技术的进步，人们的生活发生了巨大的变化。网络带来诸多便利，改变了我们的生活方式。可是颈椎病、近视、运动不足、手机依赖症、网络游戏成瘾、面对面交流障碍等各种“杀手”也随之而来，

威胁着我们的健康。

虚拟世界的天下第一与现实世界的肌肉男神可以合二为一，海淘的裙子正好显示你玲珑的身姿。同学们，为了梦寐以求的八块腹肌和强健有力的臂膀，为了电子秤上逐渐变少的数字和苗条动人的身材，为了一生的健康与幸福，让我们快快走出宿舍，走向操场吧！

运动的青春最美丽！健康的青春最幸福！

## 第三节　职 业 健 康

### 一、影响职业健康的因素

每一种职业都有一定的工作环境和工作方式。这种特定的工作环境和工作方式，长期作用于职业个体，必然影响着个人的职业健康。如果不注重职业防护，极有可能产生职业性损伤、职业性多发病或职业病。为了维护职业健康，同学们应充分认知职业特点，了解影响职业健康的因素，加强有针对性的体育锻炼，远离职业性伤病。影响职业健康的因素主要有个人因素、工作设备因素、环境因素和工作方式因素。

1. 个人因素

个人因素包括个人体质与健康状况、专业知识、工作经验、职业习惯、心理因素、防护意识等。如体质健康状况不能适应工作岗位的要求，对安全操作规程重视和学习不够，个人防护意识欠缺，防护用品使用不当，劳动中的精神过度紧张等。

2. 工作设备因素

工作设备因素包括工作设备本身具有的危险性，工作设备质量有缺陷或维护不善，防护设施缺乏或不全，机器设备设计未遵循人机工效学原则，使用不合理的工具或不合理地使用工具，设备管理检查维修制度不健全等。

3. 环境因素

环境因素包括工作场所存在的有害物质，如铅、汞、氯、一氧化碳、有机磷农药、生产性粉尘等；异常环境条件，如高温、高湿、高气压、低气压、噪声、振动、射频、微波、红外线、紫外线、X 射线等；无通气换风、照明、防尘、防毒、防噪声、防振动设备或效果不好；自然环境因素，如炎热季节的太阳辐射等。

4. 工作方式因素

工作方式因素包括工作的组织和实施不合理，如工作负荷大、劳动时间过长、休息制度不合理、不健全等；长期保持同一种工作姿势，如久坐、久站、久蹲、弯腰等，长时间处于某种不良体位；因工作需要长时间保持精神高度集中或紧张等。

在实际工作中，影响职业健康的因素往往不是单一存在的，而是多种因素同时对职业健康产生作用，导致职业性损伤、职业性疾病或职业病。

·知识窗

### 别把职业多发病当职业病

很多人将职业多发病误认为是职业病，这是不正确的。职业病是与职业因素有直接因果关系的疾病，被法律认可并收入我国的《法定职业病目录》。职业多发病与职业有一定关系，是由人体、环境、职业综合因素导致的结果，如我们通常能看到的鼠标手、颈椎病、腰肌劳损等。

《中华人民共和国职业病防治法》规定，职业病是指企业、事业单位和个体经济组织的劳动者在职业活动中，因接触粉尘、放射性物质和其他有毒、有害物质等因素而引起的疾病。我国目前法定职业病共10类132种。10类分别为尘肺、职业性放射性疾病、职业性化学中毒、物理因素所致职业病、职业性放射性疾病、职业性皮肤病、职业性眼病、职业性耳鼻喉口腔疾病、职业性肿瘤、其他职业病。

职业多发病与职业病的不同还在于，后者受法律保护，患者可依法获得企业工伤保险、卫生保护和医疗救助，而职业多发病则因病情轻、分布广等特点，在日常工作中需注意自我防范。

## 二、维护职业健康的方法

维护职业健康，远离职业伤害，是全社会的共同职责。国家、企业和个人均应高度重视维护职业健康，才会有健康的个人、健康的企业、健康的社会。作为毕业后将走向职场的学生，维护职业健康，从自身做起最关键。

（1）了解所从事的工作是否存在影响职业健康的危害因素，可能产生哪些健康危害，如何有效地防止这些危害的发生，做到认知在前，防范在后。

（2）学习职业健康知识，了解职业特点，增强防范意识，提高防范能力。

（3）严格按章作业，安全生产，做好职业健康防护。

（4）做好上岗前体检和后续的定期体检，早期发现职业健康损害，为职业健康保驾护航。

（5）劳逸结合，加强有针对性的体育锻炼，提高体质与健康水平，应对不同挑战。

请同学们完成表1—1。

**表1—1　　请给自己支支招（一）**

| 你想从事的工作 | 职业多发病 | 有针对性的体育锻炼形式 |
|---|---|---|
| | | |
| | | |
| | | |
| | | |

## 三、职业劳动者选择实用性体育锻炼的意义

众所周知，体育锻炼对人的机体有着良好的影响，系统进行身体锻炼的人体质强，健康状况好，对生产活动的适应较快，对不良劳动环境条件的耐受力较强，而且在意志品质、团结协作等方面表现较好。

为了顺利地掌握专业技能、提高职业学习的效果和在独立生产活动中保持良好的工作能

力，必须发展某些对具体专业最为重要的身体素质，如钳工的手臂力量、计算机操作员手指的灵活性等。因此同学们在校期间除发展一般身体素质外，还可根据自己所学专业的特点，选择未来职业所需要的实用性体育锻炼内容，为未来职业打下良好的身体基础。

选择实用性体育锻炼可以有效地降低职业多发病的发生率，有效促进职业劳动者的健康。

### 四、职业劳动者如何选择实用性体育锻炼方式

职业劳动者工作时身体姿势的主要状态有站立型、伏案型、综合型三种。它们对于身体素质的要求、对人体健康的影响是不一样的，它们对应的实用性体育锻炼方式也不同。

1. 站立型

站立型职业如车工、铣工、餐厅服务员、厨师、挡车工、售货员、建筑工人、警察等。这些职业的工作特征是以站立或行走为主。由于长时间站立，重力作用阻碍下肢血液回流，容易产生下肢血液循环不通畅，引起下肢酸疼、肿胀及下肢静脉曲张。长时间站立对膝关节和腰部的力量要求很高，容易引起髌骨和腰肌劳损以及腰椎间盘突出等，甚至会出现驼背、塌腰、屈膝等不良体型。

站立型职业选择的实用性体育锻炼方式如下：

(1) 通过下肢为主的活动，提高下肢力量、耐力，改善下肢血液循环，消除下肢肌肉紧张。如下蹲起立、踢腿、压腿、健步走、左脚和右脚交换跳跃、有氧健身跑、广播操、健美操、太极拳、按摩等。

(2) 通过球类、有氧健身跑、游泳、跳绳等运动，增强心肺功能，提高耐力素质及身体各部位的协调性。

(3) 通过引体向上、俯卧撑、哑铃、臂屈伸、投掷等上肢力量练习，增强上肢力量，促进上下肢协调发展。

(4) 到较好的环境中进行身体活动，改善身心状态。

2. 伏案型

伏案型职业如文秘、绘图员、财务、计算机操作员、家电维修员等。他们的工作特征是长时间坐在室内，低头、含胸、颈前屈，眼睛高度紧张。长时间用眼容易出现眼酸、眼痛、流泪、视力下降等疲劳现象，易患近视、神经衰弱。长时间低头、含胸、颈前屈易患颈部、肩部和背部疾病。久坐会导致全身血液循环不良，易患便秘和痔疮等疾病。由于缺乏体力活动，代谢水平降低，易导致肠胃功能紊乱和肥胖。另外由于室内空气流通不畅，接触外界新鲜空气少，易患感冒等疾病。

伏案型职业选择的实用性体育锻炼方式如下：

(1) 通过眼保健操、远眺、主动眨眼等放松眼部肌肉，消除视觉疲劳。

(2) 通过工间操、下蹲起立、上肢运动、颈肩部运动、转腰扭髋、伸展脊柱、按摩等活动，放松肌肉，消除局部疲劳。

(3) 通过哑铃、手指操、沿梯攀爬、引体向上、俯卧撑、臂屈伸、投掷等练习，增强指、

腕、肩的力量以及灵活性和准确性。

(4) 通过全身活动项目，如球类、游泳、有氧健身跑、健美操等，提高心肺功能和身体协调能力。

(5) 多到室外进行体育锻炼，以改善机体对外界环境变化的适应能力。

3. 综合型

综合型职业兼有站立型和伏案型的特征。通常无固定的身体姿势，对身体各部位的协调性、灵活性及耐力等方面要求较高，疲劳多为全身性的。其体育锻炼方式的选择可参照以上两种职业类型。

请同学们完成表1—2。

**表1—2　　请给自己支支招（二）**

| 你想从事的工作 | 对体能的需求特点 | 你选择的运动方式 | 对增强职业体能的帮助 |
| --- | --- | --- | --- |
| | | | |
| | | | |
| | | | |
| | | | |

## 第四节　终身体育

### 一、终身体育的概念

终身体育是指人在一生中都要接受最适当的体育教育和自觉从事体育锻炼，促进身体得到良好的发展，增强体质、增进健康、提高生活质量，从而使个体和社会都从中受益的体育。

### 二、终身体育的意义

1. 终身体育是人体自身发展的需要

人体自身的发展可分为三个时期，即生长发育期、成熟期和衰退期。生长发育期的要求是促进身体的正常生长发育，成熟期的要求是保持旺盛的精力与充沛的体力，衰退期的要求是延缓衰退、延年益寿。体育锻炼能促进人的智力发展，提高大脑的供氧能力，使人保持旺盛的精力，锻炼促进生长发育，增强体能，延缓衰老。体育锻炼能很好地满足人体三个不同时期的发展需要。

2. 终身体育是现代社会发展的需要

社会的进步和科学技术的发展大大改变了社会的生产方式和人们的生活方式。一方面，现代社会对体质提出了更高要求，人们对休闲生活的要求越来越高；另一方面，现代文明也给人的健康带来了一些不良影响。为了适应高强度、快节奏的工作和现代文明对人体的挑战，人们必须进行终身体育。

3. 终身体育是全民健身的需要

为了全面提高国民体质和健康水平，更好更广泛地开展群众性体育活动，我国于 1995 年颁布了首部《体育法》，同年颁布了《全民健身计划纲要》。《全民健身计划纲要》的顺利实施离不开终身体育。终身体育注重人的个体性，并且根据人的一生中的不同年龄阶段、不同的生活环境、不同的职业特点来选择不同的内容与方法，采用不同的形式进行身体锻炼，以终身受益。全民健身和终身体育是踏踏实实地普及发展我国群众体育的有效途径。对于中国体育的总体架构来说，终身体育是“纵”，全民健身是“横”，终身体育和全民健身形成了纵横交叉的立体健身体系。

**·知识窗**

**全民健身日为什么定在每年的 8 月 8 日呢？**

2008 年 8 月 8 日，是北京奥运会开幕的日子，是中国体育应该永远铭记的日子。全民奥运热潮渐渐褪去，中国体育也悄然回归本位，群众体育得到越来越高的重视。为了满足广大人民群众日益增长的强身健体需求，2009 年 10 月 1 日国务院实施的《全民健身条例》中明确，每年的 8 月 8 日为“全民健身日”。旨在弘扬积极向上的奥林匹克精神，纪念北京奥运会成功举办，将健康向上的大众体育精神传达给公众，推广健康生活的理念。

请同学们完成表 1—3。

**表 1—3　全民健身就在你身边**

| 身边的变化 | 你的回答 |
|---|---|
| 小区里什么时候配备了健身器材 | |
| 学校几月份开运动会 | |
| 你手机里下载健身软件了吗 | |
| 你常去的健身场所有哪些 | |
| 你知道“半马”是什么意思吗 | |
| 你身边的全民健身还有哪些 | |

## 三、学校体育是终身体育的基础和关键

体育伴随人的一生。如果我们把人生中的身体锻炼活动分成若干个环节的话，那么学校体育在终身体育的体系中，刚好处在连接家庭体育和社会体育的中间环节。在学校接受教育的学生正处在身体生长发育的旺盛时期，如果在这个关键阶段，施以科学的体育方法，就能促进其身体得到良好的发展，为一生的健康生活和工作打下良好的体质基础。在校期间是人系统接受体育教育最有时间保证的阶段，是终身体育的重要环节。因此学校体育对实施终身体育起着至关重要的作用。

## 四、从现在做起，为终身体育打好基础

学校体育是终身体育的一个重要环节。没有成功的学校体育，就不可能有真正意义上的终

身体育。同学们在校期间努力促进身体全面发展的同时，应增强体育意识、能力和习惯的培养，为终身体育打下良好的理论和实践基础。

1. 体育活动多样化

同学们应根据自己的身体条件、体育基础、学校、社区及周边的体育设施条件等，来选择体育锻炼的内容和方法。由于同学们所处环境不同，受到的教育及体育的影响不一样，体育习惯、运动技术水平和个人的兴趣爱好等都存在着较大的差异。因此，同学们应从实际出发来选择体育活动。

2. 黄金时期打基础

青少年时期，正是打好身体基础的黄金时期。从人体自身的发展来看，这一时期具有特别重要的意义，如果在这一时期里应当得到的锻炼而没有得到，成年以后再锻炼，虽然也有效果，但往往是事倍功半。

3. 兴趣爱好成特长

兴趣是最好的老师，同学们在打好身体基础的同时，应尽可能选择自己感兴趣、擅长的体育运动项目，形成一到两项能与终身体育相衔接的特长项目，深入了解相应的锻炼方法和保健知识，从而保证学校体育与终身体育相衔接。可选择那些难度不大、易于开展、对增强体质有实质作用的终身运动项目，如健身跑、游泳、球类活动、太极拳、健美操等。

4. 体育理论随时学

体育运动的实效性和长期性需要丰富的体育科学知识来指导，理论指导实践是最佳的锻炼方法。学习理论知识，可以提高理论结合实践的能力，从而更好地提高学习效果。实用的理论知识有科学锻炼身体的方法、健康的生活方式、运动与营养、体育保健知识、常见的运动损伤预防及简单处理、体质评定与运动处方等。

5. 体育意识成习惯

体育意识是指学生在体育活动中自觉认识体育意义与作用的基础上所产生的能动心理活动。它是在反复的体育锻炼实践过程中逐渐形成的。意识决定行动，行动培养能力。我们应有意识地形成健康向上的生活方式，培养有情趣和有利于健康的爱好，养成锻炼身体的良好习惯，终身体育，终身受益。

6. 职业成长助力器

同学们毕业后将步入社会，走上工作岗位，很难再受到系统的体育教育。这就需要同学们在校期间要注重学习方式的变化，由学会向会学转变，培养自主锻炼、自主学习、自我评价的能力，以适应终身体育的需要。

# 第二章　体 育 锻 炼

生命在于运动，健康来自锻炼！但你知道如何进行科学的锻炼吗？科学锻炼应遵循哪些基本原则呢？你知道科学锻炼的生理学基础吗？你知道什么是运动处方吗？你知道如何针对实际情况制定运动处方吗？通过本章的学习，你将掌握科学锻炼的基本原则，同时带你走出运动中常见的误区，并能根据自身的实际情况制定运动处方。

## 第一节　体育锻炼原则和误区

### 一、科学锻炼应遵循的原则

1. 安全性原则

安全性原则是指在健身过程中要确保不出现或尽量避免运动伤害事故，这是科学健身的首要原则。

青少年生性活泼好动，喜欢参加各种体育活动，特别是喜欢参加一些对抗性运动，这符合青少年的身心特点，对促进其生长发育和养成良好的运动习惯非常有利。也正是由于青少年的身心特点，应重视锻炼中运动损伤的预防。在运动前要做好充分的准备活动，进行激烈的对抗性运动时要注意动作要领，控制运动强度，降低运动风险，做好自我保护。科学健身可以提高身体机能和运动能力，当身体机能和运动能力达到相对稳定水平时，运动健身方案也应当保持相对稳定，不能无限制地增加运动负荷，以免导致运动伤害。

2. 全面发展原则

全面发展原则是指在运动锻炼中，使身体各部位、各系统的机能水平都得到提高。身体机能的全面发展既体现在改善心肺功能和免疫能力上，又表现在提高力量、速度、耐力、灵敏、柔韧等身体素质上。

运动方式要多样化。体育锻炼时，既选择健身走、跑步等有氧运动，也选择力量练习、柔韧性练习，在锻炼心血管、呼吸功能的同时，也使肌肉力量、柔韧和反应能力得到提高。例如，在一周内安排不同的运动内容，周一、周三、周五进行有氧运动，周二、周四进行球类运动。又如，在每次体育活动中安排不同的练习内容，进行以有氧运动为主的体育锻炼时，在准备活动中安排一些牵拉性练习以提高柔韧性，在有氧运动后安排力量练习以提高肌肉力量。

3. 超负荷原则

超负荷是指循序渐进地增加负荷，使人的机能水平在不断进行的反应—适应过程中，逐渐提高运动潜能。超负荷原则是基于人体机能对运动负荷刺激的基本反应与适应规律而提出的。简单来说，在给机体施加一个较大运动负荷的初期，机能反应较强烈，训练效果也比较明显，但随机体对该训练负荷的逐渐适应，机能反应越来越低，训练效果也越来越不明显。在此情况下，若要继续提高运动水平，则需要适度增加运动负荷，以期引起新一轮的反应—适应过程。

同学们需要了解的另一个概念是超量恢复。当人体进行一段时间的体育锻炼后，身体机能和运动能力在一定时间内可以超过以前的水平，这种现象称为超量恢复。

同学们在运动中，循序渐进地超过以前的运动负荷，便会出现超量恢复，身体机能和运动能力会逐渐提高。例如，进行力量练习时，开始卧推的最大负荷为 30 千克，经过一段时间练习后，力量增加了，当卧推 30 千克可以较轻松地重复多次时，就可以将负荷增加到 35 千克，这样不断地增加负荷和重复次数，肌肉力量就会不断增强。

4. 循序渐进原则

循序渐进原则强调要根据自己对运动的适应程度，逐渐增加运动负荷，以使身体机能稳步提高。人体在体育锻炼过程中，身体机能的提高需要经历一个过程。科学健身不要急于求成，而是要逐步提高。要确保运动中身体消耗的能量得到恢复，身体疲劳得到消除，身体机能完全恢复。

要确保身体对运动负荷完全适应后，再在超量恢复阶段增加运动负荷，取得最佳锻炼效果。如果超负荷原则控制得不好，运动负荷增加过快，则会引起身体的不适应，使疲劳不断积累，造成过度疲劳，不仅不能取得预期效果，而且可能出现运动损伤。

5. 有的放矢原则

有的放矢原则是指根据健身的目的，制定科学的健身方案，选择有针对性的练习内容进行锻炼。如要提高下肢力量素质，就选择有针对性的力量练习，如杠铃负重下蹲练习、多种跳跃练习等。如果要提高柔韧素质，就选择瑜伽、形体拉伸练习等。如果想提高心肺功能，就应选择长跑、游泳、球类练习等。如果是为了减肥，就应选择中小强度、消耗较大、持续时间较长的项目或项目组合，如有氧健身跑、自行车、游泳、球类运动等。

6. 个性化原则

个性化原则是指要根据每个人的遗传特征、体质与健康水平、运动基础、兴趣爱好及现实条件等制定运动健身方案。同样年龄的人，身体机能不同，运动基础不同，采用的运动健身方案也不同。不同的人对相同运动健身方案的反应不同，取得的运动健身效果也不同。因此，科学健身，要充分尊重个性差异，根据个性化原则，制定科学健身方案，提高健身效果。

## 二、体育锻炼应避免的误区

1. 运动时间误区——最好在清晨

尽管我国自古就有闻鸡起舞之说，但是从运动医学和保健学的角度而言，清晨不是锻炼身体的最佳时间。其主要原因是夜间植物吸收氧气，释放二氧化碳，清晨阳光初露，植物的光合作用刚刚开始，空气中的氧气相对较少，二氧化碳的浓度较高，因此锻炼效果不好；在城市中，清晨大气的活动相对静止，各种废气（生活用气、工业用气等）不易消散，是一天中空气污染较严重的时间。

另一方面，从人体的生理变化规律来看，人经过一夜的睡眠，体内的水分随着呼吸道、皮肤和排便等渠道排出。这使机体的水分损失较多，使全身组织以及细胞处于相对缺水的状态，血液黏稠度较高，从而影响全身血液循环的速度，不能满足机体在运动时的供血供氧，因而运动时易出现心率加快、心慌气短、体温升高等现象。

那么一天中运动的最佳时间是什么时候呢？

傍晚时分，人体经过了大半天的活动，对运动的反应较好、吸氧量最大、血液黏稠度较低。心脏跳动和血压的调节在傍晚最为平衡。有研究表明，机体嗅觉、触觉、视觉在下午5—7点最为敏感。不过，虽然说傍晚是运动的最佳时间，但并不是说大家只能在傍晚运动。运动是个性化的，可根据人的生理、心理、习惯等因素而不同。每个人的性情、作息时间及工作性质有别，不能要求人人都在傍晚锻炼，选择一天中固定的时间进行运动，并形成运动的习惯，能持之以恒坚持下去，都会对身体有益。

2. 运动量误区——越大越好

"运动是把双刃剑"。运动适量可以改善人体各系统功能，增进健康，而运动强度过大则会对身体造成一系列的损害（见表2—1）。

**表2—1　　适度运动和过量运动的比较**

| 项目 | 适度运动 | 过量运动 |
|---|---|---|
| 锻炼时 | 心胸舒畅、出汗较多、体温恒定，有轻度疲劳，但无心慌、气短、头晕等现象 | 非常疲劳、反应速度减慢、面部潮红、大量出汗、心慌、气短、头晕、动作不协调、体温升高、极度口渴等 |
| 锻炼后 | 食欲良好、睡眠质量提高，次日晨起精神饱满、脉搏较稳定、血压正常、体重稳定 | 恢复时间延长，睡眠质量下降，次日晨起精神不佳 |
| 肌肉状况 | 有轻度的肌肉反应或轻度的肌肉酸痛 | 肌肉酸痛明显 |

其实，只要持之以恒地运动，就算每天半小时，每周3~5次的简单运动也能增强体质、提高免疫力。运动量如果太大，超过身体所能承受的生理负荷，就会产生过度疲劳，容易发生运动损伤，一旦疲劳积累，就会影响健康。

3. 运动减肥误区

（1）运动强度大就能减肥

人体的能量是通过身体内的糖、蛋白质和脂肪分解代谢供应的。想要运动减肥，就要选择由脂肪来分解代谢供应能量的运动方式。

在运动量不大时，比如慢跑、跳舞等情况下，机体能量的供应主要来源于糖和脂肪的有氧代谢。有研究表明，当有氧运动持续30分钟以上时，随着运动时间的增加，脂肪消耗增多，减肥效果明显。常见的有氧运动项目有瑜伽、步行、慢跑、滑冰、游泳、骑自行车、打太极拳、跳健身舞等。

当我们从事的运动非常剧烈或是急速爆发时，氧气供应相对不足，主要依靠体内的糖无氧分解供能，不能有效消耗脂肪。无氧运动对于塑造肌肉的线条、增加肌肉力量而言是首选的。相比有氧运动，无氧运动减脂效果，并不体现在"运动时"，而是体现在"运动后"。运动过后，酸痛肌肉的修复和乳酸代谢消耗脂肪，增加肌肉新陈代谢率，达到即使不运动，也在减脂的效果。常见的无氧运动项目有百米冲刺、举重、投掷、跳高、跳远、拔河、俯卧撑、肌力训练（长时间的肌肉收缩）等。

（2）练哪减哪

局部减肥几乎是不可能的。当机体动用脂肪来供能时，脂肪是来自遍布全身的脂类物质，并非来自某一运动部位的脂肪。要想减少局部脂肪，必须在全身锻炼的基础上，再进行局部运动，同时还要注意控制饮食，才会达到良好的效果。例如，仰卧起坐对增强腹部肌肉有很好的作用，但是不能使局部的脂肪有效地减少。全身其他部位的脂肪减少了，腹部的赘肉才会随之减少，可以说腹部赘肉堆积容易减少难。

图2—1　出汗不等于增肌

(3) 出汗减肥

不少同学认为只要运动时大汗淋漓，出汗很多，就能达到减肥目的（见图2—1）。而事实上，增加出汗，只能使运动过程中丢失更多的水分，并没有消耗体内的脂肪，因而并不能有效地减肥。对于某些运动项目，为了临时减轻体重，可以这样做，但对于健身减肥不可取。运动前半个小时补充水分，运动中少量分次补水，运动后不马上补水。

·知识窗

**减肥的误区**

吃药减肥：以食欲抑制剂为主，长期服用会对神经系统、心脏造成损害，而且停药后会迅速反弹，加重肥胖。

喝茶减肥：腹泻，拉肚子，减掉体内水分，根本无法触及脂肪细胞，经常服用会造成胃肠功能失调。

节食减肥：易产生厌食症，严重的会造成身体多器官衰竭，甚至危及生命。

手术减肥：虽可直接减少脂肪细胞数量，但风险大。

4. 运动后误区——喝冷饮、洗冷水澡

运动后感到发热是四肢和躯体肌肉温度升高的结果，冷饮不能降低运动后主要产热部位——肌肉的温度。运动后喝冷饮，容易令胃肠道的血管收缩而引起痉挛，饮料中的糖和脂肪也不利于水分吸收。运动后最宜补温水（见图2—2）。

运动后立即冷水浴会令皮下血管收缩，体内大量热量无法正常散发，容易引起感冒或其他疾病。洗澡要等汗水干了，身体恢复平静后进行，而且最好洗温水浴，因为温水能促进血液循环，加快热量的散发和疲劳的消除。

图2—2　运动后不喝冷饮

## 第二节　科学锻炼的生理学基础

### 一、锻炼可增强肌肉和骨骼的机能

人体任何运动都是通过肌肉工作来完成的，运动会促进血液流向肌肉，增加肌肉内的营养

物质供应，使肌纤维变粗，弹性和韧性及工作能力增强。骨骼是人体的支架，运动能刺激骺软骨的增生，促进骨的生长，经常参加运动可促使骨密质增厚，骨骼变得粗壮、坚固，骨骼抗弯、抗折、抗压的能力增强。实验证明，普通人的股骨，只要承受300千克的压力就会折断，而运动员的股骨，承受350千克的压力还未折断。运动刺激了我们的肌肉和骨骼，而肌肉和骨骼就在这种刺激中加快代谢，健康“成长”。

## 二、锻炼可以改善心脏功能

运动可以改善心肌供血，使心肌得到更多的营养物质，心肌逐渐增强，变得健壮有力，收缩力强。一般人的心脏重约300克，容量为700毫升左右，而经常运动的人心脏重可达400~500克，容量在1 000毫升以上。这种现象称为“运动性心脏肥大”。由于心肌发达，收缩力增强，收缩更加完全、充分，因而使每搏输出量得到增加。一般人每搏输出量为60~70毫升，而经常运动的人可达80~100毫升，甚至更多。另外，在静止的情况下，一般人的心率是每分钟70~90次，但经常参加锻炼的人的心率在每分钟60次或以下。根据表2—2的信息，算一算经常参加锻炼的人，在50年间心脏搏动总计可以节省多少次，相当于一般人多少年的心脏搏动数。

**表2—2　　一般人与常运动人的心脏功能差多少**

| 心脏跳动次数 | 一般人 | 常运动的人 |
|---|---|---|
| 每分钟（次） | 70~90 | 60 |
| 每小时（次） | | |
| 每天（次） | | |
| 每年（次） | | |
| 50年（万次） | | |
| 50年两者相差（万次） | | |

运动使心肌增强了，心率下降了，心脏搏动少了，而工作效率却提高了，它的“有效期”自然延长了。心脏通过对运动刺激的不断适应，提升了自身的功能，从而提高了各内脏器官的新陈代谢水平。

## 三、锻炼能增强呼吸系统的功能

人体需要不断地吸入氧气排出二氧化碳，才能进行正常的活动。肺是人体内外气体的交换站。在体育运动中，肌肉需要大量的养料和氧气，以供应活动时所需的能量，同时产生大量的二氧化碳。在这种情况下，呼吸器官必须加倍工作。这种工作过程锻炼了呼吸器官，增强了呼吸器官的功能。一般人的肺活量为3 500毫升（男）、2 500毫升（女）左右，经常运动的人可多出1 000毫升以上；一般人呼吸浅而快，经常运动的人呼吸深而缓慢。这都反映了运动使肺脏的储备能力和适应能力得到了增强。

## 四、锻炼能改善血压

体育锻炼能增强血管壁的弹性，能改善中枢神经对血液循环系统各器官的调节机能，锻炼血管的收缩和舒张功能，加强血管壁细胞的氧供应，减缓动脉粥样硬化的进程，减弱小动脉管的紧张，使安静时的血压下降，有效地改善血压。

### 五、锻炼能提高机体的免疫力

运动能增强机体的免疫力，与运动时出现的温度调节、神经内分泌的反应有关，这些反应可直接引起免疫系统许多参数的变化，主要表现在数量和功能活性两方面。

运动可以使体温升高，而体温升高有助于提高巨噬细胞对细菌、病毒的吞噬效果，有利于机体阻止病原微生物入侵，抑制其在体内繁殖和扩散，从而提高机体抗感染能力。

运动对免疫功能的影响还表现在免疫细胞数量的增加。运动后，人体外周血白细胞总数以及各亚群细胞绝对数短暂升高；同时，运动对免疫细胞的功能也有一定的积极作用。长期的规律性运动对免疫功能的影响主要表现在免疫细胞功能活性的增加。

长期适宜的规律性运动对机体的免疫机能最有利，可以全面加强机体的免疫机能，增强抗病能力，使各种疾病的发病率下降，降低感冒、扁桃体炎、咽炎、气管炎、肺炎、癌症等各种病症的发病概率。

### 六、锻炼使体态更健美

现在人们普遍吃得好、动得少，热量进多出少，难免会有越来越多的脂肪堆积体内，使身体肥胖、体重增加。运动可增加能量消耗，促进体内脂肪代谢，从而减掉身体多余的脂肪。运动是迄今为止最自然、最健康、最有效的美容塑身方式。

运动能促进皮肤的血液循环，改善皮肤的营养，防皱减皱，提高皮肤的抗病能力，防止皮肤衰老。运动促进机体代谢功能，使组织细胞活力增强，内分泌激素增加，从而使颜面、皮肤得到滋养，容颜红润，肌肤柔润而富有弹性。

### 七、锻炼能健脑

大脑是人体的“最高指挥部”。运动促进了血液循环和呼吸，脑细胞可以得到更多的氧气和营养物质的供应，使代谢加速，脑的活动越来越灵敏。运动是在大脑指挥下进行肌体活动，同时大脑又接受来自肌肉、关节的神经末梢感受器对刺激的反应信号的输入，这样，运动就增强了大脑皮层的兴奋和抑制过程。经常参加体育锻炼，大脑皮层神经过程的兴奋性、均衡性和灵活性提高，对体外刺激的反应更加迅速、准确，大脑的分析综合能力加强，从而改善中枢神经系统的整体机能。

### 八、锻炼能消除疲劳

适当的休息是消除疲劳的重要手段，休息的方式有静止性休息和活动性休息。运动锻炼就是最好的活动性休息。一种活动所产生的兴奋可以抑制前一种活动所产生的兴奋，使前者引起的兴奋细胞得到休息。长时间思考或工作疲劳后，活动一下身体，是一种很好的休息，可大大改善精神状态。

### 九、锻炼能促进心理健康

同学们可能都有过这样的感觉：轻松的运动过后，会感到精神振奋、头脑轻松、心情愉快。对运动的专注，运动的趣味性、竞技性，都有助于缓解日常精神压力。经常运动的人善于人际交往、性格开朗、心胸开阔、意志坚强。另外，长时间的运动能促进大脑分泌内啡肽和多巴胺，使精神愉悦。大量研究证明运动能降低焦虑和抑郁水平，提高自尊，改善心境，保持积极的情绪状态。

### 十、锻炼能推迟衰老、延年益寿

人的寿命长短与疾病、遗传、运动、生活方式、社会经济、工作性质、地理环境等多方面因素有关。在这些因素中可以人为改变的主要是运动与生活方式。

寿命长短与最初开始参加运动的时间有密切关系。有研究表明，从青年时期就开始运动并能坚持者，可明显延长寿命，随着年龄增加再坚持运动者，运动对寿命的影响逐渐变小。所以，运动习惯越早养成越好。

人体各器官都是“用进废退”。人如果长时间不运动，新陈代谢就会减弱，血液循环减慢，食欲不振，消化不良，肌肉松弛无力。据观察，人如果三天不运动，力量就会下降5%，长期不运动组织器官就会发生退行性改变，导致机能衰退。

健康长寿是人类的共同愿望，为了实现这个愿望，越来越多的人加入到运动健身的行列。如果你尚未开始运动，就不要再犹豫，投身运动中，把运动坚持下去，健康长寿属于你。

**·知识窗**

#### 锻炼不足易引起哪些疾病

1. 心血管疾病：长期不运动，可能导致心肌衰弱、心脏功能减退、高血压、冠心病、动脉硬化等。

2. 人体的综合免疫力降低。

3. 消化系统疾病：缺乏运动和精神紧张会使消化系统功能降低或紊乱，易发胃炎、消化道溃疡等疾病。

4. 对全身骨、关节的影响：身体不运动时，全身骨、关节就会失去良好的刺激而影响骨代谢功能，对于青少年而言可使发育受阻，对中、老年人来说可导致骨质疏松。使骨骼抗折、抗弯能力降低。

5. 易肥胖。

生命在于运动，让我们从现在开始就积极加入到体育锻炼的队伍中去，并遵循科学锻炼的方法，持之以恒，从体育运动中获得健康、快乐和幸福。

## 第三节　运动处方与锻炼计划

### 一、运动处方概述

运动处方的概念最早是美国生理学家卡波维奇在20世纪50年代提出的。1969年世界卫生组织（WHO）使用了运动处方术语，从而使这一术语在国际上得到确认。运动处方对体育锻炼者或病人，根据医学检查资料（包括运动试验和体力测验），按其健康、体力以及心血管功能状况，结合生活环境条件和运动兴趣等个体特点，用处方的形式规定运动种类、运动强度、运动时间及运动频率，提出运动中的注意事项，以便有计划、有针对性地进行锻炼，达到健身或治病的目的。

1. 运动处方的分类

运动处方的分类见表 2—3。

**表 2—3　　运动处方的分类**

| 分类方式 | 处方名称 |
|---|---|
| 处方目的 | 竞技性运动处方：以提高专业运动成绩为主 |
| | 康复性运动处方：以治疗疾病、提高康复效果为主 |
| | 健身性运动处方：以提高体质健康水平为主 |
| 器官系统 | 呼吸系统运动处方、心血管系统运动处方、运动系统运动处方等 |
| 年龄阶段 | 幼儿运动处方、青少年运动处方、中老年运动处方等 |
| 身体素质 | 发展耐力素质、柔韧素质、速度素质、力量素质运动处方等 |
| 疾病类型 | 颈椎病运动处方、糖尿病运动处方、高血压运动处方等 |

2. 运动处方的要素

运动处方一般包括五个方面：运动目的、运动项目、运动强度、运动时间、运动频率。

（1）运动目的

运动目的是指通过锻炼所要达到的预期效果。由于个体对于运动的需求千差万别，因此，运动处方的目的也不尽相同。运动处方的目的有提高运动技术水平、强身健体、康复治疗、健美减肥、娱乐消遣等类型，也可具体分为发展某种身体素质、增加某些系统机能、康复某种疾病等类型。

（2）运动项目

运动项目是指根据运动目的和个体的实际情况，有针对性地选择或设计的锻炼项目。例如：为了预防和缓解神经衰弱，可以选择瑜伽、太极拳等放松舒缓的运动项目；为了完善形体，可以选择健美、舞蹈等塑形健身的运动项目；为了增加耐力，可以选择跑步、球类等有氧运动项目。

（3）运动强度

运动强度构成要素包括时间、距离、重量、组数、次数等。个体根据具体情况灵活掌握。心率常作为衡量运动强度的重要指标之一，特别是在以有氧运动为主要形式的运动处方中，靶心率是常被采用的指标。

·知识窗

**靶心率**

靶心率是指通过有氧运动提高心血管循环系统的机能时有效而安全的运动心率。运动医学研究认为，靶心率的范围应是本人最大心率值的60%~85%，即（220-年龄）×60%为下限，（220-年龄）×85%为上限。例如，年龄为20岁的人，他的最大运动心率为220-20=200(次/分钟)，其适宜的运动负荷上限为200×0.85=170(次/分钟)，下限为200×0.6=120(次/分钟)。也就是说，他锻炼时的心率在120~170次/分钟，表明运动负荷是合理的，是安全有效的。高于或低于此范围，就要适当地减少或增加运动量，尽量把运动心率调整到靶心率范围内。

你的靶心率是多少呢？如果你陪爸爸晨跑，你可以帮他监测靶心率吗？

（4）运动时间

运动时间是指每次运动的持续时间，它与运动强度紧密相关，强度大时间应稍短，强度小时间应稍长。运动时间也可包括运动间歇的休息时间、运动处方的周期时间等。

（5）运动频率

运动频率常用每周的锻炼次数来表示。如每周锻炼2~3次，或隔一天锻炼一次等。关于运动频率，有研究表明：1周运动1次，肌肉酸痛和疲劳每次发生，运动后1~3天身体不适，运动效果不蓄积；1周运动2次，酸痛和疲劳减轻，效果有点蓄积，不明显；1周运动3次，无酸痛和疲劳，效果蓄积明显；1周运动4~5次，效果更加明显。可见，1周运动3次以上，效果才明显。当然，运动频率的效果蓄积因人而异，运动中应根据个体情况，找到最适合自己的运动频率。

## 二、制定运动处方和锻炼计划的步骤和方法

1. 制定运动处方和锻炼计划的步骤

（1）明确目标。

（2）制定前要对体能、健康状况、各项素质进行检查与预测。

（3）根据检查与测试结果确定锻炼计划。

（4）按锻炼计划积极锻炼。

（5）对锻炼的过程和结果进行评价。

（6）适当修订运动处方和锻炼计划。

（7）按修订后的内容进行锻炼。

（8）经过一段时间（一个月、一个学期）以后再进行综合测评，检查锻炼效果。

2. 制定运动处方和锻炼计划的注意事项

（1）重视目标设置

目标设置应明确具体，切合实际，而且应短期、中期和长期相结合。确定每周及每个阶段的目标任务、锻炼重点和具体指标，再确定每次练习的目标、内容、强度、时间等。

（2）划分计划周期

通常以周计划作为基础计划，以一个月作为一个阶段，在此基础上形成学期以及学年计划。

（3）控制运动负荷

一方面防止因运动负荷水平过高而造成对机体的损害；另一方面也要避免因运动量过小而达不到锻炼目的。

（4）选择运动项目

运动项目的选择和确定应充分考虑个人实际情况、环境条件情况、兴趣爱好、项目的锻炼效果等。

3. 运动处方和锻炼计划的呈现方式及示例

运动处方和锻炼计划的呈现方式通常有表格式和条目式两类。具体示例如下：

**示例一：以发展力量素质为主的健身运动处方（表格式）**

| 运动项目 | 引体向上 | 立定跳远 | 30 米加速跑 | 仰卧起坐 |
|---|---|---|---|---|
| 运动目的 | 提高上肢力量 | 提高下肢力量 | 提高速度素质 | 增强腹部力量 |
| 运动量 | 4 个×3 组 | 5 次×4 组 | 4~5 次 | 20 次×3 组 |
| 运动频率 | 每周 2~3 次 | 每周 2~3 次 | 每周 2~3 次 | 每周 2~3 次 |
| 运动时间 | 组间休 2~3 分钟 | 组间休 2~3 分钟 | 组间休 2~3 分钟 | 组间休 2~3 分钟 |
| 注意事项 | 1. 每次锻炼可选择部分项目组合进行练习；2. 运动强度和组间休息时间可根据实际情况灵活调整；3. 做好每次锻炼的准备活动和结束的放松整理活动 | | | |

**示例二：减肥运动处方（条目式）**

（1）基本信息：姓名：×××。性别：女。年龄：17 岁。职业：学生。体育爱好：羽毛球。

（2）健康检查：无病史，身高 1.60 米，体重 63 千克，安静心率 74 次/分钟，血压 79/116 毫米汞柱，肺活量 2 900 毫升。

（3）体能检测：力量——仰卧起坐 26 个/分钟，耐力——800 米跑 4：06。

（4）体质评定：健康状况良好；体重过重，体脂中度超标；心肺功能稍差；腹肌力量弱。

（5）运动目的：减肥和健身，减少体重 3~5 千克（12 周）。

（6）运动项目：羽毛球、健身跑、健美操、篮球等。

（7）运动强度：由小逐渐加大，心率在靶心率范围，约为 120~170 次/分钟。

（8）运动时间：每次 45~90 分钟。

（9）运动频率：4~5 次/周。

（10）注意事项：适当控制饮食，减少糖、脂肪的摄入，可多吃一定的蔬菜、水果，生病停止运动。

（11）自我监督——心率、自我感觉。

# 第三章　运 动 防 护

你在运动过程中出现过腹部疼痛、肌肉酸痛、肌肉痉挛吗？ 在剧烈运动时出现头痛胸闷还可以继续运动吗？ 你在体育运动过程中崴脚、拉伤过吗？ 你的同学在运动中手戳了、流鼻血了，你该如何帮助他呢？ 你知道有哪些方法可以预防运动损伤吗？ 通过本章的学习，你将会掌握基本的运动防护知识，更从容地面对运动中常见的生理反应和常见运动损伤的应急处理。

## 第一节　运动中常见生理反应及处理

在体育锻炼中，人体的生理平衡受到暂时性的破坏并出现某些生理反应，这种反应称为运动生理反应。常见的有运动中腹痛、肌肉酸痛、肌肉痉挛、运动中头昏、头晕或头痛、长跑时胸痛等，下面简要介绍部分常见运动生理反应的症状、原因、处理方法及如何预防。

### 一、腹痛

1. 症状

运动中腹痛是指由于体育运动而引起或诱发的腹部疼痛，以右上腹部最为常见。它是一时性的机能紊乱，不是疾病，随着运动停止，症状即可逐渐缓解。

2. 原因

运动中腹痛往往与下列因素有关：缺乏准备活动或准备活动不充分，缺乏锻炼或训练水平低，运动强度增加过快，呼吸节奏不好，运动前食量过多或饥饿状态下参加剧烈运动，身体状况不佳等。

3. 处理方法

运动中出现腹痛后，可适当减慢运动速度，加深呼吸，调整呼吸与运动的节奏配合（如三步一吸气或四步一吸气），用手按压疼痛部位，或弯腰慢跑一段距离，一般疼痛可减轻或消失。如经上述处理无效，应停止运动，请医生进行诊断和处理。

4. 预防

运动中腹痛可采用以下方法预防：

（1）遵循科学锻炼的原则，循序渐进地增加运动量。

（2）加强全面的身体锻炼，提高心肺功能。

（3）合理安排膳食，运动前不宜吃得过饱或饮水过多，饭后 1~2 小时后再进行剧烈运动。

（4）准备活动要做充分，要由一般的身体练习开始逐渐加大运动量和强度，直至把身体调节到与激烈运动相适应的程度，再进行专项练习或比赛。

（5）运动过程中应注意呼吸节奏，中长跑时要合理分配跑速。

## 二、肌肉酸痛

1. 症状

平时不经常参加体育锻炼的人，或长时间中断体育活动又重新参加锻炼的人，运动后，往往会感到明显的肌肉酸痛。根据运动后肌肉酸痛出现的时间，可分为即刻性肌肉酸痛和延迟性肌肉酸痛。

即刻性肌肉酸痛是指在运动后很快就能感到肌肉酸痛，痛感的消失一般也较快。

延迟性肌肉酸痛常在运动后24~48小时产生，一般情况下，可持续3~5天。运动后24~72小时酸痛达到顶点。以后会慢慢消失。症状上除酸痛外，还有僵硬感，明显的压痛。

2. 原因

一般认为，肌肉酸痛的原因是由于肌肉运动时氧气供应不足，靠肌糖原无氧分解释放能量供肌肉收缩，糖无氧分解时产生一种叫乳酸的代谢产物，如果不能及时排除，乳酸就在肌肉和血液中堆积起来，引起酸痛。组织缺血缺氧和酸性物质的刺激，以及运动引起的肌肉本身的微细损伤或肌肉痉挛等因素，都会导致肌肉酸痛。

3. 处理方法

肌肉酸痛是发生在运动中或运动后的一种正常生理现象，一般经过适当的调整和休息，可自动消失，不要把它误认为是一种病态，更不要因为出现肌肉酸痛就中断锻炼，只要经常坚持锻炼，在出现肌肉酸痛的部位可适当减小运动强度；并保持适当的运动量就不会出现肌肉酸痛的现象了。

4. 预防

预防和缓解肌肉酸痛的方法如下：

（1）刚开始锻炼时，运动强度要小，逐渐加大，循序渐进。

（2）每次运动前做好充分的准备活动。

（3）运动后做一些拉伸和放松的整理活动，也可采用局部热敷或按摩等方法。

## 三、肌肉痉挛

1. 症状

肌肉痉挛（俗称抽筋）是肌肉不自主地强直性收缩。在运动中小腿腓肠肌最易发生肌肉痉挛，其次是足底的部分屈肌和手部肌肉等。多发生于游泳、足球、长跑、举重等运动项目中。

发生肌肉痉挛时，肌肉僵硬，疼痛难忍。痉挛缓解后，局部仍有酸痛不适感。

2. 原因

产生肌肉痉挛的原因通常有：

（1）寒冷的刺激。在寒冷的环境下进行体育运动，若没有做准备活动或准备活动不充分，身体突然受到寒冷的刺激，通过神经系统传到肌肉，使肌肉兴奋性增高，造成肌肉强直性收缩，引起肌肉痉挛。如游泳时受到冷水的刺激、冬季在户外运动时受到冷空气的刺激都有可能引起肌肉痉挛。

（2）电解质丢失过多。运动时大量出汗，特别是长时间进行剧烈运动，或在高温环境下进行运动，体内电解质（如钠、氯）从汗液中大量流失，造成体内电解质平衡紊乱，从而引起肌肉兴奋性增高，发生肌肉痉挛。

（3）肌肉舒缩失调。在紧张激烈的运动中，由于肌肉连续过快地收缩，放松时间太短，使肌肉收缩与放松的协调交替关系发生破坏，引起肌肉痉挛。

（4）疼痛反射性肌肉痉挛。剧烈运动造成局部缺血，致使某些致痛物质（如钾）产生，当这些物质堆积到一定程度时，它会刺激肌肉内的痛觉神经末梢引起疼痛，而疼痛会反射性地引起肌肉痉挛。

3. 处理方法

解除肌肉痉挛可采用牵引痉挛肌肉的方法。如小腿腓肠肌痉挛时，可让患者仰卧，膝关节伸直，牵引者面对患者，左手托住患者脚踝，右手握住脚掌，右手发力将脚掌向患者身体的方向推，使痉挛的肌肉得以伸展。牵引时切忌用力过猛，以免造成肌肉拉伤。此外，还可配合局部按摩、点按穴位等方法。肌肉痉挛缓解后，不宜继续运动，应针对原因进行恰当的处理。服用维生素 C 对预防或减轻运动引起的肌肉痉挛性疼痛有一定的效果。

4. 预防

肌肉痉挛的预防方法如下：

（1）加强体育锻炼，提高身体对寒冷的适应能力。

（2）运动前做好充分的准备活动，对容易发生痉挛的肌肉，运动前适当按摩、充分拉伸。

（3）运动出汗过多时，要及时补充水、盐。

（4）游泳下水前应用冷水淋湿全身，使肌体对冷水的刺激有所适应，水温低时游泳的时间不宜过长。

## 四、头晕或头痛

1. 症状

运动时出现头晕或头痛，有时还伴有脸色苍白、肢体无力、出汗过多、恶心，甚至呕吐等症状。

2. 原因

头晕或头痛原因大致有以下几类：

（1）缺乏运动者从事激烈运动。运动时会出现头晕或头痛，同时还伴有脸色苍白、气喘、恶心、呕吐、肌肉抽筋等症状。这是机体呼吸器官的功能水平不能适应激烈运动时需要的反应。呼吸节律不好，使体内出现供氧不足，也会发生头晕。有时病后过早参加运动，疲劳后参加运动或睡眠不足的情况下参加运动，都可引起上述症状。

（2）体内热量不足的表现。头晕或头痛的症状发生在锻炼一段时间后或运动快结束时，尤其在外界温度过高或过低的条件下出现这些症状时，起因可能与体内热量不足、血糖含量降低有关。在饥饿状态下参加长时间的运动而出现头昏、无力、出汗等现象就是这个道理。

(3) 由某些疾病引起。患慢性鼻炎、鼻窦炎、内耳疾病、贫血、高血压的人，在运动时可能出现头晕或头痛。在青少年中，尤其女孩子，运动时出现头晕、脸色苍白、心慌等症状时，常常与血色素较低有关。

3. 处理方法

发生运动中头晕或头痛，要暂时停止运动或减小运动强度并有针对性采取适当措施，必要时需就医。

4. 预防

运动中的头晕或头痛，可采用以下方法预防：

(1) 加强全面身体锻炼。许多例子说明，出现头晕或头痛等症状常与体弱、运动不足有关。因此，加强身体的全面锻炼是预防的重要方法。

(2) 做好准备活动和整理活动。准备活动做得充分，可避免激烈运动带来的不适。整理活动做得充分，可避免因运动突然停止而产生不适。

(3) 保证供给机体足够的热量。

(4) 及时发现和治疗过度疲劳。

(5) 积极治疗某些疾病引起的头晕、头痛等症状，从根本上消除症状。

### 五、胸痛

1. 症状

初练长跑的人，有时会感到在胸部两侧或左右肋下有痛感，这通常是由于呼吸不得法引起的。

2. 原因

呼吸不当引起胸痛的原因通常有以下几类：

(1) 呼吸过快。长跑时新陈代谢加快，需氧量增多。为了吸入更多的氧气，呼吸不仅要加快而且要加深。有些人在长跑时不注意加深呼吸，只是加快呼吸频率，使呼吸节奏过频，呼吸肌过度紧张，引起呼吸肌的痉挛，而产生疼痛。

(2) 冷天长跑时张大口呼吸，吸进的空气太冷，刺激肺部血管收缩，使血液循环受阻，引起胸痛、胸闷。

3. 处理办法

(1) 注意加深呼吸。在出现胸痛时，要及时调整呼吸，用力向外呼气。

(2) 注意呼吸节奏，把呼吸节奏和跑的动作节奏配合起来，做到两步一呼、两步一吸(或三步一呼、三步一吸)。

(3) 天气寒冷时长跑，不要张大口呼吸，要用鼻子呼吸或口鼻并用。空气从鼻子和齿缝里进去，可使冷空气加温变暖，减少刺激。

4. 预防

长跑时胸痛主要与呼吸方法不当和吸入寒冷空气有关，预防应从上述因素入手。锻炼时，要遵循循序渐进的原则，逐步提升呼吸系统对寒冷空气的适应性、逐步改善呼吸方法。

## 第二节　常见运动损伤的预防与处理

### 一、运动损伤概述

体育运动过程中所发生的损伤称为运动损伤。它与一般的生产或生活中的损伤有所不同，它的发生与运动项目、技术动作、训练水平、运动环境及条件等因素有关。为了有效预防和及时处理运动损伤，掌握运动损伤的分类、产生的主要原因和如何预防是非常必要的。

1. 运动损伤的分类

（1）按损伤组织部位可分为肌肉韧带损伤、关节脱位、滑囊损伤、骨折、内脏损伤、脑震荡、神经损伤等。严重的运动损伤较少见，肌肉、韧带、关节的损伤比较常见。

（2）按损伤组织是否有创口与外界相通可分为：开放性损伤——损伤后皮肤的完整性遭到破坏，伤口与外界相通，如擦伤与开放性骨折等；闭合性损伤——受伤后皮肤仍保持完整，伤处无裂口与外界相通，如挫伤、关节扭伤、肌肉拉伤与闭合性骨折等。

（3）按损伤轻重可分为轻度损伤、中度损伤和重度损伤。

（4）按损伤病程可分为急性损伤和慢性损伤。

2. 运动损伤的原因

（1）思想原因。运动损伤的发生常与运动者对预防运动损伤的认识不足有关，思想麻痹大意是所有运动损伤因素中最主要的因素。盲目或冒失地进行体育锻炼；运动前不检查场地和器械；情绪急躁，急于求成；预防措施不力，好胜好奇，忽视了循序渐进和量力而行的原则；在练习中因畏难、恐惧、害羞而产生犹豫不决和过度紧张等，都是造成运动损伤的重要原因。

（2）准备活动方面的原因。

① 不做准备活动或准备活动不充分。在中枢神经系统和其他各器官系统的功能尚未做好准备的情况下，就进行剧烈的体育活动，肌肉的力量、弹性和伸展性较差，身体缺乏必要的协调性。

② 准备活动的内容与正式运动的内容结合得不好，或缺乏专项准备活动。运动中负担较重部位的功能没有充分调动起来。

③ 准备活动强度过大。开始做准备活动时，用力过猛，速度过快，违反了循序渐进的原则和功能活动的规律。

④ 准备活动的量过大。身体在进入正式运动前已感到疲劳，当进入正式运动后，身体的功能不能处于最佳状态。

⑤ 准备活动距正式运动的时间过长。准备活动所产生的生理作用已经减弱或消失，这相当于不做准备活动或准备活动不充分。

（3）技术上的缺点和错误。据有关资料分析，技术动作上的缺点和错误是初期从事运动训练或学习新动作时发生损伤的主要原因之一。由于动作要领掌握不好，产生错误动作而造成损伤。例如：排球传球时，因手型不正确引起手指挫伤；学习支撑跳跃时，没有掌握好助跑和踏跳，动作不协调，速度太快，向前冲力过大，控制不住身体而向前摔倒受伤等。

（4）身体状况不好。在疲劳时、睡眠或休息不好时、患病受伤或伤病初愈阶段，肌肉力量、动作的准确性和身体的协调性显著下降，注意力减退，反应较迟钝，此时参加剧烈运动或练习难度较大的动作，就可能发生损伤。

（5）动作粗野或违反规则。在比赛中不遵守比赛规则，动作粗野、故意犯规等。这是篮球和足球等运动中发生损伤的重要原因。

（6）场地设备服装方面的原因。运动场地不平，有小碎石或杂物；跑道太硬或太滑；器械维护不当或年久失修；器械的高低、大小、重量不符合锻炼者的年龄、性别特点；缺乏必要的保护工具；运动时服装鞋袜不符合运动卫生要求等。

（7）环境的影响。气温过高，大量出汗，易引起肌肉痉挛、中暑、虚脱等；气温过低易因肌肉僵硬，导致身体协调性降低，从而引起肌肉韧带损伤。

3. 运动损伤的预防

（1）思想上加强重视，贯彻健康第一、安全第一的指导思想。

（2）加强易伤部位的训练与保护。加强易伤部位和相对力量较弱部分的训练，提高它们的功能，是预防运动损伤的一种积极手段。例如，为了预防腰部损伤，除加强腰背部肌肉的训练外，还应加强腹肌的训练。腰部肌肉受伤从某种意义上讲与其对抗肌——腹肌力量较弱有关，腹肌力量较差，易使脊柱过度后伸而致腰部损伤。为预防关节损伤，应增强其周围肌肉、韧带的力量、弹性和柔韧性，以加强关节的稳定性。为预防肌肉拉伤，在发展肌肉力量的同时，还应注意发展肌肉的伸展性。

（3）加强保护与自我保护。保护与自我保护是预防运动损伤的重要手段。如在体操类项目的练习中，加强保护与自我保护尤为重要。

（4）做好充分的准备活动。准备活动的目的是进一步提高中枢神经系统的兴奋性，加速各器官系统的活动，克服人体机能惰性，缩短人体对运动的适应过程，使正式运动一开始就能发挥最大的工作效率。通过做准备活动，可加速血液循环，增加肌肉、韧带弹性和伸展性，从而减少或避免损伤的发生。

## 二、常见的运动损伤与处理

1. 挫伤

挫伤又称撞伤，是钝性外力直接作用于身体某部分而引起的一种急性闭合性损伤。如运动中相互冲撞、被踢到或身体碰撞在器械上，都可发生局部和深层组织的挫伤。最常见的部位是大腿和小腿的前部、头部等。

一般挫伤在伤部有疼痛、肿胀、局部皮肤青紫、压痛和运动功能障碍等。疼痛多为初轻后重，一般持续24小时。如果严重挫伤且有并发症，还可出现全身症状或某些特殊体征。

轻、中度挫伤，伤后24~48小时内，可采取局部冷敷、加压包扎、抬高伤肢等措施并注意休息，可在局部涂擦一些消炎或缓解疼痛的药品。48小时后可进行温热疗法，包括各种理疗和按摩。

在伤情允许的情况下，应尽早进行强度适当的锻炼。严重挫伤后应立即送医院急救治疗。

·知识窗

**冷敷和热敷**

冷敷常用于急性闭合性软组织损伤的早期，通常在伤后24~48小时内使用，且越早越好。冷敷时间约20分钟，可根据伤情重复使用。冷敷可以使血管收缩，减少局部出血，降低组织温度，抑制神经感觉，从而达到止血、止痛和减轻局部肿胀的作用。

热敷常用于急性闭合性软组织损伤的中、后期。通常在受伤48小时后且伤处不再出血时使用。每次20~30分钟，每天1~2次。热敷能扩张局部血管，增强血液和淋巴循环，提高组织的新陈代谢，加速瘀血和渗出液的吸收，从而达到消肿、减少粘连和促进损伤组织修复的作用。

2. 肌肉损伤

肌肉损伤除直接外力作用引起肌肉挫伤外，主要是在间接外力作用下发生的肌肉拉伤。据有关资料显示，肌肉损伤约占各种运动损伤的25%。常见的肌肉损伤有大腿后肌群、腰背肌、小腿肌群、肩袖肌群等。

肌肉拉伤后，伤处疼痛、肿胀、压痛。肌肉紧张或痉挛，触之发硬。受伤肌肉做主动收缩或被动拉伸时疼痛加重。疼痛部位通常为拉伤肌肉的损伤处。

肌肉拉伤后，轻度者可立即冷敷、加压包扎并抬高伤肢，注意局部休息。拉伤24小时后可外敷中药、热敷、理疗或按摩。重度者应立即送医院进行治疗。

3. 关节韧带损伤

关节韧带损伤主要是由间接外力作用引起的一种闭合性损伤，在体育活动中最常见的是踝关节、膝关节、掌指关节和肘关节等的韧带损伤。在外力的作用下，使关节超出了其正常的活动范围，关节周围的韧带因受到过度而猛烈的牵拉而造成损伤，严重的可导致韧带的断裂。

受伤后，局部疼痛、肿胀，若合并关节其他组织受伤时，会出现整处关节的肿胀或血肿。局部有明显的压痛。关节运动功能障碍，轻者关节活动受限，不能着力。韧带断裂者，关节有不稳或松动感，关节功能明显障碍。

关节韧带损伤后，应立即冷敷、加压包扎，抬高伤肢并休息，以减轻出血和肿胀。受伤48小时后，可根据伤情采用中药外敷、痛点注射药物、热敷、理疗或按摩等。当关节肿胀和疼痛减轻后，在不引起疼痛或疼痛加重的原则下，尽早进行伤肢活动，防止发生肌肉萎缩和组织粘连，以促进功能恢复。韧带断裂者，应立即送医院治疗。

4. 擦伤

擦伤是指身体的部分表面接触粗糙表面，与其猛烈摩擦所致。小臂外侧、手掌、大腿外侧、膝盖、小腿外侧及面部都是容易发生擦伤的部位。

擦伤后，皮肤被擦破出血或有组织液渗出。创口较浅、面积小的擦伤可用生理盐水洗净，创口周围用75%的酒精消毒，局部擦以碘酒，一般无须包扎，让其暴露在空气中待干即可，也可以覆以无菌纱布。关节附近的擦伤，一般不用暴露疗法，因为干裂易影响关节运动，一旦发生感染，也易波及关节。因此，关节附近的擦伤经消毒处理后，多采用消炎软膏或多种抗菌软膏涂抹，并用无菌敷料覆盖包扎。创口中若有煤渣、细沙、泥土等异物，要用生理盐水冲洗干净，必要时可用已消毒的硬毛刷子将异物刷净，创口可用双氧水处理，创口周围用 75% 的酒精消毒，然后用凡士林纱条覆盖创口并包扎。若创口较深、污染较重时，应注射破伤风抗毒血清，并给以抗生素治疗。

5. 鼻出血

鼻部受到外力打击（器械或人碰撞）时，鼻内的血管破裂，可能会发生相当严重的鼻内出血。一般处理，对鼻出血者首先要给予安慰，消除紧张情绪及恐惧心理，口中的血要尽量吐出，不要咽下。可暂时用口呼吸，以防止因鼻部的呼吸运动而使出血程度加重。可使出血者坐在椅子上，在鼻部放置冷毛巾。如果出血仍不止，可将凡士林纱布卷塞入出血的鼻腔内。情况严重者应尽快送医院治疗。

# 第四章 体 育 竞 赛

你参加过学校组织的田径运动会或球类比赛吧？ 你了解竞赛的组织工作吗？如果班内要组织一次乒乓球或棋类比赛，你能胜任组织与编排工作吗？ 你喜欢欣赏体育竞赛吗？ 你懂得如何欣赏体育竞赛吗？ 通过本章的学习，你将掌握常用体育竞赛的组织与编排方法，为以后更好地参与、组织、策划及欣赏体育竞赛打下良好的基础。

## 第一节 体育竞赛组织与编排

### 一、体育竞赛的组织

体育竞赛的组织工作主要包括赛前准备、赛中管理和赛后汇总。

1. 赛前准备

(1) 确定组织方案

组织方案既是各项筹备工作的依据，又是保证竞赛高效、顺利进行的前提条件。一般包括竞赛名称、目的、意义、规模、组织机构、工作步骤、经费预算等。

(2) 明确组织机构

比赛主办单位应根据竞赛性质和规模大小，召集各有关部门成立比赛领导机构——竞赛组织委员会（或筹备委员会），组织委员会下设若干工作组（见图 4—1）。竞赛组织机构的设置既要符合竞赛规模，又要尽量精简，各机构要有明确的职能划分。

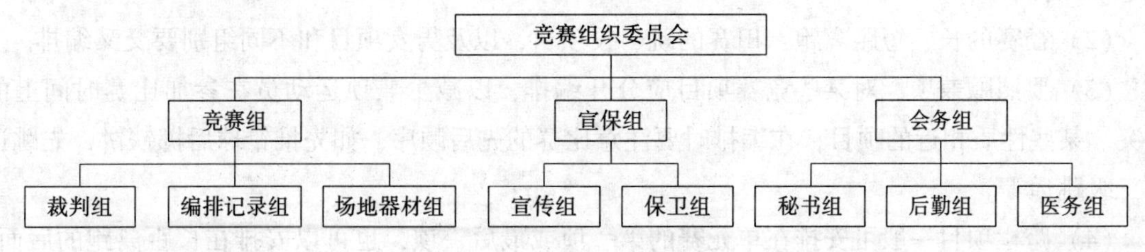


图 4—1 竞赛组织机构图

(3) 制定竞赛规程

竞赛规程是竞赛工作的规定性文件，具体指导比赛有计划、有秩序、有依据、科学合理地进行，竞赛规程下发一定要有足够的提前量，以方便参赛团体组队、训练、参赛。竞赛规程一般包括以下内容：①竞赛的名称；②竞赛的目的和任务；③主办单位；④比赛日期和地点；⑤参赛团体、人数和资格；⑥报名和报到日期；⑦竞赛办法；⑧裁判员与比赛监督；⑨采用的规则和器材；⑩决定名次办法和奖励办法等。

（4）制定工作计划

根据组织方案和职能分工，各部门应制定具体详细的工作计划，包括工作内容、工作进度、工作要求、具体负责人等，比如组织裁判会议、检查场地器材、各类表格的准备等。

2. 赛中管理

竞赛期间的组织与管理工作较为繁重。如开闭幕式的安排、裁判员队伍的现场管理、比赛成绩的及时公布、赛场秩序的控制及比赛进程的把握、比赛场地器材和设备的检查及管理、安全保卫工作等。大会各部门应经常与各队取得联系，听取意见，改进工作，必要时召开领队、教练员和裁判长联席会议，及时处理和解决比赛中发生的问题。

3. 赛后汇总

竞赛结束后，组织工作主要任务有编印发放成绩册，赛后总结，将相关文件、资料整理归档等。

## 二、体育竞赛的编排

体育竞赛编排的主要任务是将各个比赛项目要进行的全部比赛，在规定的时间内，科学合理地安排一定数量的场地，按一定的秩序进行比赛。竞赛项目不同，编排时要注意的问题也不同。学校组织的体育竞赛主要以校田径运动会、球类比赛、拔河和跳绳等小型竞赛活动为主。

1. 编排准备工作

竞赛编排准备工作包括审核报名表、统计各代表队参赛人数、编排运动员名单和号码、统计各项目参赛人数、兼项人数、选聘仲裁及裁判人员等。

2. 编排竞赛日程

编排竞赛日程要准确把握竞赛规则，详细了解竞赛规程，在统筹全局的基础上，寻求最佳方案。以田径比赛为例，一般需要遵循以下原则：

（1）尽可能考虑给参加下一赛次的运动员留有适当的休息时间。比赛的最短间隔时间为：200 米及 200 米以下为 45 分钟，200 米至 1 000 米为 90 分钟，全能各单项间至少休息 30 分钟。

（2）径赛的长、短距离跑，田赛的跳、投项目，以及男女项目和不同组别要交叉编排。

（3）要照顾兼项，对某些竞赛项目应分开编排，以减少兼项运动员在参加比赛时间上的冲突。某些性质相近的项目，在编排时要注意比赛的先后顺序，如先推铅球后掷铁饼，先跳远后三级跳远等。

（4）跨栏项目一般可安排在单元赛的第一项或最后一项，也可以安排在长距离跑的后面，以减少摆放栏架的时间。

（5）不同组别同一项目的径赛尽量衔接起来，以减少起点的移动次数，也便于起点和终点裁判的工作。

（6）短距离跑的项目，采用预、决两个赛次时，最好安排上午预赛，下午决赛。

（7）径赛项目编排时，要根据参赛人数和跑道数，确定组数，每组比赛人数力求平均；田赛项目一般不分组，若人数过多时，可在正式比赛前举行及格赛。

(8) 决赛或精彩的项目，可分配到各个单元，尽量安排在下午，并留出发奖时间。接力比赛一般安排在每个单元的最后一项。

(9) 每个单元的比赛，尽可能使田赛和径赛同时结束；田径场地的布局应平衡，防止一端过分集中，另一端相对空场。

(10) 最后一个单元临近结束时，可考虑安排一长距离项目，给算团体总分留出时间。跳高一般不安排在最后一个单元的最后一项。

3. 编印秩序册

秩序册一般包括以下内容：封面（运动会名称、主办单位、承办单位、竞赛地点、竞赛日期）、目录、竞赛规程、补充通知、组委会名单、办事机构及工作人员名单、仲裁和裁判员名单、代表队名单（运动员姓名号码对照表）、竞赛须知、竞赛日程、竞赛分组、相关纪录和等级标准、各项目参赛人数统计、比赛场地平面图等。

4. 比赛中编排

接收、审核各项比赛成绩，发布成绩公告和后续赛次录取名单。记录、公告单项名次、成绩、得分和团体总分。

### 三、体育竞赛的赛制

赛制是指竞赛的制度和具体安排。常用的赛制有淘汰制（包括单淘汰制、双淘汰制）、循环制（包括单循环制、双循环制、分组循环制）和混合制。竞赛赛制要根据竞赛的规模、参加队数、比赛时间、场地和裁判数量等来确定。下面介绍球类竞赛中几种常用的赛制：

1. 单淘汰制

单淘汰制是一种比较简单的赛制。各队按编排的顺序进行比赛，负者淘汰，胜者进入下一轮继续比赛，直至最后剩下两队决出第一名。其优点是节省时间、减少场次，多用于参赛队数较多的比赛。缺点是不能确切地反映各队的水平差距，尤其是第二名之后各队的水平差距。

(1) 轮次和场数的计算

若参赛队数等于 2 的乘方数，则比赛轮数等于 2 的指数；若参赛队数在 2 的两个乘方数之间时，则为较大的一个乘方数。单淘汰制的比赛场数等于参赛队数减 1。例如，8 队参加比赛，$2^3=8$ 即比赛为 3 轮，$8-1=7$ 即比赛场数为 7（见图 4—2）。

(2) 竞赛位置的确定

① 确定号码位置数。确定号码位置数即确定用多少个号进行编排。根据参加队数选择最接近且较大的 $2^n$ 的数作为号码位置数。以 13 个队参加比赛为例，13 在 $2^3$ 和 $2^4$ 之间，故确定号码位置数为 16。

② 计算轮空数和确定轮空位置。轮空数 = 号码位置数 - 参加队数。轮空数都在第一轮中，第二轮比赛队数应该是 2 的乘方数，不再有轮空。图 4—3 为 13 个队参加单淘汰制比赛的编排。若遇轮空数太多可酌情采用抢号，即两队使用同一个号码位置，先进行一轮比赛，淘汰败者，图 4—4 为 9 个队参加单淘汰赛的编排。

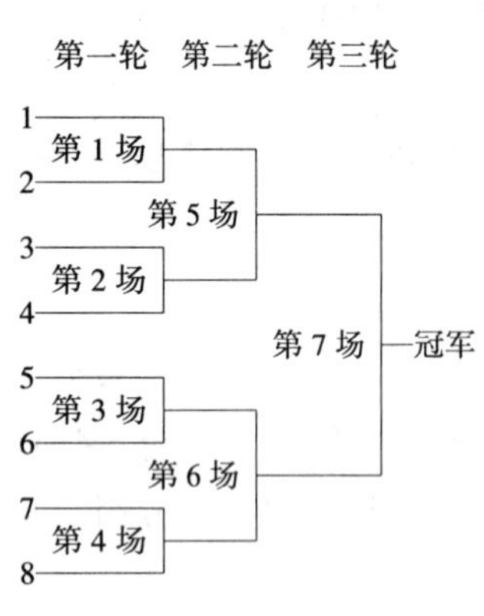


图4—2 8个队单淘汰制比赛

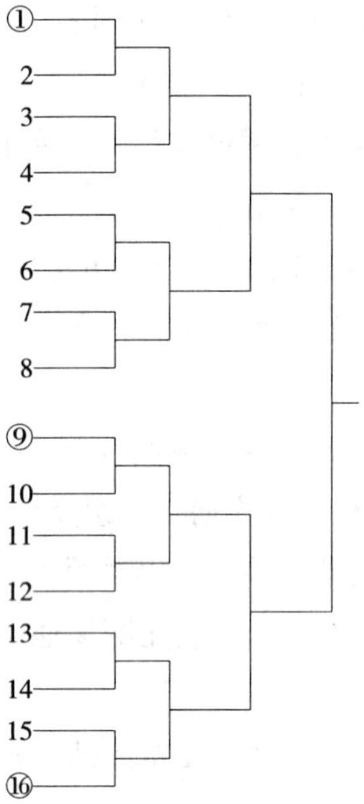

图4—3 13个队单淘汰制比赛①

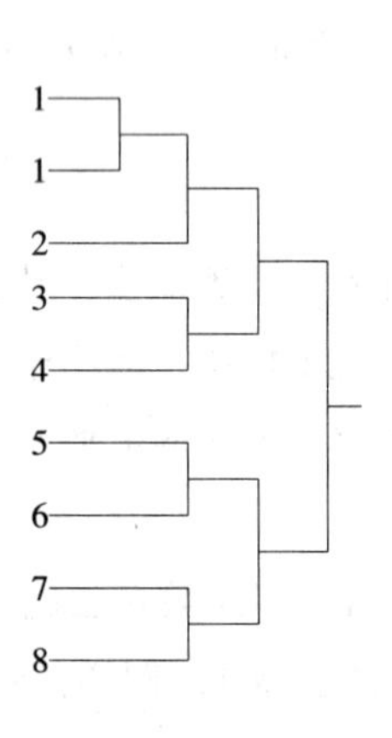


图4—4 9个队的单淘汰制比赛

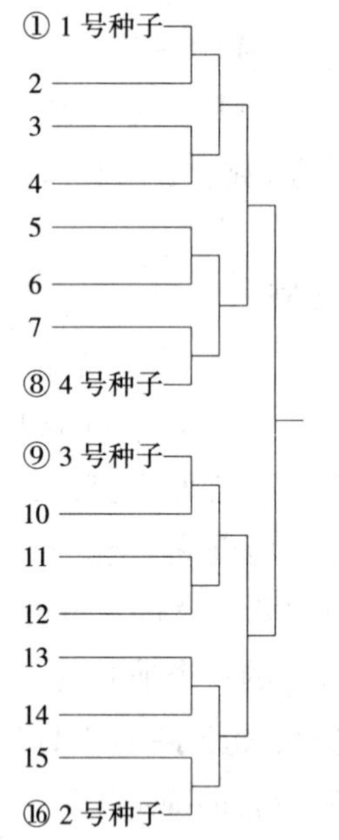


图4—5 16个队（4个种子队）的单淘汰制比赛

③ 种子队的安排。种子队的确定可以按照往届赛事的成绩和排名，种子队的数目一般是2的乘方数，即4个、8个、16个。如有轮空，一般为种子队先轮空。1号种子应在上半区的顶部，2号种子应在下半区的底部，3号、4号种子应在下半区顶部和上半区底部。编排中应均匀分布种子队。图4—5为16个队设4个种子队的单淘汰制比赛的编排。

① 13个队中抽到2号、10号、15号的队将轮空。

2. 单循环制

单循环制是所有参赛队相互比赛一次，按各队积分、胜负场数、得失分率等排列名次的比赛方法。一般用于参加队数较少，比赛时间较长的情况。其优点是能够比较客观真实地反映各个队水平差距，便于各队间交流，相互了解，相互学习。其缺点是比赛场次多，所用时间长。

（1）场数和轮次的计算

比赛场数=队数×(队数-1)/2

单循环制比赛中，每队均出场过一次，称为“一轮”。若参赛队数为偶数时，则比赛轮次=参赛队数-1；若参赛队数为奇数时，则比赛轮数=参赛队数。

（2）竞赛秩序的确定

单循环制轮次的编排通常采用固定轮转法。第一轮采用“U”形排出，之后每轮比赛均把1号位置固定不动，其余号码逆时针方向移动一个位置即可。以7个队进行单循环比赛为例，编排见表4—1。

**表4—1　　7个队进行单循环制比赛的编排**

| 第一轮 | 第二轮 | 第三轮 | 第四轮 | 第五轮 | 第六轮 | 第七轮 |
|---|---|---|---|---|---|---|
| 1~0 | 1~7 | 1~6 | 1~5 | 1~4 | 1~3 | 1~2 |
| 2~7 | 0~6 | 7~5 | 6~4 | 5~3 | 4~2 | 3~0 |
| 3~6 | 2~5 | 0~4 | 7~3 | 6~2 | 5~0 | 4~7 |
| 4~5 | 3~4 | 2~3 | 0~2 | 7~0 | 6~7 | 5~6 |

无论参加队数是奇数还是偶数，均按偶数队编排。如是奇数队，可在最后一个数后加上“0”，碰到“0”的队轮空。轮次表编排之后，再抽签确定号码位置。

3. 双循环制

双循环制比赛的编排与单循环相同，一般是赛完第一循环后，再赛第二循环，最后计算总分。双循环制比赛轮次表的排法与单循环相同，只要排出第一循环，第二循环可按表重复一次，也可重新抽签另排号码位置。双循环赛的轮次与场次，均为单循环的两倍。

4. 混合制

采用混合制一般可把竞赛分为两个阶段进行。前一阶段采用分组单循环，后一阶段采用淘汰制，或先淘汰制后循环制。采用先分组循环后淘汰制的混合制比赛时，第一阶段最好分成2组、4组、8组等，以便于后续编排淘汰制的比赛。

5. 采用循环制判定名次的方法

球类竞赛循环制判定名次在校园竞赛组织中应用较多，故以此为例进行讲解。

（1）足球比赛

足球比赛胜一场得3分，平局各得1分，负一场得0分。按同一循环中积分多少决定名次，积分多者，名次列前。如遇两队或两队以上积分相等时，则按下列办法确定名次：

① 两队积分相等，则按他们之间比赛的胜负决定名次，胜者名次列前。

② 如两队以上积分相等，则按积分相等队之间比赛的净胜球多少决定名次，净胜球多者名次列前。

③ 如净胜球数仍相等，则按进球总数多少决定名次，进球总数多者名次列前。

④ 如进球总数仍相等，则按失球总数多少决定名次，失球总数少者名次列前。

⑤ 如失球总数仍相等，可按“罚出场次数”和“警告次数”多少决定名次，“罚出场次数”和“警告次数”少者名次列前。

⑥ 上述办法均不能确定名次时，则抽签决定名次。

（2）篮球比赛

篮球比赛胜一场得2分，负一场得1分，弃权得0分。对于同积分球队之间的名次判定依次考虑的因素如下：

① 同积分球队之间的胜负关系。如遇三个队或三个队以上的队积分相同，则需要另外制表，积分相同的球队之间再计算净胜分、总得分及组内净胜分、总得分等。大积分相同的球队之间再算小积分。

② 同积分球队之间的净胜分见表4—2。

表4—2 同积分球队之间的净胜分

| 队名 | 甲 | 乙 | 丙 | 积分 | 净胜分 | 名次 |
|---|---|---|---|---|---|---|
| 甲 | | 53：54<br>1 | 53：51<br>2 | 3 | 1 | 2 |
| 乙 | 54：53<br>2 | | 45：50<br>1 | 3 | −4 | 3 |
| 丙 | 51：53<br>1 | 50：45<br>2 | | 3 | 3 | 1 |

③ 同积分球队之间的总得分见表4—3。

表4—3 同积分球队之间的总得分

| 队名 | 甲 | 乙 | 丙 | 积分 | 净胜分 | 总得分 | 名次 |
|---|---|---|---|---|---|---|---|
| 甲 | | 82：75<br>2 | 64：71<br>1 | 3 | 0 | 146 | 3 |
| 乙 | 75：82<br>1 | | 91：84<br>2 | 3 | 0 | 166 | 1 |
| 丙 | 71：64<br>2 | 84：91<br>1 | | 3 | 0 | 155 | 2 |

④ 同积分球队组内净胜分。

⑤ 同积分球队组内总得分。

如果以上方法仍不能决定排名，则采取抽签的方式决定名次。

（3）排球比赛

排球比赛胜一场得2分，负一场得1分，弃权得0分，得分多者名次列前。若遇两队或两队以上积分相等，则采用以下方法决定名次：

① 两队积分相等，则以他们相互间比赛的胜负决定名次，胜者名次列前。

② 如两队以上积分相等，则以他们在全部比赛的胜局总数与负局总数的比值大小决定名次，大者名次列前：若再相等，则以他们在全部比赛中的总得分数与总失分数的比值大小决定名次，大者名次列前。

（4）乒乓球比赛

乒乓球比赛胜一场得 2 分，负一场得 1 分，弃权得 0 分。

以积分来判定名次。如遇两队积分相等，以相互间胜负来决定名次。如遇三队或三队以上积分相等，则依据相互间比赛场次的胜负比率（场比率）决定名次，场比率为相互间总胜场和总负场的比值。如场比率相同，则看局比率。局比率相同，看分比率。比率大者，名次列前。

（5）羽毛球比赛

羽毛球比赛循环制判定名次方法：

① 看胜场，如遇两队胜场相同，则以相互间胜负来决定名次。

② 如遇三队或三队以上胜场相同，则依据相互间净胜局数（胜局数-负局数）决定名次，如果其中两队净胜局相同，则依据相互间胜负，如遇三队或以上净胜局相同则看净胜分。

③ 如净胜分再相同，则以抽签决定名次。

团体赛循环制按以上办法，依胜次、场数、局数、分数顺序判定名次。

## 第二节　体育竞赛欣赏

随着商业性体育的兴起以及新闻传播媒介的迅速发展，体育竞赛欣赏已成为现代人生活中的一项重要内容。通过欣赏体育比赛，人们进一步拓展了自己的生活空间，调节了紧张的生活节奏，在缓解压力的同时获得娱乐身心的效果。2008 年北京奥运会的电视观众多达 47 亿人，这充分说明体育比赛对人的吸引力是许多其他社会生活方式无法比拟的。体育欣赏已越来越成为社会生活的重要内容。

俗话说得好：会看看门道，不会看看热闹。我们应如何正确欣赏体育比赛呢？

### 一、对于体育精神的欣赏

体育比赛中蕴含着崇高的“体育精神”，它包括竞争精神、超越精神、团结协作精神和参与精神等。体育比赛的最大魅力在于永恒的竞争，在于规则的、公正的、平等的、和平的竞争。运动场上无论是谁，都要站在同一起跑线上，听同一声号令，没有尊卑贵贱之分。体育比赛的另一魅力在于不停地追求与超越，它追求人类的健美、聪慧、愉悦，追求人类社会的友谊、和平、公正、进步，它挑战人类的生理极限，通过更快、更高、更强的精神不断实现人的自我超越。体育比赛的魅力还在于运动场上的团结协作和配合默契。一个眼神、一种手势、一句简单的语言提示，均可以使运动员之间的配合天衣无缝，犹如行云流水，从而达到最佳境界。对于比赛的参与精神，鲁迅先生的话能让我们对它有更深的理解。鲁迅先生曾说："我每看到运动会时，常常这样想：优胜者固然可敬，但那虽然落后而仍然非跑至终点不止的竞技者，和见了这样的竞技者而肃然不笑的看客，乃正是中国将来的脊梁。"

·知识窗

### 奥运史上最美的垫底者——阿赫瓦里

1968年的墨西哥城奥运会上，坦桑尼亚选手阿赫瓦里在跑出约19公里后因碰撞而摔倒，膝盖受伤，肩部脱臼，但他并未就此退出，而是一瘸一拐地继续向终点跑去。渐渐地，所有选手都将他远远甩在身后；渐渐地，围拢在街道两侧打气助威的人群已散尽，天色也越来越黯淡，所有人都觉得马拉松比赛已经结束，只有阿赫瓦里本人坚定地跑着，因为他觉得，自己的比赛远未结束。由于剧痛，他的慢跑比寻常人散步还要慢，他的膝盖不住地流淌着鲜血，但他依然一瘸一拐地向前"跑"着，不知什么时候，他的身边出现了一名记者，这位记者同情地看着他，不解地问："为什么明知毫无胜算，还要拼命跑下去?"阿赫瓦里显然毫无准备，他默默地又"跑"了好一会儿，才突然坚定地答道："我的祖国把我从7 000英里外送到这里，不是让我开始比赛，而是要我完成比赛……"被深深感动的记者不但向自己的杂志社发了稿，还立刻把稿件发给奥林匹克新闻中心，阿赫瓦里的名言不一会就通过广播回荡在墨西哥城的上空，许多本已回家的市民纷纷赶到路边，为这位勇敢的选手助威、欢呼，在观众的鼓励下，阿赫瓦里拖着伤腿，顶着满天星星，走入了专门为他打开灯光的阿兹特克体育场，几乎是一码一码蹭到了终点线。

作为坦桑尼亚历史上首位参加奥运竞技的选手，他没有辜负国家的厚望，这一幕后来被人们奉为"奥林匹克历史上最伟大的一幕"。阿赫瓦里被誉为奥运史上"最美的垫底者"。

### 中国体育史上的宝贵财富——女排精神

排球世界杯赛、排球世锦赛和奥运会排球赛是代表世界最高水平的三大排球比赛。1981年，中国女排以亚洲冠军的身份参加了第三届世界杯排球赛。中国队以七战全胜的成绩首次夺得世界杯赛冠军。随后，在1982年的秘鲁世锦赛上中国女排再度夺冠。紧接着，在1984年的第23届奥运会上，中国女排实现了奥运夺冠的梦想。中国女排并未就此止步，在1985年的第四届世界杯和1986年的第十届世锦赛上，中国女排又连续两次夺冠。于是，从1981年到1986年，中国女排创下了世界排球史上第一个"五连冠"，开创了我国大球翻身的新篇章。当时，"学习女排、振兴中华"成为全社会的口号，在全国掀起了一股学习中国女排精神的热潮。女排精神的基本内涵被概括为无私奉献精神、团结协作精神、艰苦创业精神、自强不息精神。

女排精神不仅成为中国体育的一面旗帜，更成为整个民族锐意进取、昂首前进的精神动力。在21世纪的今天，女排精神仍具有巨大的现实意义和时代价值。

## 二、对于美的欣赏

体育蕴含着无穷无尽的美，这是体育运动风靡世界的主要原因，正是体育美让体育运动具有了顽强的生命力和永恒的魅力，也正是体育美使亿万观众陶醉其中。

1. 身体美

观赏体育竞赛，首先映入眼帘的是运动员的身体形态。当我们欣赏着运动员强健丰满的肌肉、挺拔自然的体魄、柔和秀美的曲线以及英姿勃发的神态时，就会产生健与美的共鸣。身体美是一种自然美，一种对称、和谐的美。古希腊人认为，世界万物中，只有健美的人体最为匀称、和谐、庄重和最有生命力，因而是最完美的。古希腊的“米洛斯维纳斯”和“掷铁饼者”的雕塑形象，之所以经久不衰，除其造型的艺术价值外，正是身体形态美给了人们美的享受(见图4—6)。

图4—6 身体美

身体美的内容是十分丰富的。它不仅包含着人体的强壮美、体态美、体型美这些外形的美，同时还隐含了一些潜在美的因素，如素质美、健康美。另外运动员的皮肤色泽、发型和服装都是构成身体美的要素。

2. 运动美

运动美是指人在体育实践中，通过身体运动所呈现的一种动态美。运动美是体育美的基本形式。如跳水运动员在短暂的垂落过程中做出奇异多姿的高难惊险动作，构成空中动态艺术造型，给人以特殊的审美感受。享有“水上芭蕾”之称的花样游泳透过明净碧蓝的池水，展现出婀娜动人的美姿，配上音乐伴奏，是一种别具风味的审美享受。足球运动中的凌空抽射、鱼跃冲顶、守门员的横空飞扑，篮球中的扣篮、变幻莫测的传球以及艺术体操的协调和韵律等，都把运动美表现得淋漓尽致，给人以美的享受。体育运动形式多样、种类繁多，运动美不胜枚举（见图4—7）。

图4—7 运动美

3. 风格美

风格是指运动员或运动队在技术、战术、思想品质、行为作风等方面表现出来的特长与特点。如南美足球细腻的风格；中国乒乓球运动员力挽七个赛点时沉着冷静和顽强拼搏的风格；欧洲篮球注重整体的技术风格；太极拳刚中有柔、柔中有刚、刚柔相济的风格等。

## 三、不同类别运动项目的欣赏重点

1. 直接对抗性比赛项目

这类项目包括篮球、排球、足球、手球、网球、曲棍球、羽毛球、乒乓球等集体项目，以

及拳击、摔跤、柔道、击剑等个人项目。这类项目的比赛特点是按规则规定的条件去判断运动员的得分或失分，并以此作为衡量成绩的依据，判断比赛的胜负。欣赏这类比赛，应注意欣赏比赛过程中个人技术的运用和整体战术的配合，以及运动员所表现出的视野开阔、豁达合群和大智大勇的精神状态。

2. 对比性竞赛项目

这类项目包括体操、跳水、花样游泳、花样滑冰、健美运动等。这类项目比赛的特点是对比，要求运动员按规定条件和动作质量去完成比赛的技术动作，比赛中强调动作难度、美观和富有艺术性。欣赏这类比赛项目，应注意欣赏比赛过程中富有艺术性的美感，即运动员能够在一定的空间和时间内，把身体控制到尽善尽美的程度，使健力美得到高度统一，与和谐韵律和鲜明节奏的音乐配合，犹如抒情诗般的艺术造型，给人以强烈的美感。

3. 记录性竞赛项目

这类项目包括田径、游泳、举重、射击、射箭、划船、赛艇等。这类项目比赛的特点是计算成绩有客观指标，即以时间、距离、重量、命中率等具体指标作为评定运动员名次的依据。欣赏这类比赛项目，应注意欣赏比赛过程中运动员你追我赶的拼搏精神及勇敢坚毅、刻苦耐劳的优良品质。

## 四、欣赏的情感体验

1. 自豪感

各式各样的比赛，参赛者都具有一定社会群体的代表性。而观赏者，往往都与运动员有着千丝万缕的社会关系，有可能是同一学校或单位的，又或者是同一地区、民族或国家的……在国际比赛中，当本民族或本国运动员获胜，升国旗、奏国歌时，观赏者都会同运动员一样情不自禁地热泪盈眶、激动不已，把本国运动员的胜利视为自己民族和国家的莫大荣耀，从而产生强烈的自豪感。

2. 对于比赛的种种期待

体育比赛吸引人的一个重要因素是结果的不确定性。这也是为什么多少人不惜一切要看直播的原因。如看一场足球比赛时，观众不仅对比赛过程中运动员的技术战术，默契配合有着良好的情感体验，而且会一直期待着最后的结果。正是对比赛结果的无限期待，使更多人有耐心看完一场场结果也许是零比零的比赛。另外，观众还期待自己喜爱的运动员有精彩的表现，期待比赛过程中每个精彩的瞬间等。

3. 移情作用

体育比赛能产生一种强烈的移情作用。即运动员的情绪、情感及行为不同程度地感染着观众，如比赛的激情、比赛的振奋，对比赛的投入和陶醉，成功后的喜悦、失败后的懊悔等。如观看跳高比赛，当运动员准备助跑的时候，观众会情不自禁地屏息无声，暗暗地为运动员加油。而当运动员以其娴熟优美的姿态越过横竿时，观众会从心底里发出一种宽慰的欢呼，获得精神上的满足与升华。

同学们：

当你关上电视机，为那些体育明星们的精彩表演赞叹之余，别忘了约上你的同伴到运动场上亲身体验一下运动的乐趣！

总之，欣赏体育比赛应该注意从多层次、多角度地去感受、去体验。要注意增加必要的欣赏知识，如比赛项目的演变历史和发展现状，比赛规则和比赛方法，比赛队员的技术特点和技术风格等。这样才能不断提高自己的欣赏水平，获得赏心悦目的精神享受。

# 实践篇

SHIJIAN PIAN

* 田径
* 足球
* 篮球
* 排球
* 乒乓球
* 羽毛球
* 体操
* 民族传统体育
* 游泳
* 休闲体育
* 职业体能训练

# 第五章 田 径

田径是同学们熟悉的运动项目，被誉为“体育运动之母”。在我们的日常生活、学习、工作和体育锻炼中离不开田径运动的基本技术。你了解田径运动的基本知识吗？你知道如何提高奔跑、跳跃、投掷的基本能力吗？在田径运动的学习和锻炼中，你将体验锻炼的乐趣，培养拼搏、竞争和向自我挑战的精神及坚强的意志品质，全面提高身体素质。

## 第一节 田径运动概述

### 一、田径运动的由来

远在上古时代，人类为了生存，每天都要走或跑很长的距离，跳过沟壑等各种自然障碍，追捕动物，采集果实，并要用石块、树枝等同野兽搏斗。原始人类就这样在同大自然做斗争的过程中，逐步掌握了快速奔跑、敏捷跳跃和准确投掷等技能。随着社会的发展，这些技能经过提炼后成为训练和教育的内容，也成为娱乐和竞赛的方式，田径运动的雏形就此形成。

田径运动是源于古人类生存和生产劳动，逐渐发展为以走、跑、跳、投为主的一项综合性运动项目，是人类速度、力量、耐力等素质的综合体现。

### 二、田径运动简介

在跑道所围绕的中央或临近的场地上举行的跳跃、投掷，统称为田赛。田赛以高度和远度计算成绩。在跑道上举行的各种赛跑属于径赛，径赛以时间计算成绩。由跑、跳、投部分项目组成的，用评分办法计算成绩的组合项目，叫作“全能运动”。

田径运动具有竞技属性和健身属性，其区别和联系见表5—1。

表5—1　　田径运动属性比较

| 项目 | 竞技属性 | 健身属性 |
|---|---|---|
| 不同点 | 面向运动员 | 面向广大群众 |
| | 以提高成绩、参加竞赛、获取优胜为目的 | 以锻炼身体、增强体质、增进健康为目的 |
| | 有固定的比赛项目、形式和方法 | 根据不同对象确定不同内容、形式和方法 |
| | 有严格而统一的竞赛规则 | 可灵活制定竞赛规则 |
| | 有较高的技术要求 | 掌握基本技术 |
| | 有较高的商业价值 | 追求个人健康价值 |

续表

| 项目 | 竞技属性 | 健身属性 |
|---|---|---|
| 共同点 | 从事其他运动项目的基础 | |
| | 提高走、跑、跳、投的能力 | |
| | 发展速度、力量、耐力、灵敏、柔韧等身体素质 | |
| | 促进正常生长发育和各器官、系统机能的发展 | |
| | 培养良好的思想和心理品质 | |

田径运动按基本特征分为田赛、径赛、全能赛三大类（见表 5—2）。

表 5—2　　田径运动的分类

| | | | |
|---|---|---|---|
| 径赛 | 竞走 | | 5 公里、10 公里、20 公里、50 公里 |
| | 跑 | 短跑 | 100 米、200 米、400 米 |
| | | 中跑 | 800 米、1 500 米 |
| | | 长跑 | 3 000 米、5 000 米、10 000 米 |
| | | 马拉松 | 42 195 米 |
| | | 跨栏跑 | 110 米栏（男）、100 米栏（女）、400 米栏 |
| | | 障碍跑 | 3 000 米 |
| | | 接力跑 | 4×100 米、4×400 米 |
| 田赛 | 跳跃 | | 跳高、撑竿跳高、跳远、三级跳远 |
| | 投掷 | | 铅球、铁饼、标枪、链球 |
| 全能赛 | 男子十项 | | 100 米、跳远、铅球、跳高、400 米、110 米栏、铁饼、撑竿跳高、标枪、1 500 米 |
| | 女子七项 | | 100 米栏、跳高、铅球、200 米、跳远、标枪、800 米 |

## 第二节　走

走是人与生俱来的本能，是人体基本活动能力，是我们最熟悉、最常用的活动方式，也是一种重要的健身手段（见图 5—1），同时还是很多职业工作所必备的能力，如导游、地质勘探、环卫工、保安、餐厅服务等职业工作都需要长时间或长距离的行走。

医学之父希波克拉底曾说：“健走是人类最好的医药。”中国古老中医也认为：走路是百练之祖。

田径运动竞技属性中走主要指竞走，本节主要介绍其健身属性中的健步走。

图 5—1　健步走

健步走是一项以促进身心健康为目的、注重姿势、速度和时间的步行运动，行走的速度和运动量介于散步和竞走之间。突出的特点是：方法易于掌握，不易发生运动伤害；不受年龄、时间和场地的限制，不同年龄人群可根据自己的实际情况随时随地进行锻炼；运动装备简单，只需一双舒适合脚的运动鞋；在良好自然环境中结伴健步走，不仅能锻炼身体，还能欣赏自然美景，促进人际交流，陶冶身心。

·知识窗

### 人体的第二心脏——脚

人的一只脚有26块骨头、19块肌肉、33个关节、50多条韧带，就是这些骨头、关节、肌肉、韧带支撑起人体的全部重量。人在行走时，随着脚部肌肉的活动，血管扩张、收缩，把远离心脏的血液推回心脏，就像心脏的一个辅助“泵”，所以称脚是“人体的第二心脏”。另外，人体足部末梢神经分布密集，且有很多穴位，多走路，能刺激穴位，起到保健作用。

健步走速度的快慢是决定锻炼效果的关键因素，通常可分为慢速走（每分钟70~90步）、中速走（每分钟90~120步）、快速走（每分钟120~140步）、极快速走（每分钟140步以上）。

健步走的健身作用主要有：

（1）提高心肺功能。降低安静时和同等负荷下运动时的心率，提高肺活量，增加细胞运输氧的能力。

（2）调节心血管机能。改善末梢循环和冠状动脉循环，降低安静时的血压，降低血液的黏稠度，增加组织器官的血流量，有效防止动脉粥样硬化的发生和发展，防止如脑血栓、心肌梗死等病症的发生。

（3）促进减脂塑形。坚持健步走锻炼能有效减少身体脂肪，降低体脂含量，增加和维持肌肉耐力和力量。

（4）促进骨关节健康。可以增加骨密度，增加韧带、肌腱的力量，防止骨、关节、肌肉、肌腱的损伤，降低骨质疏松发生的危险性。

（5）增加人体免疫力，提高抗病能力。

（6）改善心理状态。健步走可以缓解精神压力、调节不良情绪、促进睡眠。

**练一练： 健步走拓展练习**

健步走拓展练习如图5—2所示。

提踵走

大步走

高抬腿走

振臂走　弓箭步走　十点十分走

转体走　侧身走　倒退走

图 5—2 健步走拓展练习

· 知识窗

**世界步行日**

因步行对人类健康有诸多好处，国际大众健身体育协会（TAFISA）于 1992 年 6 月 7 日在里约热内卢召开的全球峰会上，启动了“世界步行日”活动，时间定为每年的 9 月 29 日。活动推广至今已有 20 多年历史，覆盖全球 100 多个国家和地区，每年有数亿人参与其中。世界步行日活动的开展为提高身体素质、沟通人际关系、倡导低碳生活和促进社会和谐等做出了贡献。

## 第三节 跑

跑是田径运动的主要项目之一，是锻炼身体、增强体质、促进身心发展行之有效的手段，也是日常生活和工作中基本的活动技能（见图 5—3）。跑步是一项历史悠久、受众广泛、锻炼价值较大的健身运动，深受人们欢迎。

下面介绍田径运动中典型的四种类型跑：短距离跑、中长距离跑、跨栏跑和接力跑。

## 一、短距离跑

短跑是人体运动器官和内脏器官在大量缺氧的条件下完成的高强度运动，属于极限强度的运动。短跑能有效地发展速度素质，是田径运动的基础项目，且在其他运动项目的训练中也占有重要地位。正式比赛项目有100米、200米、400米，少年组还有60米。

图5—3 跑步

短跑技术是一个不可分割的完整体，为了便于分析，可把它分为起跑、起跑后的加速跑、途中跑及终点冲刺四部分（见表5—3）。

表5—3 短跑技术分解

| 名称 | 动作概述 | 图示 |
|---|---|---|
| 起跑 | 动作过程包括：各就位（蹲踞），预备（提臀），鸣枪（蹬摆）三个环节 | ③ ② ① |
| 加速跑 | 上体逐渐抬起、步幅逐渐加大、频率逐渐加快。要求在较短的时间内，尽快地达到较高的速度 | ⑤ ④ ③ ② ①<br>⑩ ⑨ ⑧ ⑦ ⑥ |

续表

| 名称 | 动作概述 | 图示 |
| --- | --- | --- |
| 途中跑 | 全程中距离最长、速度最快的一段，其任务是继续发挥和保持高速度跑 | 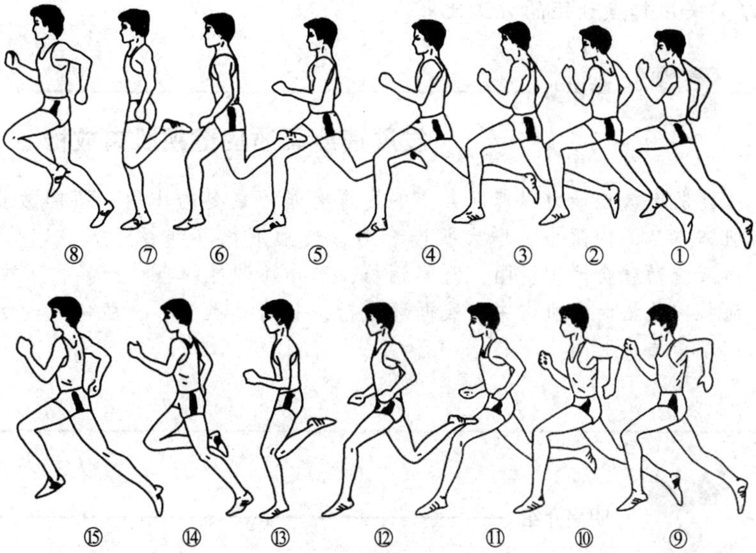 ⑧ ⑦ ⑥ ⑤ ④ ③ ② ①<br>⑮ ⑭ ⑬ ⑫ ⑪ ⑩ ⑨ |
| 终点冲刺 | 全程中的最后一段，其任务是减少速度下降的幅度，尽量保持高速；在距终点线前一步时，上体急速前倾以胸部或肩部撞压终点线 |  |

## 练一练：速度素质

• 分项练习

（1）通过慢跑、徒手操、压腿、抬腿、摆臂等练习做好准备活动和发展柔韧性。

（2）通过小步跑、高抬腿跑、后蹬跑、加速跑等练习不断改进和提高跑的技术。

（3）提高反应速度和动作速度的练习：①身体成多种姿势（如下蹲、俯撑、仰卧、坐姿、背对跑进方向等）的听信号起跑或跳。②原地快速摆臂 5~20 秒。③高频率小步跑或高抬腿跑。④站立式或蹲距式听发令 20~30 米跑。

（4）提高加速度和绝对速度的练习：①30~60 米加速跑、下坡跑、牵引跑等。②60 米左右的追逐跑。③30~60 米的接力跑。④8 秒以内的计时跑。

（5）提高速度耐力的练习：①不同强度的反复跑（如强度在 70%~85%的 100~500 米的

反复跑)。②变速跑（如200米快接200米慢或200米快接100慢等不同组合的变速跑)。

- 比一比

根据50米测验成绩，找一位或几位水平相当的同伴比一比，或找一个水平略高或略低的同伴，采用起点让距的方式比赛。

· 知识窗

### 发展速度素质应重视肌肉放松

肌肉放松能力对速度素质的发挥有非常重要的作用。肌肉放松，张弛有度，能够减少肌肉本身的内阻力，增大肌肉合力，使血液循环通畅。当肌肉紧张度达到60%~80%时，血液流动就会严重受阻，时间稍长，动作协调性就会受到影响，从而限制速度能力的发挥；而肌肉放松时，肌肉中血液循环通畅，肌肉氧供充分，肌肉收缩力量增强，从而有效提高速度素质。

· 明星介绍

牙买加运动员尤塞恩·博尔特，1986年8月21日出生，身高1.96米。2009年，柏林世锦赛，博尔特在男子100米比赛中以9秒58，200米比赛中以19秒19的成绩夺冠，创造了两项世界纪录。2012年伦敦奥运会男子4×100米接力决赛中，博尔特和队友一起以36秒84的成绩再次打破世界纪录并夺取金牌，成为同时拥有三项世界纪录的新的飞人，被称为“闪电博尔特”。

## 二、中长距离跑

中长距离跑是用一定的速度跑较长时间或较长距离的运动，属耐力、速度型运动项目，又称耐久跑。耐久跑同时也是一项基本的生活技能，对于很多职业工作和军事活动都具有重要的实用意义。

耐力素质是指机体维持长时间工作或运动而不疲劳的能力，也是反映人体健康水平和体质强弱的重要标志。中长距离跑是提高耐力素质最有效的手段之一。

有氧代谢能力是耐力素质的生理基础。由于中长距离跑的特点是跑的距离和时间比较长，所以体内供能方式主要是有氧代谢过程。氧气供应充足对跑中长距离跑至关重要，慢跑10~30分钟，总需氧量可达50~150升，平均每分钟吸氧量超过平时3倍。另外，经常练习中长跑，能使心脏室腔增大，心壁增厚，心肌收缩力加强，提高心脏供血能力。因此，中长距离跑能有效提高心肺功能，并使肌肉中氧化酶活性增强，能源物质储备增加，大大提高练习者有氧代谢能力。

·知识窗

**中长跑**

1896年第一届现代奥运会上，中长跑被列为正式比赛项目。中长跑是指800米到10 000米之间各项距离的跑。经常举行的比赛项目有800米、1 500米、3 000米、3 000米障碍、5 000米和10 000米等。

中长距离跑要求在跑时既要保持一定的速度，又能跑得持久。总的技术要求是动作轻松自然，重心移动平稳，交替做好肌肉的用力与放松，调整好呼吸的节奏。有氧代谢是中长跑体内供能的主要方式。

中长距离跑的呼吸很重要，正确的呼吸对改善气体交换和血液循环有重要作用。呼吸节奏要和跑的节奏相配合，这样有利于提高中长跑动作的经济性和实效性。

·知识窗

**极点和第二次呼吸**

中长跑运动开始阶段，由于植物性神经较躯体神经有较大的惰性，使内脏器官的活动机能跟不上运动器官活动的需要，造成氧气的供应暂时落后于肌肉活动的需要，再加上肌肉活动产生的大量代谢产物不能及时运走，因此，跑一段时间后，就会不同程度地出现呼吸困难、胸闷、四肢无力、跑速下降，产生难以跑下去的感觉。这种现象就是通常所说的"极点"。

极点出现后，通过适当的调整，坚持跑下去，经过一段时间后，这种现象就会减轻，身体机能会得到明显好转，这就是生理上所谓的"第二次呼吸"。

### 练一练：　耐力素质

1. 走跑交替。如先跑200米、走100米，共进行五次。可逐渐加长跑的距离，缩短走的距离。再如在操场或其他自然地形中持续匀速跑6~12分钟，途中可根据身体情况跑、走交替。
2. 定时或定距离跑。如12分钟定时跑、3~5公里跑等。
3. 变速跑。如100米快跑与200米慢跑相结合，共3~5组。
4. 结合篮球或足球等球类跑。如篮球5分钟运动跑、足球8分钟带球跑等。
5. 跳绳。如原地3分钟单摇、5分钟长绳8字跳等。
6. 参加多种形式的长跑活动或比赛。

·知识窗

**12分钟健身跑及体能评价表**

12分钟跑是美国健身运动专家肯尼斯·库珀博士总结创造出来的一种评定训练对象体能级别的测试方法。后来，他将这种方法推广到群众健身锻炼中，成为测定参与者体能情况的量化指标。这种测试方法可帮助锻炼者有针对性地安排运动量，并在此基础上逐级提高锻炼要求，促使体质和健康水平不断提高。库珀经过几万例的数据采集和统计分析发现，对13岁到70岁的人，跑12分钟最为适宜。方式不限，可跑可走，或走跑交替，最后根据完成的距离和结束时的心率来评价体能。在12分钟内尽力跑出最长距离以后的3分钟内的脉搏应该小于180－年龄数。只有脉搏率合格，跑出的距离才能算有效。

**12分钟跑体能评价表** 单位：米

| 组别 | 体能 | 15~16岁 | 17~19岁 | 20~29岁 | 30~39岁 | 40~49岁 | 50岁以上 |
|---|---|---|---|---|---|---|---|
| 男子 | 很差 | 2 200以下 | 2 300以下 | 1 600以下 | 1 500以下 | 1 400以下 | 1 300以下 |
| | 不及格 | 2 200~2 299 | 2 300~2 499 | 1 600~2 199 | 1 500~1 999 | 1 400~1 699 | 1 300~1 599 |
| | 及　格 | 2 300~2 499 | 2 500~2 699 | 2 200~2 399 | 2 000~2 299 | 1 700~2 099 | 1 600~1 999 |
| | 良好 | 2 500~2 799 | 2 700~2 999 | 2 400~2 799 | 2 300~2 699 | 2 100~2 499 | 2 000~2 399 |
| | 非常好 | 2 800以上 | 3 000以上 | 2 800以上 | 2 700以上 | 2 500以上 | 2 400以上 |
| 女子 | 很　差 | 1 600以下 | 1 700以下 | 1 500以下 | 1 400下 | 1 200以下 | 1 000以下 |
| | 不及格 | 1 600~1 699 | 1 700~1 799 | 1 500~1 799 | 1 400~1 699 | 1 200~1 499 | 1 000~1 399 |
| | 及　格 | 1 700~1 999 | 1 800~2 099 | 1 800~2 199 | 1 700~1 999 | 1 500~1 899 | 1 400~1 699 |
| | 良　好 | 2 000~2 099 | 2 100~2 299 | 2 200~2 699 | 2 000~2 499 | 1 900~2 299 | 1 700~2 199 |
| | 非常好 | 2 100以上 | 2 300以上 | 2 700以上 | 2 500以上 | 2 300以上 | 2 200以上 |

## 三、 跨栏跑

跨越障碍是古人类在长期生产生活中形成的一种基本技能。田径运动中的跨栏跑是由跨越障碍物的基本技能发展演变而来的。

### 练一练：跨栏跑综合练习

跨栏跑综合练习如图5—4所示。

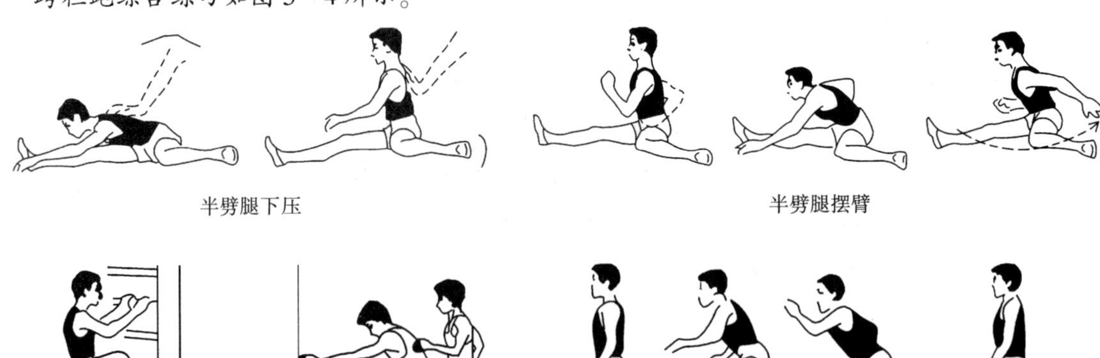

半劈腿下压　　半劈腿摆臂

肋木压腿

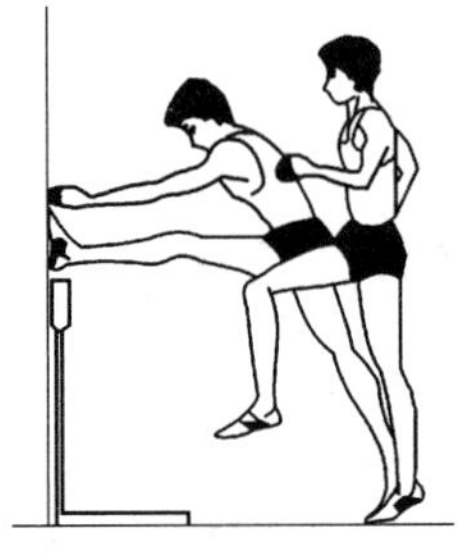

对墙攻栏

起跨提拉

图 5—4　跨栏跑综合练习

跨栏跑要求运动员具有很好的跑跨协调能力。从事跨栏跑运动能有效发展速度、灵敏、柔韧和协调等身体素质，培养勇敢、果断、顽强、拼搏的精神。

· 明星介绍

**中国田径第一个男子奥运冠军**

刘翔：1983 年 7 月 13 日出生于上海。2004 年雅典奥运会 110 米栏，以 12 秒 91 的成绩打破奥运会纪录，夺得了金牌，成为中国田径项目上的第一个男子奥运冠军。2006 年 7 月 12 日，在洛桑田径黄金联赛中以 12 秒 88 打破了由科林 · 杰克逊保持了 13 年之久的世界纪录，被誉为"中国飞人"。2015 年 4 月 7 日，刘翔宣布退役。

## 四、接力跑

接力是田径比赛中唯一的集体项目，正式比赛中接力跑主要有 4×100 米和 4×400 米。接力跑比赛最能反映一个代表队短距离跑的整体实力，它是速度、传接棒技术和队员之间相互默契配合的体现。下面以 4×100 米为例（见图 5—5）介绍如下：

接力跑战术安排：第一棒安排起跑技术好，善于跑弯道的运动员；第二棒应是专项耐力好并善于接棒的运动员；第三棒运动员除具备第二棒的条件外，还要善于跑弯道；第四棒通常是全队成绩最好、冲刺能力最强的运动员。

**练一练：　传接棒技术**

1. 持棒原地练习"下压式""上挑式"传接棒技术。
2. 在走动中完成传棒者发出"接"或"嗨"等信号完成传接棒技术。
3. 在慢跑中完成传接棒的练习。
4. 快跑中完成传接棒的练习。
5. 在接力区完成传接棒练习。

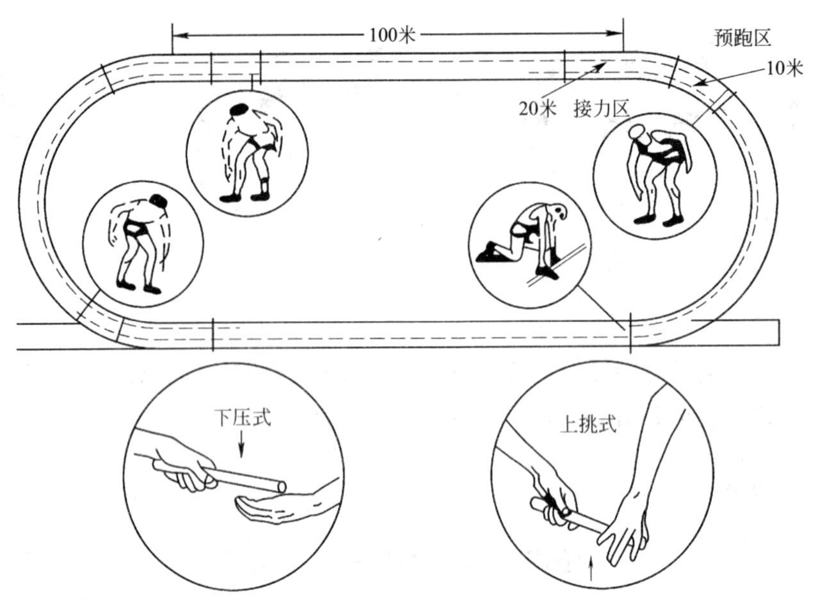


图 5—5 接力区和传接棒示意图

接力赛跑规则如下：运动员必须持棒跑完全程；如发生掉棒，必须由掉棒运动员拾起；交接棒必须在接力区内完成，是否在接力区，仅取决于接力棒的位置；不得接受任何形式的帮助；不得跑出分道影响他人或故意阻挡他人。

## 第四节 跳 跃

跳跃运动是人体运用自身的能力或借助一定的器材（如撑杆），通过一定的运动形式，使人体腾越尽可能的高度和远度的运动。田径竞技属性中的正式比赛项目有跳远、三级跳远、跳高和撑竿跳高四项。

跳跃能力是日常生活、工作和体育锻炼的一项基础技能。对于同学们来说，应该认真学习掌握跳跃运动的基本技术，更重要的是通过多种形式的跳跃练习，提高自己的跳跃能力，发展与跳跃相关的体能素质，为以后的工作和健康生活打下良好的体能基础。

### 一、跳远

跳远的完整技术由助跑、起跳、腾空和落地四个环节组成。根据腾空时的身体姿势主要有蹲距式、挺身式和走步式三种（见图 5—6）。

### 二、三级跳远

三级跳远是在助跑以后沿直线连续进行三次不同形式跳跃的运动项目。它要求运动员具有良好的速度和弹跳能力，尤其两腿和腰腹部都必须具有强大的力量。它是田径运动中技术比较复杂、难度较大的项目之一。

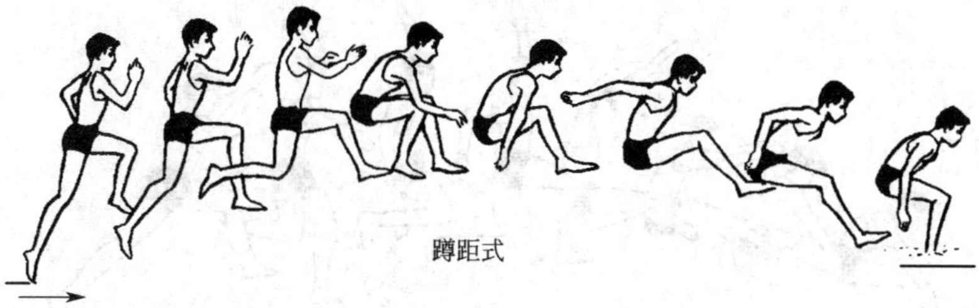

蹲距式

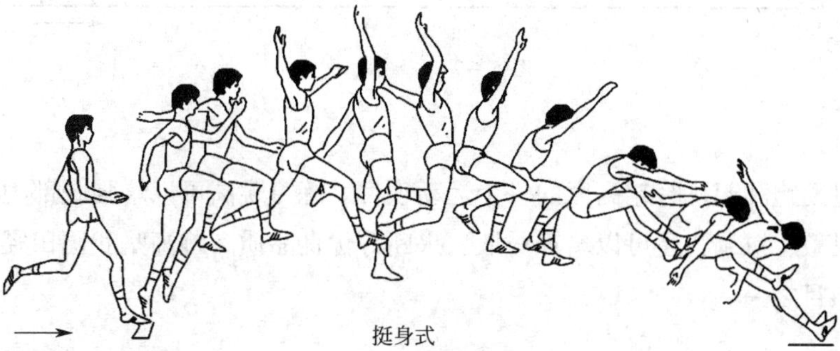

挺身式

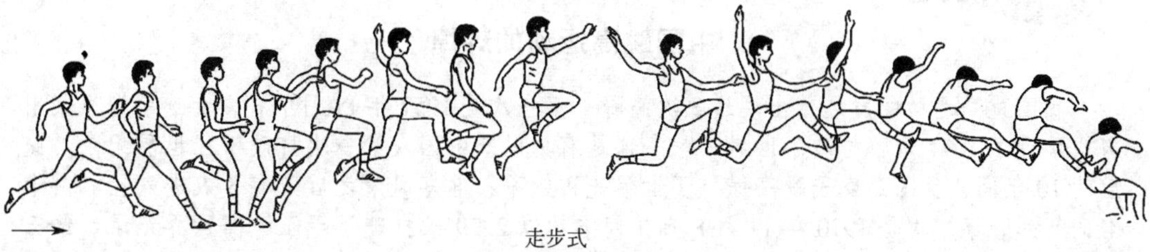

走步式

图 5—6　跳远

三级跳远的第一跳“单足跳”，需用起跳腿落地；第二跳“跨步跳”，需用摆动腿落地；第三跳“跳跃”，用双脚落地完成三级跳远的完整动作（见图 5—7）。

单足跳

跨步跳

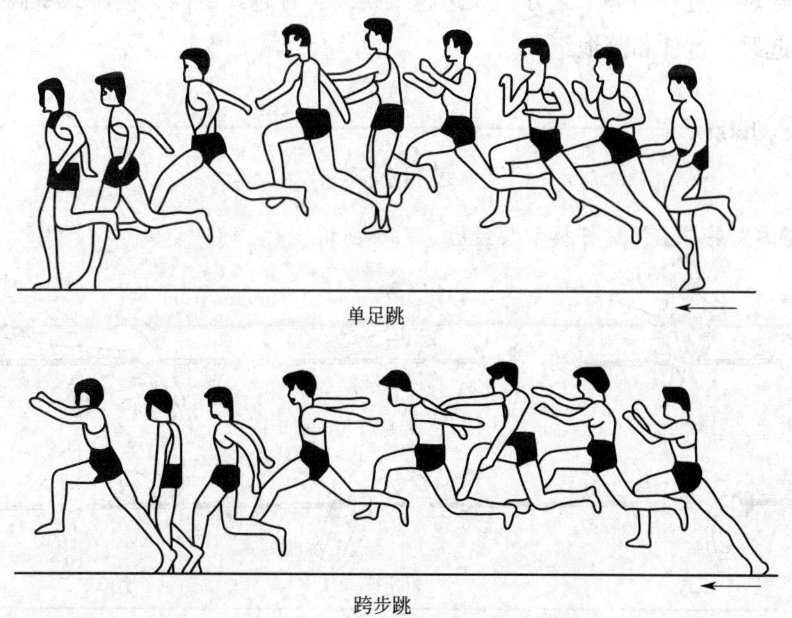

图 5—7　三级跳远

### 三、跳高

跳高是通过助跑和起跳跨越高度的一个运动项目。练习跳高可以增强腿部力量，能使身体活动起来更加灵敏、协调，还可以培养勇敢、果断等优良品质。跳高是我国田径运动员最早打破世界纪录的项目之一。

·知识窗

#### 中国跳高运动的辉煌

我国跳高运动的发展曾出现过3次高峰。第一次是1957年11月7日，女选手郑凤荣用剪式跳过了1.77米，打破了世界纪录。这是有史以来中国人第一次打破田径世界纪录。此后的10年间，我国的女子跳高保持了世界先进水平，继郑凤荣之后又有5人进入世界前十名的行列。第二次是1970年11月8日，倪志钦以2.29米打破了男子跳高世界纪录。第三次是1983年6月至1984年6月一年间，上海选手朱建华先后跳过了2.37米、2.38米、2.39米，三破世界纪录。

跳高技术通常以过杆姿势来区分，如跨越式跳高、背越式跳高、俯卧式跳高等。其技术过程均由助跑、起跳、过杆和落地组成。

·知识窗

#### 过杆技术

在跳高的发展史上，过杆技术共经历了六次创新。

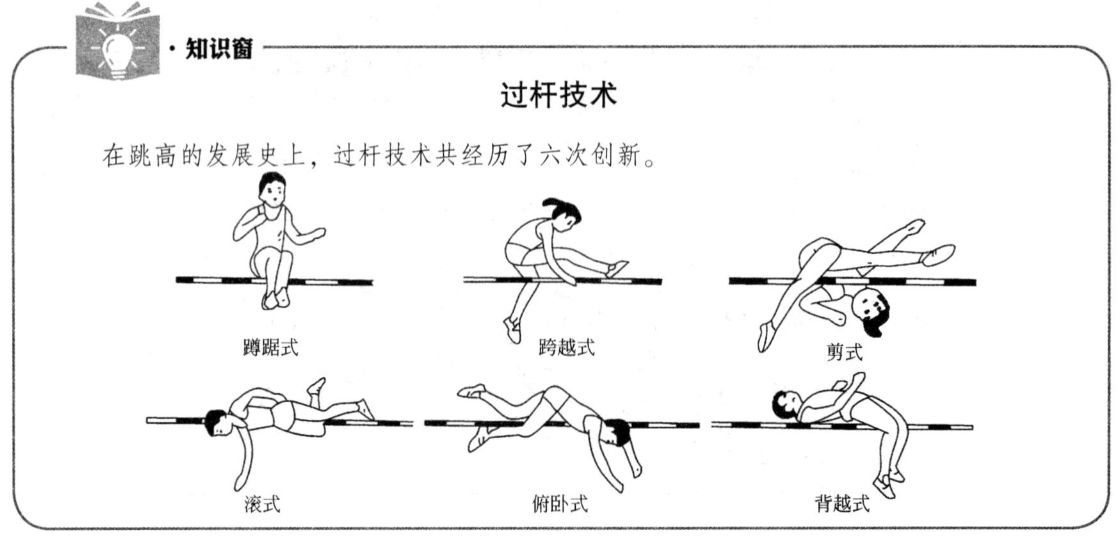

对初学跳高者来讲，跨越式容易掌握，对场地、器材的要求不高。但跨越式跳高必须将身体重心跃得很高，才能跨越更高的高度。因此同样的弹跳水平，跨越式过杆跳跃的高度相对较低，故在较高水平的运动会上几乎看不到跨越式跳高的运动员。

相对于跨越式跳高来说，背越式的技术难度要大，对场地器材的要求也特殊，但是背越式跳高的技术优点在于：当它过杆时，人体重心在杆的下面，因此同样的弹跳水平，可以越过的高度就更高。

俯卧式技术在背越式问世前被公认为是最先进的技术。以俯卧式跳高技术创造的世界纪录在田径史中保持了很长时间。背越式出现后，这两种姿势竞争了很长的时间，现在跳俯卧式的人已不多见。

### 练一练：跳跃综合练习

下面介绍一组与跳跃相关的综合练习，帮助发展跳跃能力，同学们可结合自身情况选择练习。请注意跳前做好准备活动，跳后做好放松练习。

1. 蹲跳

根据下肢弯曲的程度可分为微蹲跳、半蹲跳和全蹲跳三种练习方式（见图 5—8）。可结合跳起摸高进行练习。

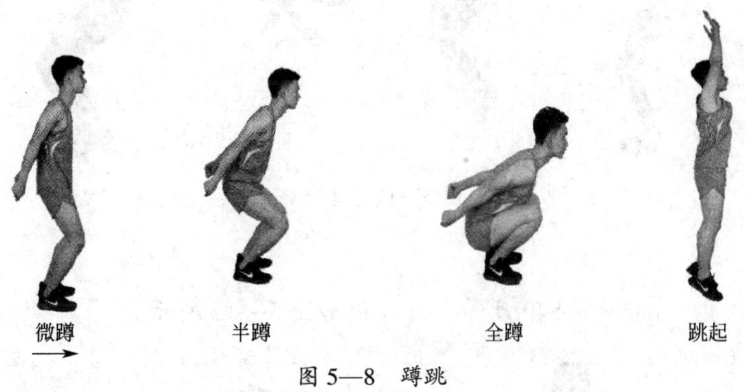


图 5—8　蹲跳

2. 弓步交换跳

弓步交换跳如图 5—9 所示。

图 5—9　弓步交换跳

3. 单足跳

单足跳如图 5—10 所示。

图 5—10　单足跳

4. 收腹跳

收腹跳如图 5—11 所示。

图 5—11　收腹跳

5. 转体跳

可跳起转 180 度、360 度、540 度等。转体跳如图 5—12 所示。

图 5—12　转体跳

6. 障碍跳

障碍跳如图 5—13 所示。

图 5—13　障碍跳

## 第五节　投　　掷

投掷是人体的基本运动形式，也是很多运动项目的主要技术之一（见图 5—14）。投掷练习对发展人体力量、速度、灵敏、协调等身体素质有积极的促进作用。投掷练习可为将来的生活、工作奠定基本活动能力基础，也可为其他运动项目技术的学习打下良好基础。

图 5—14　投掷

田径运动中的投掷项目，是人的各种投掷形式及能力的典型表现。主要包括铅球、铁饼、标枪和链球。下面简要介绍投掷铅球、标枪和铁饼（见表 5—4）。

**表 5—4**　　投掷

| 类型 | 图解 | |
|---|---|---|
| 铅球 | 握法 | 预备姿势 |

续表

类型
图解
铅球
侧向滑步推铅球
背向滑步推铅球
标枪
第一种
第二种
握法
持枪
引枪
满弓
①
②
③
④
⑤
⑥
⑦
⑧
⑨
⑩
⑪
⑫
⑬
⑭
⑮
⑯
⑰
⑱
最后用力
铁饼
②
③
①
③
①
握法
预摆
旋转
最后用力

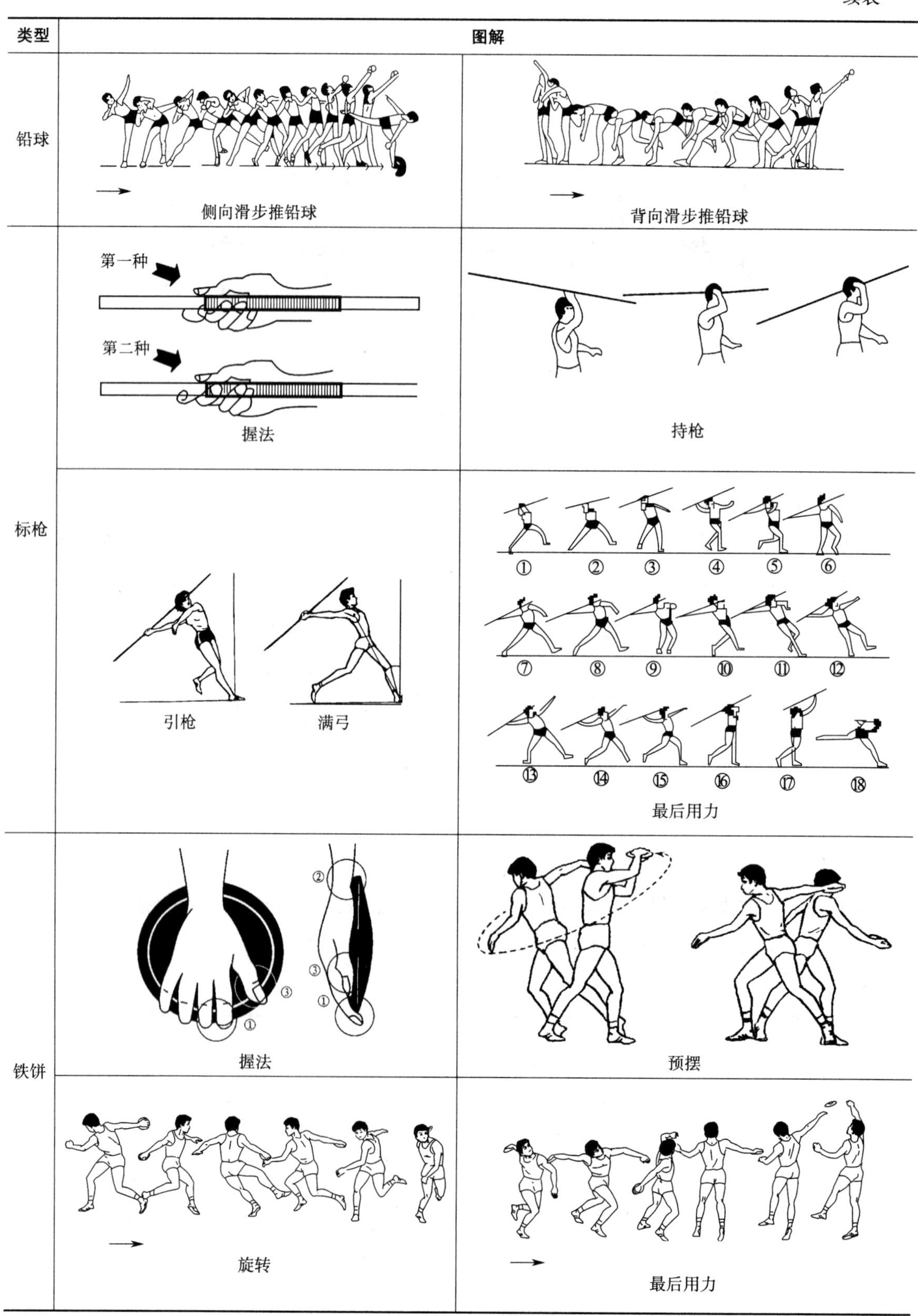

**练一练：投掷综合练习**

1. 实心球或铅球的抓握或抛接练习。
2. 双手体前抛实心球、篮球或足球。
3. 双手头上抛实心球、篮球或足球。
4. 双手后抛实心球、篮球或足球。
5. 单手侧向掷垒球、实心球等。
6. 侧向原地或滑步推实心球、铅球。
7. 各种有利于提高投掷能力的素质练习。
8. 多种投掷项目的完整练习。

需要说明的是练习前的充分热身以及训练后放松拉伸很重要，结合器材的投掷练习，切记注意自身和他人的安全。

# 第六章 足 球

足球被誉为“世界第一运动”。许多民族让足球这项运动融入他们的血液之中。风靡全球的世界杯伴随了许多人的成长岁月。你喜欢足球吗?你了解足球运动的基本知识吗?通过本章的学习,你将掌握足球的基本技术和简单战术,懂得足球比赛简单的规则。想在运动中培养果断、勇敢、机智的品质,增强群体意识、责任感和交往能力吗?来参加足球运动吧!

## 第一节 足球运动概述

足球运动是一项以脚支配球为主,两队攻与守相对抗,以射球入门多少判定胜负的球类运动,是一项对抗性极强的集体运动项目。它是世界上开展最广泛、影响最大的体育运动项目之一,被誉为“世界第一运动”。它具有参赛人数多、比赛场面大、双方对抗激烈、技术动作复杂、战术组合变化多样等特点。

足球运动是一项古老的运动。早在春秋战国时期就以游戏的形式流传于我国民间,那时称为“蹴鞠”。2001年国际足联宣布古代足球起源于中国,现代足球起源于英国。

·知识窗

### 国际足联

国际足联(FIFA)成立于1904年,至今已有会员协会200多个,是目前会员协会最多的国际单项体育组织。

经常参加足球运动,能有效提高人体各器官系统的功能,全面发展和提高人体的各项身体素质,有助于培养勇于进取、顽强拼搏的竞争意识,机智果断、反应敏锐的心理品质,以及团队协作、齐心协力的集体主义和荣誉感。

·知识窗

### 中超联赛——关注我们自己的联赛

中国足球协会超级联赛(Chinese Football Association Super League,简称为CSL)是由中国足球协会组织的,是中国地区最优秀的职业足球俱乐部参加的全国最高水平的足球职业联赛,简称为中超联赛。联赛开始于2004年,前身是中国足球甲级A组联赛。联赛口号为:团结、拼搏、欢乐、向上。联赛采取主客双循环赛制比赛,每支队伍与各球队对赛两次,主客各一次。

联赛冠军奖杯是火神杯。联赛官方标识为“火球”，是以中国戏剧脸谱的描绘手法，把中超联赛的英文缩写CSL融入一个燃烧的火球，象征着中超联赛充满火热的激情和生命的活力。

CSL
CHINA FOOTBALL ASSOCIATION SUPER LEAGUE
中国足球协会超级联赛

联赛吉祥物“小龙娃”，是一只颜色醒目、形态可爱的卡通龙，设计成踢球的形象，身穿一件有中超英文缩写“CSL”的球衣。中华民族的龙图腾代表中国和中国足球；龙腾九霄，意寓中国足球和中超联赛的腾飞；龙娃娃活泼可爱、朝气蓬勃、人小志大，象征足球的活力、喜庆及中国足球和中超联赛的远大志向。

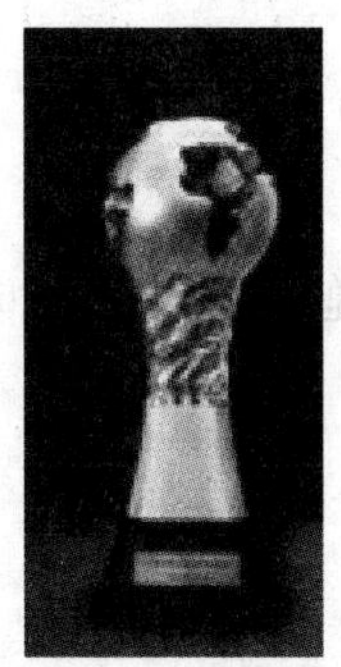

联赛主题曲是零点乐队创作并演唱的《超越》。该首歌曲以鲜明的节拍，演奏出欢乐、激越的旋律，与足球比赛的节奏、气势相合，与观众欢呼、呐喊的声浪相融，推波助澜，营造出激昂欢乐的气氛。以“千万双手一起拍响，把这绿茵汇成欢乐的海洋”“超越自己，超越赛场，我们是不可战胜的力量”为主导，充分体现了中超联赛“团结、欢乐、拼搏、向上”的思想理念和不断超越走向未来的主题。

## 第二节　足球基本技术

足球基本技术是足球运动的基础，主要有踢球、接球、头顶球、掷界外球、运球、抢截球、假动作、守门员技术等。

### 一、熟悉球性

熟悉球性练习是足球技术的入门基础练习。脚及身体其他相关部位和球频繁接触，使人体对足球的重量、弹性、速度、运动规律等产生本体感知。主要练习包括脚内侧左右盘球、脚底拖球、夹球前甩、多部位颠球等。

1. 脚内侧盘球

【动作方法】

球置于两脚之间，用双脚内侧依次频繁触碰球，使球在两脚之间快速移动。可由原地盘球过渡至向前或向后行进间盘球（见图6—1）。

【动作要点】

图 6—1 脚内侧盘球

盘球轻、换脚快，控制节奏、体会球感。

2. 脚底拖球

【动作方法】

用脚底轻触球的上方或侧上方，迅速向后或向侧拖带球，使球向想要控制的方向运动（见图 6—2）。

【动作要点】

脚底踏球，拖带轻柔，换脚迅速，球随人走。

3. 夹球前甩

【动作方法】

双脚夹球，收腹抬腿，小腿加速前踢（见图 6—3）。

图 6—2 脚底拖球

图 6—3 夹球前甩

【动作要点】

熟悉球性、训练腹部力量及前踢腿速度。

4. 多部位颠球

【动作方法】

颠球是指用身体的某些部位连续不断地将处于空中的球轻轻击起的动作。颠球是熟悉球性的主要练习内容，也是提高足球基本功的重要方法。颠球的部位有脚背、脚内侧、脚外侧、大腿、胸部、肩部、头部等（见图 6—4）。

图 6—4　颠球

【动作要点】

根据球的高低、方向、落点及时调整脚步和身体位置，大部分颠球动作击球的底部中间，力量适中。

## 二、踢球

踢球是足球技术中最基本的技术动作，也是足球技术中最重要的技术之一，在比赛中运用得最多，主要用于传球和射门。

踢球的技术环节包括五个方面。

(1) 踢球前的助跑。助跑应平稳而有节奏，助跑的最后一步要跨大，支撑脚由脚跟过渡到脚掌落地，为踢球腿的后摆和准确踢球创造稳固的平衡条件。

(2) 支撑脚的选位。直线助跑时支撑脚通常在球的侧方 10~15 厘米处，斜线助跑时支撑脚通常在球的侧后方 20~25 厘米处。在踢活动球时，应准确估计球的滚动或飞行距离与摆腿时间，以保证踢球时支撑脚位置的准确。

(3) 踢球腿的摆动。摆动的速度越快，力量就越大。摆动的方向要正，小腿的爆发式摆动是踢球的关键。

(4) 脚触球的部位。要根据具体情况，选择恰当的击球部位，以保证踢球的准确性和力量。

(5) 踢球后的随前动作。这个技术环节应追求自然，不必过分强调。

踢球的方法主要有脚内侧踢球、脚背正面踢球、脚背内侧踢球、脚背外侧踢球、脚尖踢球和脚跟踢球。下面就前三种展开介绍。

1. 脚内侧踢球

【动作方法】

直线助跑，支撑脚落位的同时，摆动腿以髋关节为轴由后向前摆，在前摆过程中屈膝外转，小腿加速前摆，脚掌与地面平行。脚弓击球的后中部，脚弓正对出球方向（见图 6—5）。

图 6—5 脚内侧踢球

【动作要点】

脚与球的接触面积要大，确保出球准确。此方法出球力量较小，适用于短传和短距离射门。

2. 脚背正面踢球

【动作方法】

直线助跑，最后一步稍大，支撑脚积极着地的同时，摆动腿以髋关节为轴，大腿带动小腿积极向前摆动，当膝盖摆至接近球的垂直上方时，小腿做爆发式前摆，当膝盖处在球的正上方时用脚背正面击球的后中部。击球时脚背绷直，踝关节紧张，上体稍前倾，两臂配合协调摆动（见图 6—6）。

图 6—6 脚背正面踢球

【动作要点】

脚与球的接触面积要大，出球要有力。此方法常用于中、远距离传球，踢任意球，射门等。

3. 脚背内侧踢球

【动作方法】

斜线助跑，支撑脚在球侧后方约 20~25 厘米处，摆动时大腿带动小腿，膝盖和脚尖稍向外转，脚面绷直，脚趾扣紧。脚背内侧击球的后中部或后中下部。踢弧线球时，摆腿方向不通过球心（见图 6—7）。

图 6—7　脚背内侧踢球

【动作要点】

踢球腿的摆幅要大，摆速要快，踢球力量要大。此方法出球方向变化幅度大，可踢出平直球、弧线球等，常用于中、远距离传球，任意球，边锋传中和射门等。

**练一练：　踢球**

- 自主学练

（1）对墙踢球如图 6—8 所示。

（2）定位球射门如图 6—9 所示。

图 6—8　对墙踢球

图 6—9　定位球射门

(3) 运球射门如图6—10所示。

● 合作学练

(1) 互传互接如图6—11所示。

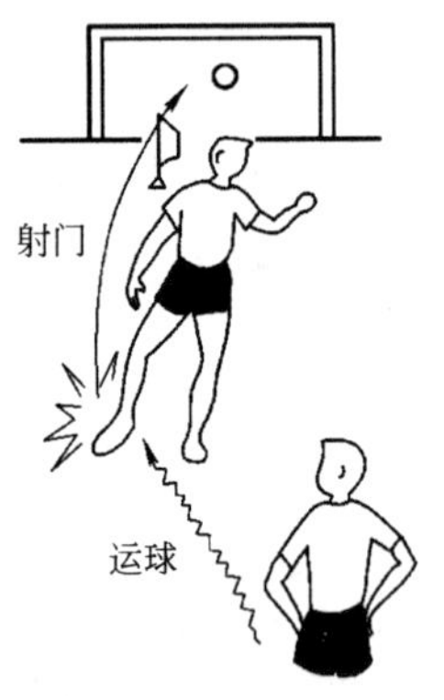


图6—10 运球射门

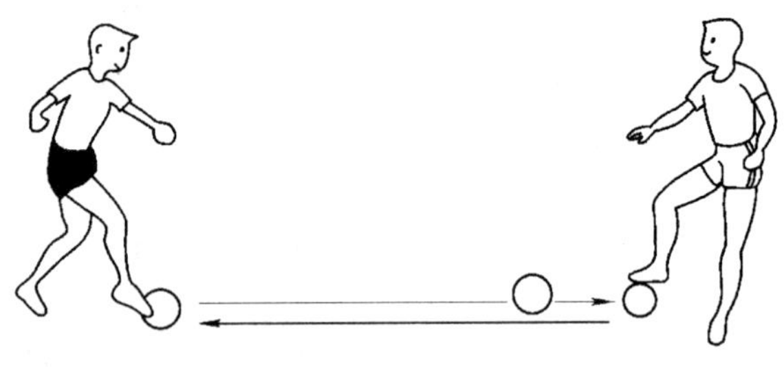

图6—11 互传互接

(2) 行进间传接球如图6—12所示。

(3) 传射练习如图6—13所示。

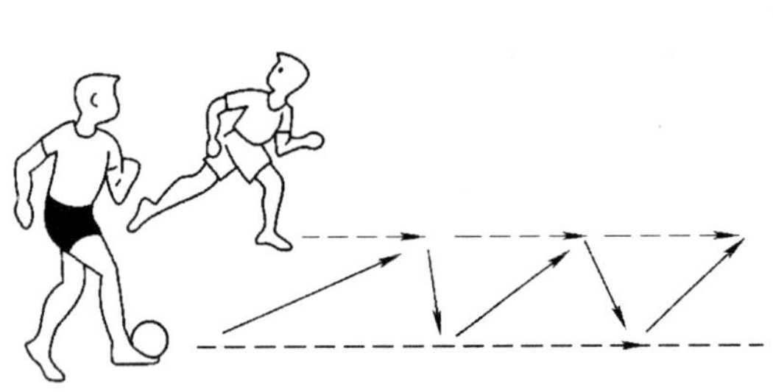

图6—12 行进间传接球

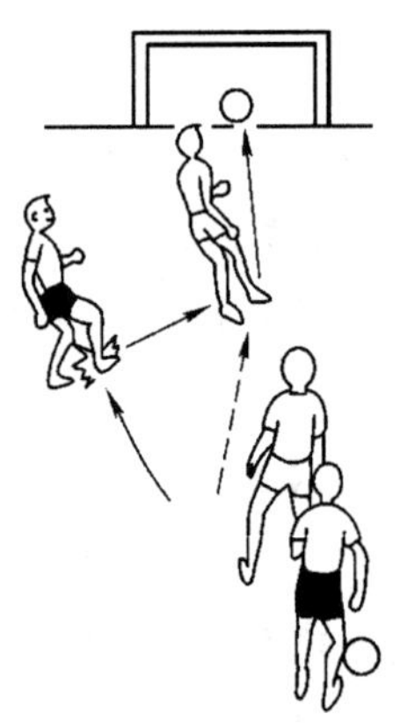

图6—13 传射练习

**·知识窗**

**传球注意事项**

选择传球目标、掌握传球时机和控制传球力量是传球的主要因素。传球前要注意观察，预见同伴和防守队员的意图；传球要快速、简练；传球要隐蔽，出其不意，使对手防不胜防；后场应少做横传或回传，特别是在雨天，球速会因雨水而减慢，容易被对方抢断。

## 三、接球

接球是指运动员有目的的运用身体合理部位触球，以改变运动中球的力量、方向、速度，使球处于自己控制范围内的技术动作。在足球比赛中大量的配合都是通过传接球完成的，因此，接球技术显得尤为重要。常用的接球技术动作有脚内侧接地滚球、脚内侧接反弹球、脚内侧接空中球、大腿部接球、胸部接球等。

1. 脚内侧接地滚球

【动作方法】

以脚内侧挡住球的中上部，将球控制在下一动作需要的位置上（见图 6—14）。

【动作要点】

不要将球接死，更不能将球挡离控制范围。

2. 脚内侧接反弹球

【动作方法】

当球接触地面反弹的瞬间，小腿与地面成一夹角，迅速以脚内侧推压球的后下方，使球沿地面向前滚动（见图 6—15）。

图 6—14　脚内侧接地滚球

图 6—15　脚内侧接反弹球

【动作要点】

要准确判断球的落点，瞬时改变球的运动方向。

3. 脚内侧接空中球

（1）下撤式接球

【动作方法】

接球脚的大腿屈膝上抬，用脚内侧挡住来球并迅速缓冲下撤，使球落在身前控制范围（见图 6—16）。

【动作要点】

此方法适用于球速不是很快的情况，要注意判断好球的路线。

（2）后撤式接球

【动作方法】

用脚内侧挡住来球，触球瞬间大腿外展，顺球的来势做后撤动作，缓冲球速，使球落在身前控制范围（见图 6—17）。

【动作要点】

此方法适用于球速较快的情况。

图 6—16　下撤式接球

图 6—17　后撤式接球

4. 大腿部接球

【动作方法】

抬大腿主动迎球，腿触球瞬间顺势下放，缓冲球速，使其落在身前控制范围内，迅速用脚控球（见图 6—18）。

图 6—18　大腿部接球

【动作要点】

大腿中部对准来球，肌肉适当放松，在大腿与球接触的一刹那，迅速撤引挡球。

**练一练：**

抛球练习见表 6—1。

**表 6—1**　**抛球练习**

| 内容 | 图示 |
| --- | --- |
| 大腿接自抛球 | |
| 大腿接抛来球 | |

5. 胸部接球

【动作方法】

身体正对来球，两脚自然开立，上体稍后仰，两臂屈肘张开。接触球瞬间，两脚蹬地，膝关节伸直，用胸部轻托球的下部，使球微微弹起于胸前上方，落于身前控制范围内（见图 6—19）。

图 6—19 胸部接球

【动作要点】

胸部接球，落于身前，两个动作要反复练习、一气呵成。

## 四、头顶球

头顶球是指运动员用头的某一部位顶击球，将球击向预定目标的技术动作。接触球的部位通常是前额或侧额，可原地顶或跳起顶。头顶球常用于进攻中的传球、射门和防守中的抢断等。头是人体的最高部位，能较早接触到空中球，所以头顶球在比赛中对争取时间和空中优势极为有利。

【动作方法】

看准时机，展腹后仰，眼看来球，用收腹叩击的方法，以前额或侧额部位顶球（见图 6—20）。

图 6—20 跳起头顶球

【动作要点】

积极移动选准顶球点，控制好击球方向，通过上体摆动甩头击球提高击球速度。

## 五、掷界外球

在足球比赛中，任意一方队员将球碰出边线，则由另一方队员掷界外球。掷球者必须面向场内，用双手将球从头后经头上掷出。

【动作方法】

两脚前后或左右站立，双手持球至头后，利用蹬地、收腹、挥臂的动作将球掷到准确位置（见图 6—21）。

图 6—21　掷界外球

【动作要点】

从蹬地发力开始，由下至上协调连贯地将球掷出；可利用助跑获得的速度，完成掷球动作。

·知识窗

**掷界外球违例的几种形式**

1. 球离手时，单脚或双脚离地。
2. 球未经头后向前掷出。
3. 单臂用力将球掷出。
4. 掷球过程中，手臂动作不连贯，未一次性将球掷出。
5. 持球向后掷出（背向）。
6. 进入场内掷球，未在出界点掷球。

## 六、运球

运球是运动员在跑动中用脚连续推、拨球，使其处在自己控制之下的触球动作，是进行个人突破和战术配合不可或缺的技术环节。一般运球技术包括正脚背运球、外脚背运球、脚内侧运球。

1. 正脚背运球

【动作方法】

脚背触球，将球向前推动（见图 6—22）。

图 6—22　正脚背运球

【动作要点】

向前推动时力度要轻，人随球行紧紧跟随。

2. 外脚背运球

【动作方法】

脚背外侧推拨球（见图 6—23）。

图 6—23 外脚背运球

【动作要点】

人随球行不可停顿。

3. 脚内侧运球

【动作方法】

内侧轻扣横向移（见图 6—24）。

图 6—24 脚内侧运球

【动作要点】

使用此方法要注意使球左右变向，用于过人。

**练一练：运球**

1. 各种脚法的往返直线运球。
2. “8”字形运球练习。
3. 曲线运球绕杆练习。
4. 两人一组，在消极或积极的防守下，做一对一的运球过人练习。
5. 多人圈内自由运球。
6. 多人运球接力游戏。

## 七、抢截球

抢截球是指运动员在规则允许的范围内，使用身体的合理部位，把对手对球的控制权夺回来或破坏掉。常用技术方法有正面抢截、侧面抢截。

1. 正面抢截

【动作方法】

面对运球者，突然蹬地向前跨出，用脚内侧阻抢球。上体随之前移，保持平衡，把球控制在脚下（见图 6—25）。

图 6—25　正面抢截

【动作要点】

趁对方带球距离较大或脚触球后刚着地时，蹬地上前抢截。

2. 侧面抢截

（1）侧面合理冲撞抢截

【动作方法】

当与对方平行跑动争球时，身体重心稍降，上体向控球者倾斜，屈肘夹臂，利用倾斜和跑动的冲力，以上臂和肩部合理冲撞对方相应部位，使其失去平衡，将球抢下（见图 6—26）。

图 6—26　侧面合理冲撞抢截

【动作要点】

准备抢截时，靠近对手一侧的手臂紧贴身体，利用对方同侧脚离地的过程，用肘关节以上部位适当冲撞对手同样部位。

（2）侧面脚背（底）铲球

【动作方法】

趁对方脚未触球的间隙，后腿用力蹬地成跨步，内侧脚以脚外侧贴地面向侧前方滑出。触球前一刹那，小腿用力弹踢，以脚背或脚底将球铲出，然后小腿、大腿、臀依次着地（见图 6—27）。

【动作要点】

铲球最好的时机是运球人刚刚将球拨出时；铲球动作应快速、果断；铲球完成后，要快速起身。

侧面脚背铲球

图 6—27　铲球

## 第三节　足球基本战术

足球战术是指在比赛中，为了战胜对方，根据双方的实际情况而采取的个人行动和集体配合的组织形式。可分为进攻和防守两大系统，各系统中又包括个人战术、局部战术、整体战术等。

### 一、个人战术

在个人战术中，我们着重讲解选位、盯人和跑位。

1. 选位

选位要站在对方球员与本方球门中心所构成的连线上，切断对方直接射门的路线，并做到人球兼顾（见图 6—28）。

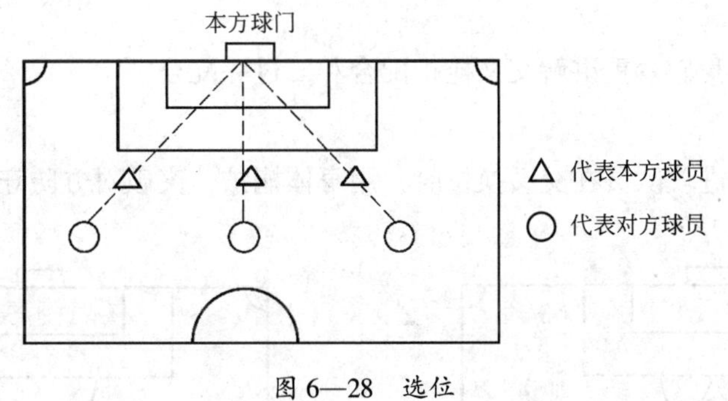


图 6—28　选位

2. 盯人

盯人分为紧逼盯人和松动盯人两种。紧逼盯人是贴近对手，不给对手从容活动的余地，一般用于禁区附近和有球的局部地区以及对方核心队员的防守；松动盯人是与对手保持一定距离，既能盯住对手，又可保护同伴，一般用于防守离球较远的队员。

3. 跑位

（1）接应

跑位队员接近控球队员，并寻找有利的位置（见图 6—29）。⑦为控球队员，⑥或⑨通过跑位接应⑦。⑦传球给⑥或⑨后向前快速跑位，然后接⑥或⑨的传球，形成进攻机会。

（2）扯动

有意识地通过跑位将对方队员引走，从而形成空当（见图6—30）。⑦通过扯动跑位，引走防守队员△4，在右边路形成空当。

（3）切入或插上

在对方防守出现空当时，及时从防守队员之间穿过或插向其身后空当去接球（见图6—30）。⑦可通过切入接⑨传球，②可通过插向身后空当接⑥传球，形成进攻机会。

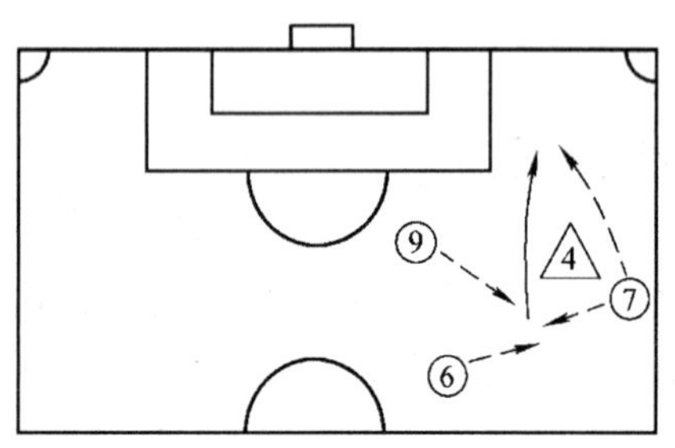


图6—29 接应

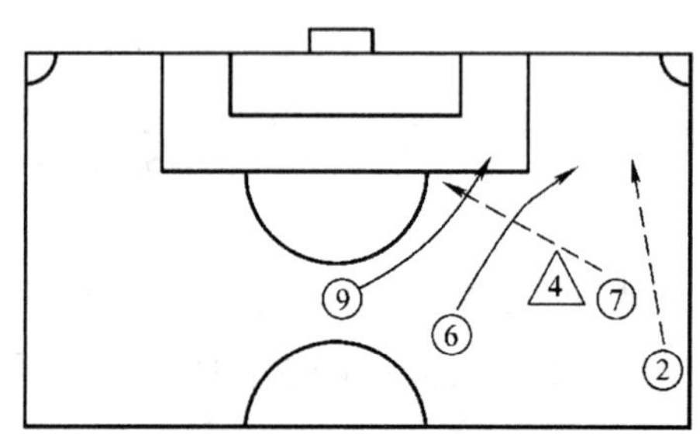


图6—30 扯动、切入或插上

（4）摆脱

当对手紧逼时，利用变速、变向等动作摆脱对手的盯防（见图6—31）。⑦和⑩通过变速、变向分别摆脱△4和△3的盯防。其中，⑩在摆脱△3的盯防后可接⑥的传球。

## 二、局部战术

在局部战术中，我们着重讲解交叉掩护配合和二过一配合。

1. 交叉掩护配合

在局部区域两名进攻队员在交叉换位时，用身体掩护，突破对方防守（见图6—32）。

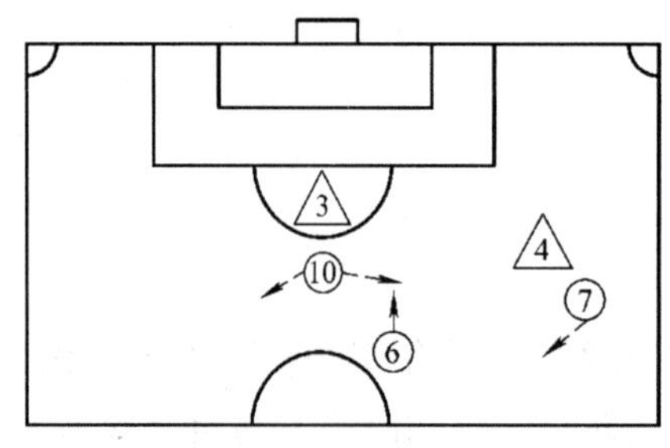


图6—31 摆脱

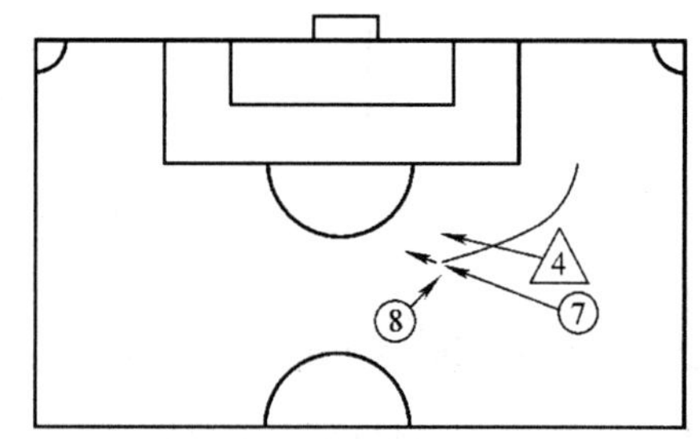


图6—32 交叉掩护配合

2. 二过一配合

两名进攻队员通过两次连续传球配合，突破一名防守队员的方法。根据传球路线和跑动路线分可为斜传直插、直传斜插、踢墙式、回传反切等二过一配合形式。

（1）斜传直插二过一：⑦斜传球给⑧，然后向右前方直插，接⑧的回传球（见图6—33）。

（2）直传斜插二过一：⑧传球给⑦，然后斜插接⑦的回传球（见图6—34）。

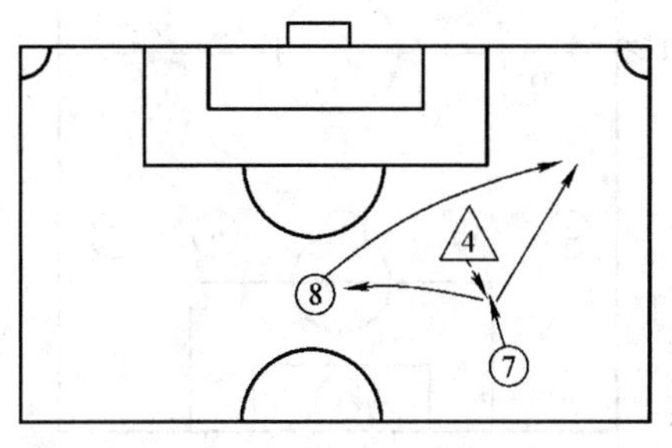


图6—33　斜传直插二过一

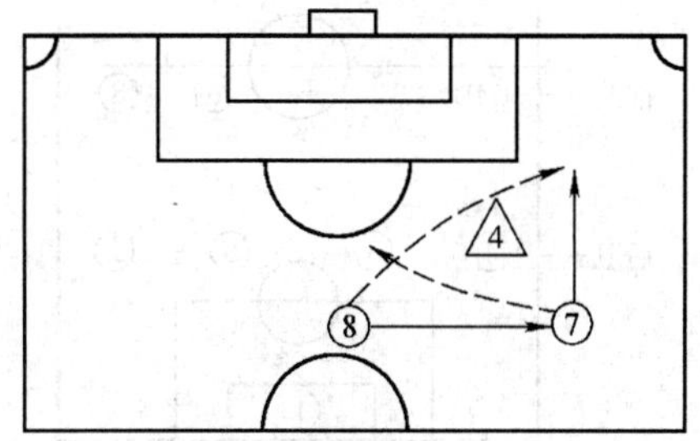


图6—34　直传斜插二过一

（3）踢墙式二过一：⑨传球给⑩，⑩快速回传（像球被踢到墙上反弹一样），⑨接⑩的回传球，形成进攻机会（见图6—35）。

（4）回传反切二过一：⑧传球给⑦，⑦再回传给⑧后快速转身切入右边空当，接⑧的回传球，形成进攻机会（见图6—36）。

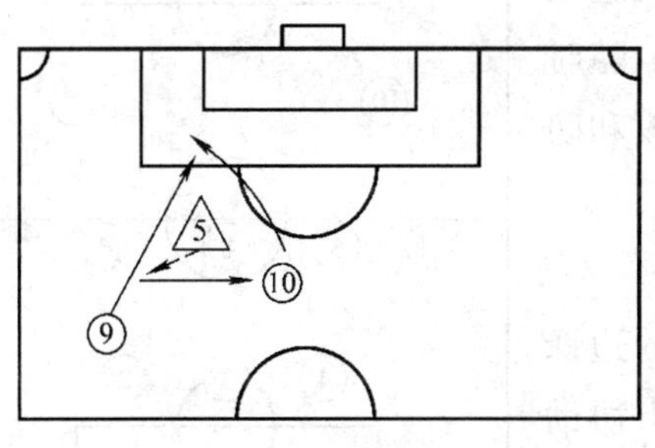


图6—35　踢墙式二过一

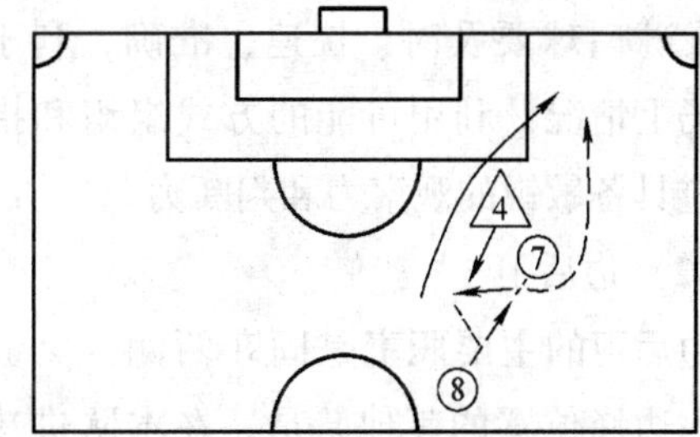


图6—36　回传反切二过一

## 三、整体战术

整体战术中，我们着重讲解比赛阵型及不同位置队员的主要职责。

1. 比赛阵型

比赛中为了适应攻守战术的需要，队员在场上的位置按一定顺序排列，并做出恰当的分工，明确职责范围，这就是比赛阵型。比赛中，根据攻防需要，阵型可灵活多变。比赛阵型是随攻守技术的发展而不断变化的。

阵型的采用，必须同本队的技战术水平和队员的特点相适应，即使是同一种阵型，不同球队运用时也会有不同的特点和差异。目前普遍采用的阵型主要有“四四二”（见图6—37）、“五三二”（见图6—38）、“三五二”（见图6—39）等。阵型的人数排列顺序一般是后卫线—

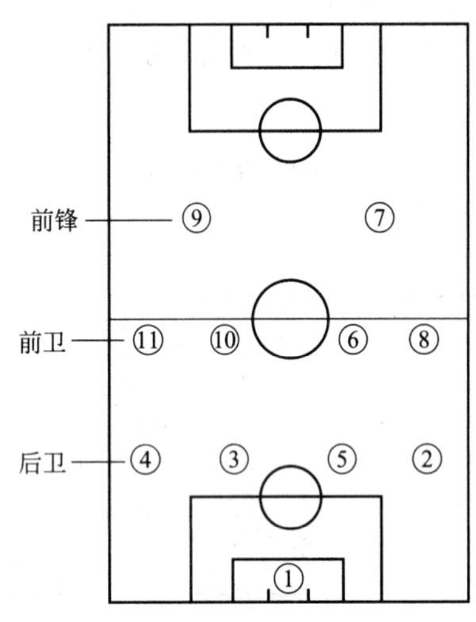


图 6—37 “四四二”阵型

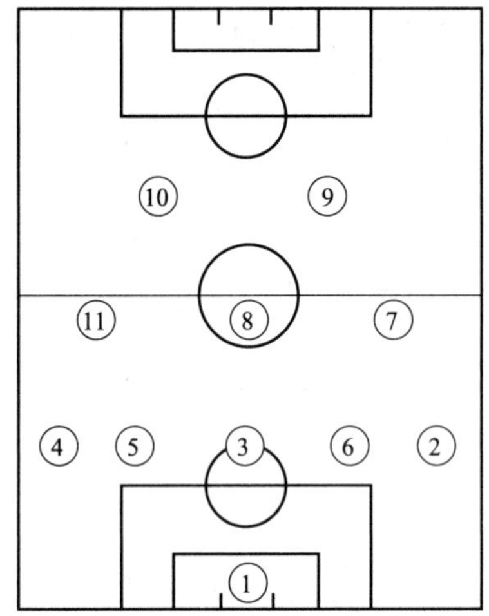


图 6—38 “五三二”阵型

前卫线—前锋线。

2. 不同位置队员的主要职责

(1) 守门员

守门员主要职责是不让对方把球攻入球门。本队进攻时，发球门球要及时、快速、准确，利于本队进攻；随时观察场上情况，利用可能的方式组织和指挥全队进攻和防守；应具备敏锐的观察力和判断力。

(2) 边后卫

边后卫的主要职责是固守两侧，负责防守对方的边锋或进入边锋位置的其他队员。在本队进攻时，可压上协助控制中场，同时伺机插上助攻；应在严密防守的基础上积极参与进攻。现代足球中，边后卫不仅是进攻的组织者，也应是进攻的突击手。

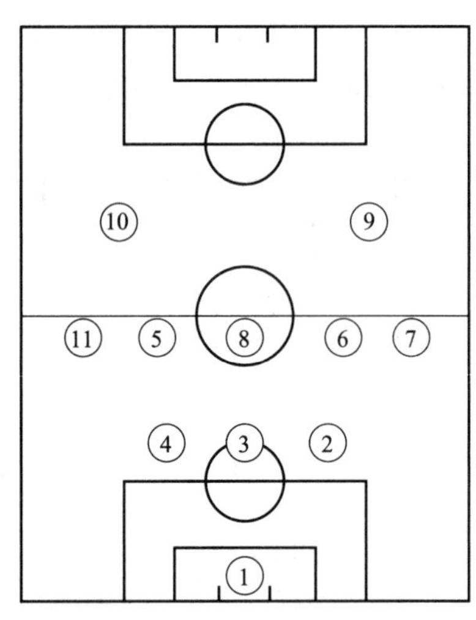


图 6—39 “三五二”阵型

(3) 中卫

中卫的主要职责是保护门前中央场区的危险地带，尽力封锁通向球门的主要通道；也是后场发起进攻的组织者，要有很强的控球意识和组织能力，本队进攻时要支持边后卫大胆出击；一般不轻易上前。中卫有盯人中卫和自由中卫。

(4) 前卫

前卫经常活动在中场，是锋线队员和后卫线队员的桥梁和攻防的纽带。中场队员通常是球队的核心。没有快速、全面的前卫不可能实现全攻全守的打法。前卫的前后左右大范围的交叉换位和频频插上射门是现代足球前卫打法的特点。前卫必须熟悉每条线甚至各个位置的打法，具有良好的身体素质，熟练掌握各种技战术，并有顽强意志品质。前卫通常有组织型、防守型和进攻型三种。

（5）突前前锋

突前前峰位于进攻的最前线，通常是队内的尖刀和炮手，主要职责是突破射门。突前前锋一般要掌握快速突破和强行射门的技术，动作简练快速，能在不同位置和各种情况下运用多种方法破门；由攻转守时，应立即回抢，阻挠对手的反攻，破坏其第一传或延误对方的反击时间。

（6）边锋

边锋位于球场边线一带，主要职责是在边路执行攻击任务；常常同中路同伴配合制造进攻机会，或者运球下底传中；有时还要插向中路起突前前锋的作用。边锋必须具备快速起动和良好的奔跑能力，并掌握带球过人、强行突破、下底传中和准确射门等技术。

·知识窗

**五大联赛**

五大联赛是指欧洲的顶级足球联赛。它们分别是意大利甲级联赛、英格兰超级联赛、德国甲级联赛、西班牙甲级联赛和法国甲级联赛。

## 第四节　足球竞赛规则简介

### 一、场地

足球场地示意图如图 6—40 所示。

### 二、队员人数

每队上场 11 名队员，其中包括一名守门员。如果一队的队员少于 7 人，则判该队弃权。正式比赛最多可使用 3 名替补队员。场上和场外队员未经裁判员许可不能擅自进出场地。比赛时，守门员和其他队员的位置不能随意交换，如需要交换，必须经裁判员同意。

### 三、比赛时间

正式的国际比赛分为上、下两个半场，每半场 45 分钟。中间休息 15 分钟。伤停补时，有时 1~2 分钟，有时可达 5~6 分钟，时间长短由主裁判根据比赛的具体情况确定。

### 四、裁判员

一场正式的足球比赛由 4 名裁判员担任裁判工作：一名主裁判，两名助理裁判，一名替补裁判员。

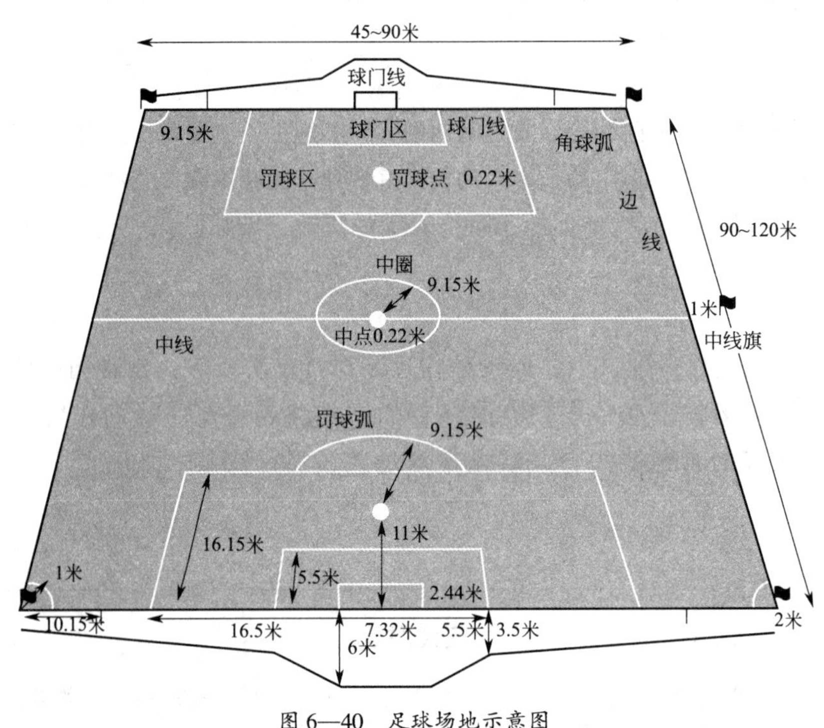


图 6—40　足球场地示意图

主裁判的职责：有场上最终判决权，决定比赛时间是否延长、比赛是否推迟和中止。

助理裁判员的职责：示意越位及球出界，协助主裁判场上判罚，但没有最终判决权。

## 五、犯规和任意球

对方队员犯规，本方应踢任意球。任意球有两种。一种是直接任意球，即可以直接射入对方球门而得分的任意球；另一种是间接任意球，即不得直接射门得分，球在进入球门前需被其他球员踢或接触。在对方罚球区内的直接任意球即点球。

无论是直接任意球还是间接任意球，防守方都要离球 9. 15 米以外。如果不按要求退出，裁判员可出示黄牌。

队员犯规应判罚直接任意球的情形如图 6—41 所示。

队员犯规应判罚间接任意球的情形如图 6—42 所示。

## 六、越位

比赛中当队员同时满足下列 3 个条件时，即为该队员处于越位位置：一是在对方半场；二是在球的前面；三是该队员与对方端线之间，防守队员不足 2 人。

队员直接获得球门球、角球、掷界外球时不能判越位。

需要说明的是与对方最后一名后卫平行时不判越位。

目前，国际足联对越位有了新的解读：如果判越位，不是边裁举旗就鸣哨，而是越位队员触球后再鸣哨。

图 6—41 判罚直接任意球的犯规

目的不在球的故意阻挡　危险动作　冲撞守门员　目的不在球的冲撞

图 6—42 判罚间接任意球的犯规

## 七、球出界和球进门

球的整体在地面或空中越过边线或球门线为出界球，球的整体进入球门为进球。

## 八、计胜方法

足球比赛的积分为胜一场积 3 分，平一场积 1 分，负一场积 0 分，最终以积分多少决定名次。如积分相等，则根据赛前规程确定的不同名次判定标准的规定来排定名次。

## 九、比赛开始

正式的国际比赛，在国际足联公平竞赛旗及参赛双方国旗的引导下，参赛队伍伴随国际足联公平竞赛曲列队入场。参赛队伍按规定位置站定，先奏客队国歌，再奏主队国歌。比赛场地的选择是以主裁判掷硬币的方式决定，猜中者选择上半场比赛的进攻方向，另一方开球开始比赛。

·知识窗

### 世界杯

1970年以前的世界杯，称为雷米特杯，是为表彰前国际足联主席法国人雷米特为足球运动所做出的成就而命名的。其模特是希腊传说中的胜利女神尼凯，故也称“女神杯”。雕像由纯金铸成，重1.8千克，高30厘米，立在大理石底座上。

1970年巴西因三次夺冠而永远拥有雷米特杯。1971年5月，国际足联举行新杯审议会，对53种方案评议后，决定采用意大利人加扎尼亚的设计方案——两个力士双手高捧地球的设计方案。这个造型象征着体育的威力和规模。新杯定名为“国际足联世界杯”，即大力神球。此杯重5千克，高36厘米。国际足联规定新杯为流动奖品，不论哪个队获得多少冠军，也不能永远占有此杯。

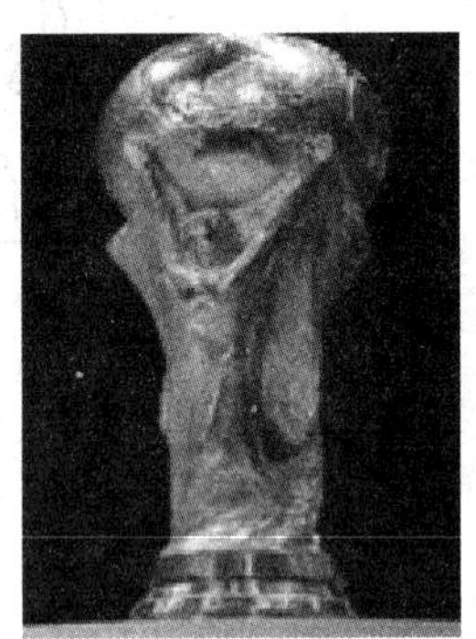

### 《中国足球改革发展总体方案》简介

中国足球水平的提高，一直是国人多年的心愿，球迷们急切盼望中国足球腾飞的一天早日到来。2015年3月，国务院办公厅公布了《中国足球改革发展总体方案》，从国家层面对中国足球进行顶层设计。让我们一起了解这一方案的部分内容吧！

1. 发展目标振奋人心。分近期、中期、远期三步走，坚定地把承办国际足联男足世界杯、国家男足进入世界强队行列作为足球发展的重要目标。

2. 举国体制旗帜鲜明。举国体制与市场机制相结合，旗帜鲜明地强调要发挥社会主义制度优势，整合资源，形成合力，各级政府要在足球事业发展中切实负起责任。

3. 中国足协独立法人。中国足协与体育总局脱钩，成为独立法人社团，不设行政级别，享有独立的人事权、财权、赛事组织权、国际交流权等。

4. 资金投入多元结构。成立中国足球发展基金会，发行以中国足球职业联赛为竞猜对象的足球彩票。要求各级政府加大对足球的投入，尤其强调政府要以股份制形式入股职业足球俱乐部。

5. 打造百年足球俱乐部。推动职业联赛足球俱乐部地域化，鼓励具备条件的俱乐部逐步实现名称的非企业化，培育城市足球文化。

6. 场地建设刚性要求。制定全国足球场地建设规划，把兴建足球场纳入城镇化和新农村建设总体规划，由各级政府组织实施。

7. 校园足球突出位置。大力普及校园足球，在现有特色足球学校 5 000 多所的基础上，至 2020 年达到 2 万所，2025 年达到 5 万所，其中开展好足球的学校占一定比例。

8. 联赛机制不断完善。形成赛制稳定、等级分明、衔接有序、遍及城乡的竞赛格局。

# 第七章　篮　　球

篮球是同学们非常喜欢的运动项目，是校园第一运动。你一定为从中国走向世界的男篮巨星——姚明喝过彩吧。你知道篮球运动的起源吗？你懂得如何传接球、运球、投篮吗？你知道该怎样持球突破、抢篮板球和防守对手吗？你会运用篮球的基本战术吗？篮球竞赛有哪些规则呢？投身篮球运动吧！这项风靡世界的体育运动一定会给你带来快乐！

## 第一节　篮球运动概述

篮球运动是以投篮为中心，以得分多少决定胜负而进行的攻守交替、集体对抗的球类运动。

篮球运动起源于美国。1891 年 12 月，美国马萨诸塞州斯普林菲尔德市基督教青年会训练学校体育教师詹姆士·奈史密斯博士，为了设计如何适宜冬季学生能在室内从事的体育活动，受到当地民间儿童从树上摘桃扔入筐内游戏的启发，而发明了一种相互向桃筐内投射皮球的游戏（见图 7—1），以后逐步将竹篮改为活底的铁篮，再改为铁圈下面挂网，把球投入篮内，篮球因此而得名。

图 7—1　早期的投射皮球游戏

篮球运动因其本身特有的魅力，很快在全世界传播开来。1895 年传入我国，1932 年成立了国际篮球联合会（简称国际篮联 FIBA），1936 年男子篮球运动成为奥运会正式比赛项目，1976 年第 21 届奥运会增加了女子篮球项目。

篮球运动在中国具有广泛的群众基础，深受同学们的喜爱。篮球运动具有极高的锻炼价值

和欣赏价值。对同学们来说，参加篮球运动有以下益处：能在奔跑、跳跃的过程中，发展力量、速度、耐力和灵敏等素质；能在复杂多变的赛场上，提高分析能力和应变能力；能在激烈对抗的环境里，磨炼意志，发展个性；能在相互配合的过程中，培养团队精神和集体主义品质；能在观赏比赛的过程中，培养审美情趣，丰富课余文娱生活。

## 第二节　篮球基本技术

### 一、篮球技术分类

篮球技术分类如图 7—2 所示。

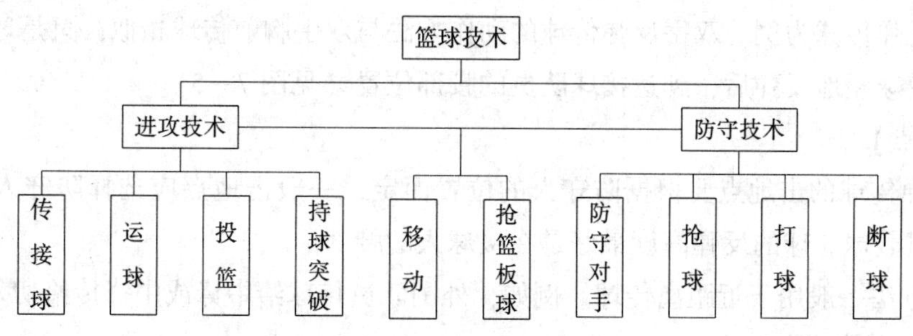


图 7—2　篮球技术分类

### 二、传接球

传接球技术是篮球比赛中应用最多的一项进攻技术，一场篮球比赛有成百上千次的传接球。传接球的好坏直接影响着战术的质量和比赛的胜负。

1. 双手胸前传接球

双手胸前传接球是篮球运动中应用最广泛的传球方式，是各种传球技术的基础。

【动作方法】

（1）两手手指自然分开，拇指相对成“八”字形，用掌指触球，掌心空出。

（2）两肘自然弯曲于体侧，将球置于胸、腹之间。传球时后脚蹬地、身体重心前移的同时前臂迅速向传球方向伸出（见图 7—3）。拇指用力下压，手腕前屈，食指、中指用力拨球将球传出（见图 7—4）。

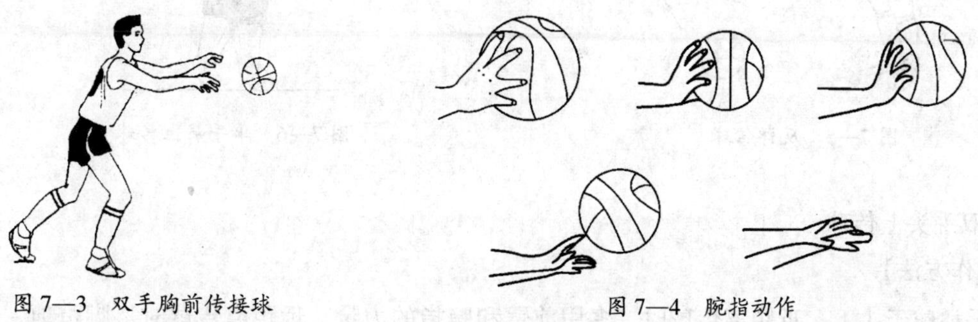

图 7—3　双手胸前传接球　　图 7—4　腕指动作

【动作要点】

(1) 近距离传球时，伸前臂的幅度小；远距离传球时，要加大蹬地、伸臂和腰腹的全身协调力量。

(2) 双手胸前传球可在原地和跑动中进行，跑动和传球动作要连贯。

(3) 此方法可在不同方向、不同距离中使用，便于和投篮、突破动作结合运用，特点是快速、准确。

2. 反弹传球

反弹传球是传球人把球掷向地面，通过击地反弹越过防守者使同伴接到球的一种传球方法，又叫击地传球。反弹传球包括单手反弹传球和双手反弹传球。

【动作方法】

以双手反弹传球为例。双手反弹传球的动作方法与双手胸前传球相似，只是球传出时腕指向下用力，使球碰地反弹后，到达接球队员的腰部位置（见图7—5）。

【动作要点】

(1) 反弹传球的击地点要根据防守人的位置而定，一般击地点应选择防守人的脚侧，使防守者不易阻截球。球的反弹高度最好是在接球人的腰部。

(2) 此方法一般用于近距离传球。例如，外围队员传球给中锋或中锋传给切入队员。

3. 单手肩上传球

【动作方法】

以右手为例。右手托球于右肩上方，肘部外展，上臂与地面近似平行，手腕后仰，重心落在右脚上。传球时，右脚蹬地，转体，前臂迅速向前上方挥摆，手腕前屈，掌指拨球，将球传出，身体随重心前移（见图7—6）。

【动作要点】

单手肩上传球力量大，球飞行速度快，常用于中、远距离的传球，如快攻中的长传。

图7—5 反弹传球

图7—6 单手肩上传球

4. 双手头上传球

【动作方法】

双手举球于头上，近距离传球时，多用前臂和腕指的力量。远距离传球时，脚蹬地，腰、腹用力（见图7—7）。

【动作要点】

双手头上传球出球点高，多用于中、近距离的传球，如抢篮板球后的传球、外围队员的转移球、向内线队员传高吊球等。

5. 背后传球

背后传球是一种隐蔽的传球方法。

【动作方法】

以右手为例。右手引球至腰或髋部向后绕环，当前臂摆到背后时，手腕向传球方向急速前屈，掌指拨球，将球传出（见图7—8）。

图7—7　双手头上传球

图7—8　背后传球

【动作要点】

此方法多用于快攻中以多打少时的分球和阵地进攻中的突破分球。

### 练一练：传球

• 单人学练

各种技术动作的对墙传接球练习（见图7—9）。

• 合作学练

（1）两人一组的各种传接球技术动作的反复练习（见图7—10）。

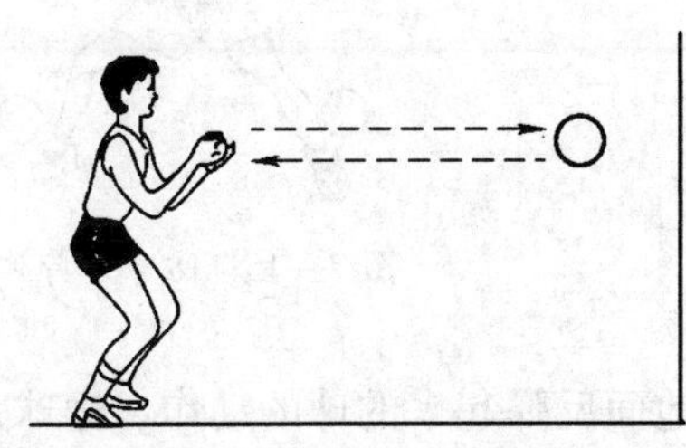

图7—9　单人对墙传接球练习

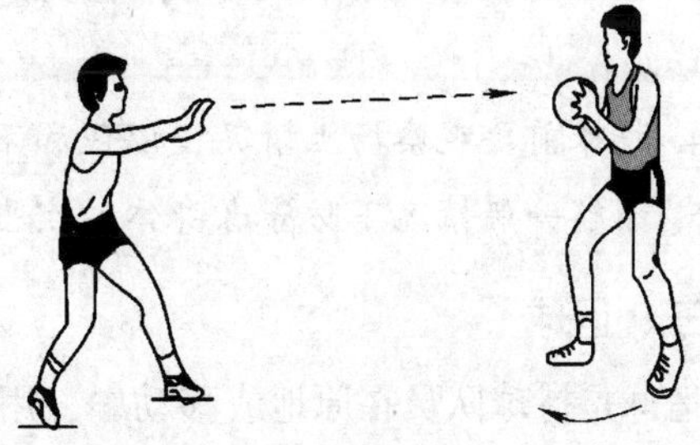

图7—10　两人一组传接球练习

(2) 2~3人一组的各种传接球技术动作的反复练习（见图7—11）。

(3) 两传一抢、三传两抢（抢由消极到积极）的传接球练习（见图7—12和图7—13）。

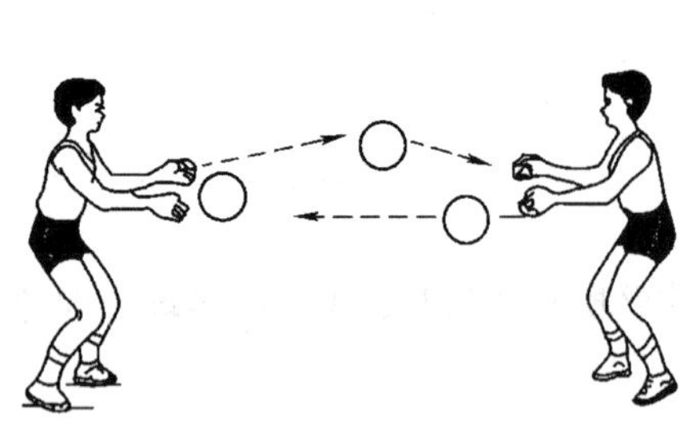

图7—11 2~3人一组的传接球练习

图7—12 两传一抢传接球练习

(4) 行进间传接球练习（见图7—14）。

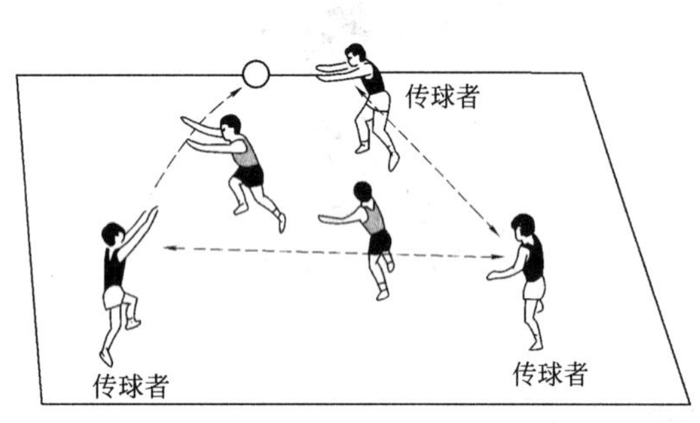


图7—13 三传两抢传接球练习

图7—14 行进间传接球练习

### 传接球注意事项

1. 传球的力量、速度和落点要根据接球人及其对手的位置和意图来决定。力争人（接球人）到球到，使对手措手不及。

2. 要隐蔽自己的传球意图，眼睛不要直盯接球者。

3. 接球要主动迎球，抢占有利位置。不要原地等球，以防对方断球。

4. 接球前要观察场上情况，以便和下一个动作衔接。

5. 了解一般情况下防守者身体的空当（见图7—15）。

图7—15 防守者身体空当

## 三、运球

运球是持球队员在原地或移动中，用手连续按拍由地面反弹起来的球的动作。运球是篮球比赛中个人进攻的重要技术，它不仅是个人摆脱防守发起攻击的有力手段，还是组织全队进攻战术的重要桥梁。运球时用手指和手掌的边缘触球，掌心不触球。在发力时用手指手腕控制球的方向。常用的几种运球方式见表 7—1。

表 7—1　　常用的运球方式

| 运球方式 | 示意图 | 动作要点 | 适用时机 |
|---|---|---|---|
| 低运球 |  | ①用手短促地按拍球<br>②球的反弹高点，在膝部以下<br>③球远离防守者 | 受到防守者紧逼时 |
| 高运球 |  | ① 重心高、速度快<br>② 抬头，保持视野开阔，注意观察场上情况 | 当面前无人防守且要快速向前推进时 |
| 变向运球 |  | ① 变向要突然<br>② 用假动作迷惑对手<br>③ 用手臂和肩保护球 | 当对手堵截运球的前进路线时 |
| 背后运球 |  | ① 将球拉至身后，迅速转腕按拍球的侧后方<br>② 变向、换手和脚步动作需协调 | 当防守者堵截有球一侧且距离较近时 |
| 胯下运球 |  | ①手脚配合协调<br>②注意控制球的落点<br>③按拍球的侧上方 | 当防守者迎面堵截且距运球人很近时 |
| 转身运球 |  | ①以防守者为轴转身<br>②重心不要上下起伏<br>③手形要正确，以免违例 | 当对手紧逼，直线不好突破时 |

**练一练：运球**

• 单人学练

(1) 基本运球动作的反复练习。内容包括原地单手低中高运球、对墙运球、单手左右变方向运球、换手左右变方向运球等。

(2) 体侧前后、体前左右的推拉球练习。

(3) 一人运两球（原地、行进间）练习。

(4) 左右手交替和变向相结合的练习。

(5) 原地和行进间的各种运球技术动作的反复练习。

(6) 运球与投篮（传球）相结合的练习。

• 合作学练

(1) 两人一组，一攻一守，规定防守动作（如只准堵位不准抢球）的运球练习。

(2) 两人一组，一攻一守，防守由消极到积极的运球练习。

(3) 两人或三人一组，运球与传球及投篮相结合的练习。

(4) 一人运球两人抢。两人罚球圈运球互抢。四人限制区运球互抢。

**运球注意事项**

1. 运球时要注意抬头，有广阔的视野，全面观察场上的情况。

2. 运球时尽量不要靠边走角，不要在边角处停球。

3. 要加强弱手的练习，使左右手的运球能力均衡发展。

4. 运球要有目的。

5. 从后场向前场推进时先用弱手运球，当有人防守时再用强手运球。

6. 在进攻中接球后一定要面向球篮，不要轻易运球。

7. 在运球过程中不要随意停球。

8. 运球时眼睛要看防守者，而且要看“穿”防守者，随时观察场上的情况。

### 四、投篮

投篮的动作方法很多。按持球的方法不同，可分为单手投篮和双手投篮；按投篮前球和身体的位置不同，可分为胸前、肩上、头上投篮等；按投篮时移动的形式，可分为原地、行进间和跳起投篮；按投篮的距离不同，可分为近、中、远距离投篮；按投篮入篮的形式不同，又可分为碰板篮和空心篮等。下面重点介绍几种实用性强的投篮方法，以右手投篮为例。

1. 原地投篮

(1) 双手胸前投篮

双用胸前投篮是投篮中最基本的动作方法。

【动作方法】

双手持球于胸前，肘关节自然下垂，两脚前后或左右开立，双膝微屈，重心落于两脚之间，目视瞄准点。投篮时，上肢随脚蹬地两臂向前上方伸出，同时两腕内旋，拇指下压，手腕前屈，食指、中指用力拨球，通过指端将球投出。球出手后，两手心自然向下向外翻，身体随出手方向自然伸展（见图 7—16）。

【动作要点】

此方法的投篮力量大、距离远，便于和传球、运球、突破相结合。缺点是投篮时持球和出手点低，易受防守干扰。比赛中女运动员应用较多。

(2) 单手肩上投篮

单手肩上投篮是比赛中运用比较广泛的一种投篮方法。它可分为原地、行进间和跳投三种方式。

【动作方法】

以原地单手肩上投篮为例。右手五指自然分开，掌心空出，用指根以上部位持球于右肩前上方，左手扶在球的左侧，目视瞄准点。两脚左右或前后开立，两膝微屈，重心落在两脚之间。投篮时，下肢蹬地发力，右臂向前上方抬肘伸臂，手腕前屈，食指、中指用力拨球，通过指端将球投出。球出手的瞬间，身体随投篮动作向上伸展，脚跟稍提起（见图7—17）。

图 7—16　双手胸前投篮

图 7—17　单手肩上投篮

【动作要点】

此方法出手点高，便于和其他技术结合，能在不同距离和位置上运用。

(3) 头上投篮

头上投篮分单手头上投篮和双手头上投篮。

【动作方法】

单（双）手头上投篮的动作方法类似于单手肩上和双手胸前投篮，只是出手点的位置不同（见图 7—18）。

【动作要点】

单（双）手头上投篮持球部位高，不易受防守队员干扰，且便于和头上传球相结合。不足是由于置球点高，不便于与运球突破相结合。

图 7—18　单（双）手头上投篮

2. 行进间投篮

行进间投篮是比赛中广泛应用的一种投篮方法，一般多在快攻或切入篮下时运用。

(1) 单手低手上篮

行进间单手低手投篮（低手“三步上篮”）是向篮下突破时运用较广的一种投篮方法。可根据情况选择正手（见图7—19）或反手（见图7—20）。

图7—19　正手上篮

图7—20　反手上篮

【动作方法】

以正手为例。右脚向前跨一大步的同时接（持）球，接着迅速上左脚蹬地向前上方起跳，右腿屈膝上抬。右手将球引至右肩侧前上方，五指自然分开，手心朝上托球的下部。投篮时，借助身体上升的惯性，手臂向前上方伸展，用屈腕、挑指的动作，使球由食指、中指指端向前上方投出。

【动作要点】

此方法超越对手快、伸展距离长、投篮命中率高。

(2) 单手肩上投篮

相对于单手低手上篮，行进间单手肩上投篮更多地运用于离篮距离稍远或身前有防守的情况（见图7—21）。

图7—21　单手肩上投篮

3. 跳起投篮

跳起投篮简称跳投，它具有突然性强，出手点高和不易防守的优点。常用的有原地跳投、运球急停跳投和接球急停跳投，是比赛中应用最多的一种投篮方式。

**练一练：投篮**

• 单人学练

（1）原地（或行进间）规定手法的投篮重复练习。

（2）各种距离和角度的投篮练习。

（3）和运球相结合的投篮练习。

（4）自抛自接、自投自抢的各种投篮练习。

• 合作学练

（1）两人一组一球。一人传球，一人投篮。

（2）一传一切的行进间各种手法的投篮练习。

（3）两人一球，全场跑动中传接球接行进间各种手法的投篮练习。

（4）两人一组，对抗由消极到积极的投篮练习。

（5）战术配合下的投篮练习。

投篮注意事项

1. 根据自己的特点，在熟练掌握几种投篮动作的基础上，形成自己的特长。

2. 投篮技术动作看似简单，但要形成正确的动力定型，需要反复苦练，没有成千上万次的投篮，就不能形成正确的动力定型。如果想练就投篮的特长和绝招，还必须具备两点：第一点是每次投篮，精力都应高度集中，充满自信，不受外界干扰；第二点是要有“铁杵磨成针”的毅力去练习投篮。

3. 要注意投篮和其他技术的组合训练以及练战结合，不断总结。

4. 要注意体能的提高，注意投篮和体能的结合练习。

影响投篮命中率的因素如下：

（1）正确的手法。

（2）全身力量的协调运用。注意用下肢蹬地发力，腰腹用力向上伸展，手臂向前上方伸直，手腕前屈，手指拨球。

（3）瞄准点。投篮有直接命中和碰板命中。直接命中的瞄准点是篮圈离投篮队员最近的点，通常指篮圈前沿的正中点。

（4）弧线。出手后球在空中飞行的弧线，对投篮命中率有重要影响。一般有高、中、低三种（见图 7—22）。

图 7—22　球在空中飞行的弧线

低弧线球的飞行距离短，力量容易控制。但由于球飞行弧度低，篮圈在球下的面积小，所以不易命中。

高弧线球飞行的弧线高，篮圈在球下面的面积大，球容易入篮。但飞行的路线太长，不易掌握飞行方向，从而影响命中率。

中弧线球飞行弧线的最高点大致与篮板的上沿在同一水平线上，是一种比较适宜的弧线。

以上投篮弧线，仅是一般规律。由于投篮的距离、人的高度、防守的干扰和跳起的高度不同等，投篮的弧线会有所不同。最好的弧线是既能控制球的飞行路线，又有适合的进篮角度。一般来说，中弧线是最理想的。

（5）球的旋转。球的规则后旋有助于保持飞行的稳定性，有些情况下旋转使球更容易入篮圈。

（6）出手高度。适宜的出手高度有利于摆脱防守干扰，加大投篮弧度，保证命中率。增加出手高度通常有两种方法：一是增加弹跳的高度；二是充分向上伸展手臂。增加出手高度要适当，要以不破坏投篮技术动作、不影响命中率为前提。

### 五、持球突破

持球突破俗称“过人”，是持球队员运用脚步动作和运球技术快速超越对手的进攻技术。持球突破技术动作一般分为假动作、蹬跨、转体探肩、推放球、加速五个环节。

1. 交叉步突破

【动作方法】

以右脚做中枢脚为例（见图7—23）。

（1）突破前要用恰当的假动作（如投篮、传球、虚晃等）迷惑对手，如分图①至③。

（2）左脚向右侧方蹬跨，要迅速、积极、有力，如分图④。

（3）用转身探肩和手臂保护好球，如分图⑤。

（4）球离手后中枢脚（右脚）向前跨出迅速超越防守。

图7—23 交叉步突破

【动作要点】

假动作要逼真，后蹬有力，起动迅速、突然，动作连贯。

2. 同侧步突破

【动作方法】

以左脚做中枢脚为例（见图 7—24）。

图 7—24　同侧步突破

【动作要点】

与交叉步突破基本相同，只是第二点是右脚向右前方蹬跨。

3. 后转身突破

【动作方法】

以左脚为轴向后转身，右脚经背后向左侧跨步。

【动作要点】

（1）转身时身体要贴近防守者。

（2）注意控制好身体的平衡。

（3）转身快，加速快，护好球。

4. 前转身突破

【动作方法】

以左脚为轴向前转身，右脚经体前向左前方跨步。

【动作要点】

（1）转身时身体要贴近防守者。

（2）注意控制好身体的平衡。

（3）转身快，加速快，护好球。

### 练一练：持球突破

- 单人学练

（1）徒手模仿各种持球突破动作练习。

（2）对放置的固定物体持球突破练习。

（3）原地持球突破练习。

（4）自抛自接持球突破练习。

- 合作学练

(1) 两人一组，防守由静止到消极到积极的持球突破练习。

(2) 两人一组，规定动作的持球突破练习。

(3) 结合传接球的持球突破练习。

### 持球突破注意事项

1. 突破前要保持“三威胁”（可投、可传、可突）姿势。三威胁的动作要领：脚尖正对篮，前后开立；屈膝，背要直；躯干要正对篮，头要抬起来，球要放在胸前（看防守者和“看穿”防守者)。

2. 突破前的假动作（投篮、传球、虚晃等）要逼真，运用要合理。

3. 观察防守者的步法。当对手平步防守时，选择防守者弱脚的一侧突破；当对手采用前后或斜步防守时，一般从防守者前脚的外侧突破。

4. 持球突破应与传球和投篮相结合。

5. 运用时机：防守者重心上提、前移时，移动能力差时或犯规较多时。

6. 擅长突破的队员，还要练好中、远距离的投篮。因为没有中、远距离投篮的威胁，防守者就会离突破队员稍远，防守者离得远，就很难突破。如果突破队员中、远距离投篮较准，防守者就要靠近防守，以便防止突破队员投篮，防守者靠近时，就容易突破。因此，要想成为一名有威胁、能得分的队员，必须既能投又能突，这两者是相辅相成的。

## 六、抢篮板球

比赛中双方队员争抢投篮未中从篮板或篮圈反弹出的球，称为抢篮板球。进攻队争抢本队投篮未中的球称为抢进攻篮板球，防守队争抢对方未投中的球称为防守篮板球。

抢篮板球技术一般由抢占位置、起跳、抢球、抢球后动作组成。

抢篮板球的四要素：意识、位置、弹跳、身高。其中强烈的抢篮板球意识是首要条件，要有每投必抢的意识。

篮板球的重要性：篮板球的争夺是获得控制球权的重要来源之一。通常情况下，比赛的投篮命中率在30%~60%，也就是说约有一半的投篮是不中的。如果进攻篮板球占优势，不仅可以增加进攻次数和篮下直接得分的机会，而且容易造成防守犯规，可以增强队友投篮的信心，鼓舞全队士气，同时减少对方发动快攻的机会。防守篮板占优势时，不仅能转守为攻，为发动快攻创造有利条件，而且能增加对手投篮的心理压力。

抢篮板球的一般方法：抢进攻篮板球——冲抢，抢防守篮板球——挡抢（见图7—25)。

### 练一练：抢篮板球

• 单人学练

起跳和空中抢球练习。注意起跳的时间、身体充分伸展、最高点拿球。

• 合作学练

图 7—25 抢篮板球

抢占位置练习。两人一组，距离由近到远。半场二对二、三对三的抢位练习。

## 七、防守对手

### 1. 防守的基本姿势

防守的基本姿势有平步（见图 7—26）和斜步（见图 7—27）。

图 7—26 平步防守

图 7—27 斜步防守

2. 防守有球队员

防守有球队员的主要任务是尽力干扰和破坏其投篮，堵截其运球突破，封堵其传球助攻，并积极地抢、打、断球。

防守位置：应站位在对手与球篮之间的位置上。对手离球篮近应靠对手近些，离球篮远则靠对手远些。特别要注意的是要根据对手的技术特点（善投、善突或善传）调整防守位置。

防守有球队员的基本要求：

（1）及时抢占对手与球篮之间的有利位置。

（2）观察判断对手的进攻意图（传、投、突），采用合理的防守技术应对。

（3）不要轻易被假动作迷惑。

（4）在对手运球停止时，立即上前封堵。

3. 防守无球队员

比赛中的绝大部分时间是防守无球队员，主要任务是尽可能不让对手在有效攻击区内接球，或使对手勉强接球后处于被动地位。

防守位置：根据对手、球篮、球的位置和距离来选择防守位置和距离。一般情况下站在对手与球篮之间偏向球一侧，与对手的距离，一般强侧（有球一侧）紧逼，弱侧松动，注意保护篮下。

防守无球队员的基本要求：

（1）坚持防守的攻击性和破坏性。在规则允许的情况下尽可能使防守动作凶、猛、有力。

（2）随时占据“人球兼顾”的有利位置。做到“内紧外松，近球紧、远球松，松紧结合”。

（3）防止对手空切。不让对手在有效攻击区和切向篮下接球。

（4）要果断进行协防、补防、换防、交换等配合。

**练一练：防守**

• 单人学练

防守基本姿势和各种脚步动作的反复练习。

• 合作学练

（1）两人一组，一人充当进攻队员，自由移动，另一人充当防守队员，进行灵活的一攻一防练习。

（2）两人一组，进攻队员持球，边运球边移动。防守队员做选位及移动中的脚步动作练习。

（3）三人一组，一人持球，另两人一攻一守。根据球的位置，做各种位置的防守选位及脚步动作练习。

（4）做2~3人一组的综合防守练习。

·知识窗

**明星介绍**

科比·布莱恩特，美国职业篮球运动员，1978年8月23日出生，身高1.98 m，1996年起效力于NBA洛杉矶湖人队。科比是NBA最好的得分手之一，单场最高得81分。除了疯狂的得分外，科比的组织能力也很出众，经常担任球队进攻的第一发起人。科比还是联盟中最好的防守者之一，贴身防守非常具有压迫性。他曾获5次NBA总冠军、2次NBA得分王、2次NBA总决赛MVP、4次成为全明星票王、1次NBA年度MVP，连续15次入选NBA全明星赛，是NBA史上最年轻的30 000分先生，获2枚奥运会金牌。2016年4月14日，科比参加NBA生涯告别战——主场对决爵士后，正式退役。

## 第三节　篮球基本战术

篮球战术是篮球比赛中所运用的攻守方法的总称，是队员个人技术的合理运用和队员之间互相配合的组织形式。战术的目的是为了更好地发挥本方队员的技术与特长，制约对方，力争掌握比赛的主动权，争取比赛的胜利。篮球战术包括进攻和防守两大系统。

篮球战术的组织和运用必须做到知己知彼、扬长避短，处理好强攻强守、攻守平衡、内外结合、点面结合和快慢结合等问题，加强各个战术环节之间的衔接与转换，做到出其不意、灵活多变。篮球战术体系内容丰富，下面就战术基础配合、快攻与防守快攻、人盯人防守、联防展开介绍。

### 一、战术基础配合

战术基础配合也称“二、三人配合”，是全队战术的基础，包括进攻和防守两方面。

1. 进攻基础配合

（1）传切配合

传切配合是进攻队员之间利用传球和切入技术所组成的配合。如图7—28所示，④传球给⑤后，先向右侧做切入假动作，同时注意观察❹的情况，然后突然从左侧切入，身体转向球的方向接⑤的传球投篮。

传切配合多用于半场阵地进攻，也用于全场进攻，加快进入前场的速度或作为快攻的结束方法。

传切配合的要求：切入注意时机，要接好球；传球要合理地利用假动作，及时、果断、准确。

（2）突分配合

突分配合是有球队员持球突破后，主动应变，利用传球与同伴配合的方法。如图7—29 所示，④持球突破❹后，遇到❺补防时，④及时传球给横插篮下的⑤投篮。

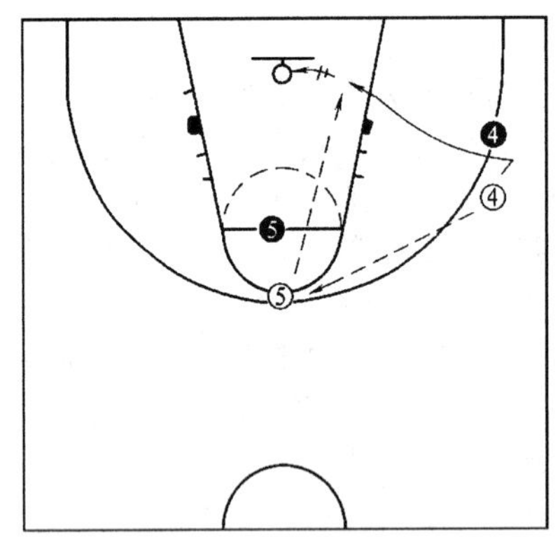

图 7—28　传切配合[①]

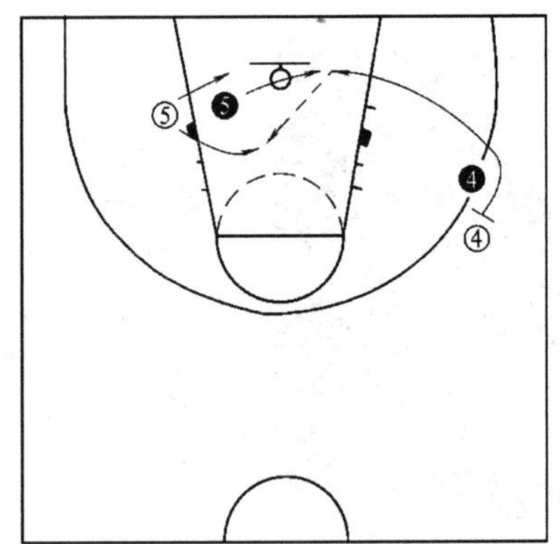

图 7—29　突分配合

突分配合用于应对扩大防守，能各个击破，打乱对方的防守部署；也可用来压缩对方防区，创造外围中、远距离投篮的机会。

（3）掩护配合

掩护是队员用自己的身体合理地挡住同伴的防守者的移动路线，或利用同伴的身体和位置使自己摆脱防守的一种配合方法。掩护配合有侧掩护、后掩护和前掩护三种。

下面介绍一例侧掩护。图 7—30 中，⑤传球给④后，移动到❹身体左侧做掩护，④接球后瞄篮或做向左侧突破的动作。当⑤掩护到位时，④立即从右侧贴着⑤的身体运球突破上篮，⑤立即转身切向篮下抢篮板球或接球投篮。

掩护配合有以下几种情况：由无球队员给有球队员做掩护，有球队员给无球队员做掩护，无球队员之间做掩护。掩护后要根据具体情况，选择合理的进攻方式。

掩护配合的要求：根据规则的要求，掩护者要给对手留出一定的距离。掩护者站好位后不得移动身体去阻挡对手。

（4）策应配合

策应配合是指进攻队员背对球篮或侧对球篮接球，由他做枢纽，与同伴空切相配合形成的一种里应外合的方法。如图 7—31 所示，⑥在④传球给⑤的同时向底线做压切动作，然后突然移动到罚球线附近接⑤的传球做策应，⑤传球后摆脱❺向⑥的身前绕切，准备接⑥的传球跳投或突破，此时④应同时做反切摆脱❹准备接⑥的球投篮，⑥策应后转身跟进抢篮板球。

① 图中虚线为传球方向，实线为球员移动方向。

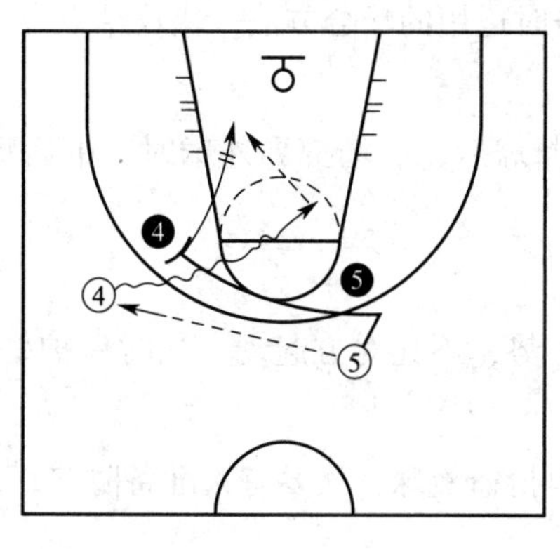

图 7—30　掩护配合

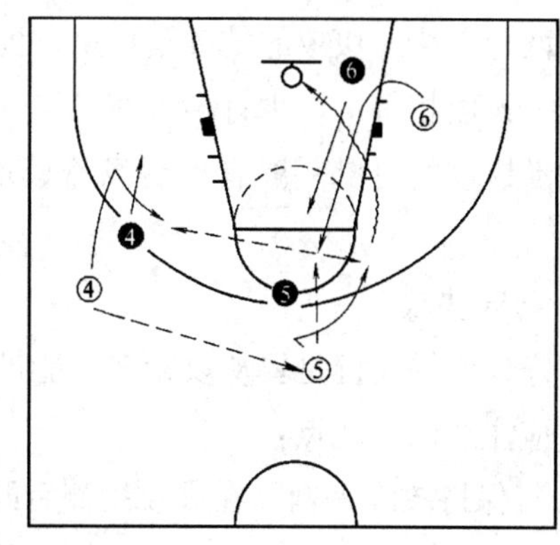

图 7—31　策应配合

2. 防守基础配合

防守基础配合是指两三名防守队员，为破坏对方进行进攻方面的配合，或当同伴防守出现困难时，及时互相协作行动的方法，包括挤过、穿过、绕过、交换、关门、夹击、补防、防守掩护、围守中锋等。现列举几种常用方法如下：

（1）关门配合

关门配合是指防守方的两名队员同时堵截对方的运球队员。

（2）防守掩护配合

当进攻队采用掩护或两人交叉移动时，防守队员的移动就可能受到阻挡，这时防守队员需通过同伴之间的合作来躲避或破坏对方的掩护，方法有绕过、穿过、抢过、交换和抢先防守多种。

（3）补防配合

补防配合是指当同伴漏防时，防守队员立即放弃自己的对手，去补防那个最有威胁的进攻者，而漏人的防守队员及时换防的一种防守方法。

（4）交换配合

为破坏进攻队员的掩护配合，防守队员之间彼此及时相互交换自己所防守的对手的一种配合方法。

## 二、快攻与防守快攻

1. 快攻

快攻是由防守转入进攻时，以最快的速度，最短的时间，在对方尚未部署好防守之前，创造人数上、位置上的优势，果断而合理地进行攻击的一种速度决战的进攻战术。快攻有三种形式：长传快攻、短传结合运球推进快攻、运球突破快攻。

快攻是由发动与接应、推进、结束三个不同的配合阶段组成的。快攻的发动与接应是指由守转攻获球后，及时组织第一传和接应第一传的配合。快攻的接应分为固定接应和机动接应两种。快攻的推进是指快攻发动后至结束配合之前在中场一带的配合方法。可分为边线推进和中间推进两种方法。快攻的结束是指快攻到前场进行攻击时运用的配合方法。快攻结束会出现以多打少、人数相等、以少打多等情况。

发动快攻的时机一般有抢后场篮板球后、后场抢断球后、后场掷界外球时、中后场跳球时等。

2. 防守快攻

防守快攻的关键是要从攻转守时能迅速构筑防守阵势，不让对方起动，同时保护好后方。防守时应注意以下几点：

（1）保持攻守平衡。在进攻投篮后既要有人积极争抢篮板球，又要有人准备防守。

（2）封对方篮板球的第一传，堵截接应队员。

（3）堵住中路，控制两侧。

## 三、人盯人防守

在篮球比赛中最常用的防守方法是人盯人。在盯人的防守中，要求每个队员都防好自己的人，同时协助同伴进行集体防守。

人盯人防守通常分为全场紧逼防守和半场人盯人防守。全场紧逼防守是指由攻转守时，每个队员立即靠近邻近的对手，并在全场范围内紧紧盯住对手，以个人积极的防守和全队的协同配合破坏对方进攻，达到转守为攻的目的。

半场人盯人防守，由于防守分工明确，主动性强，又能以本队不同特点的队员去防守相应的对手，所以成为当前使用较多的一种防守方法。

1. 半场人盯人防守的原则

防守方对有球队员必须紧紧防守，以增加压力；对无球队员，尤其是远离球（弱侧）的进攻队员防守较松，但仍要积极阻挠对方向篮下切入，并注意协助同伴防守。

2. 半场人盯人防守的方法

半场人盯人防守战术，可分为“松动”和“紧逼”两种，它们在防守的重点上各有侧重。半场松动人盯人防守主要以防内线为主，它的特点是防区较小，一线的防守在三分线附近，有利于协防、控制篮下和篮板球，多用于篮下攻击力强，而中、远距离投篮不太准的对手。半场紧逼人盯人防守主要用来对付外围投篮准，以外线进攻为主，不习惯向内切、突、穿插的球队，因此防区较大，一般在离篮 8～10 米的范围。

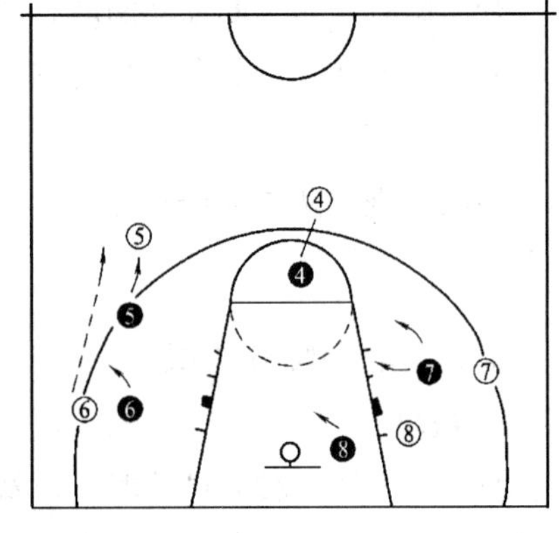

图 7—32　选位与移动

选位与移动的方法：在防守时，虽然以盯人为主，但要球、人、区兼顾，对强侧（有球侧）与弱侧（无球侧）进行不同的防守。如图 7—32 所示，图中⑥持球时，强侧的❻紧逼⑥，控制⑥投篮、传球助攻和突破。❹❺紧防④⑤，对其采

用错位防守，严密控制④⑤接球。防弱侧的❼向罚球区移动，❽回缩篮下以便协防。❼❽还要注意⑦⑧背插和溜底线。

## 四、联防

在联防中，防守者不盯自己固定的对手，而是防守球场某一特定区域。防守者并不直接跟着进攻者移动，而是跟着球的移动保持某一防守阵型，每个队员都有自己防守的位置和区域。

联防的阵型通常有“2—1—2”“3—2”“2—3”“1—3—1”等。

### 1.“2—1—2”联防

如图 7—33 所示，箭头表示防守队员防守时的移动方向。这种阵型的位置分布均衡，移动距离近，便于协防配合，易于调整防守队员队形。这种联防阵型较适用于正面突破和篮下进攻威胁大的对手，但在防端线和罚球圈顶的投篮较困难。

### 2.“3—2”联防

如图 7—34 所示，箭头表示防守队员的移动方向。这种防守阵型扩大和加强了外线防守范围，有利于控制中锋的移动和外围两侧的中距离投篮，但篮下和两侧场角是防守弱区，也不利于控制篮板球。

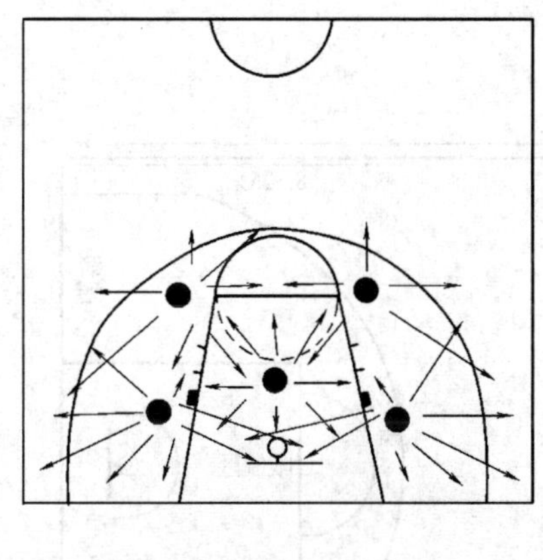

图 7—33 “2—1—2”联防

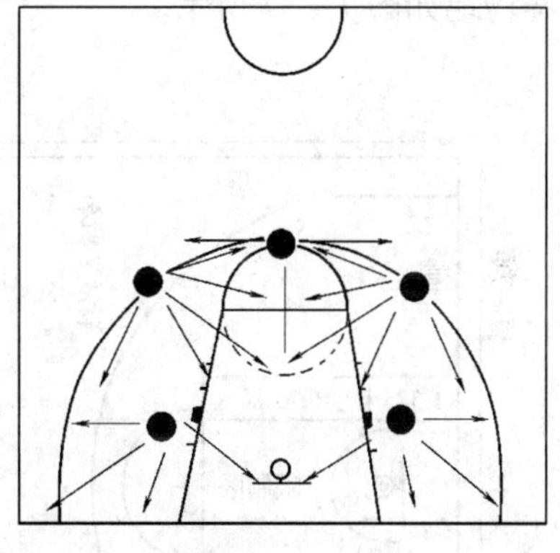

图 7—34 “3—2”联防

### 3.“2—3”联防

如图 7—35 所示，箭头表示防守队员防守的移动方向。这种防守阵型加强了篮下和两个底角的防守，用以应对篮下底线攻击力强的球队。该阵型有利于抢篮板球和发动快攻，但外围防守较弱。

### 4.“1—3—1”联防

如图 7—36 所示，箭头表示防守队员防守的移动方向。这种防守队形加强了罚球区一带和外围的防守，有利于制约对手中锋和外围中距离投篮。这种队形两底角防守较薄弱，不利于控制篮板球。

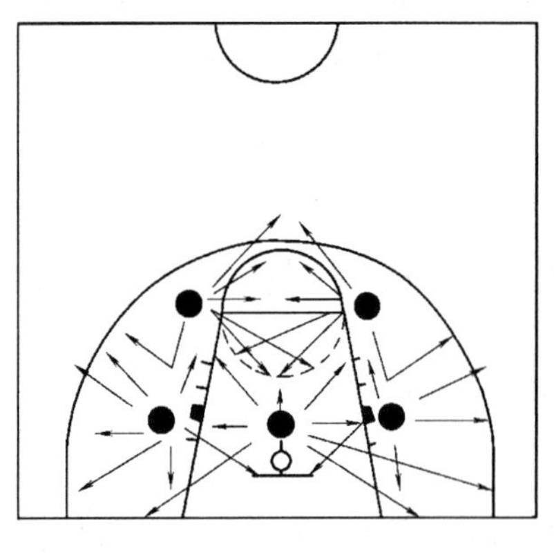

图 7—35 “2—3”联防

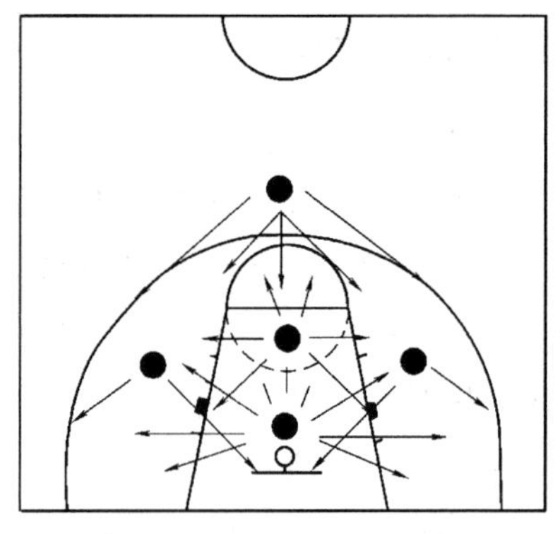

图 7—36 “1—3—1”联防

## 第四节 篮球竞赛规则简介

### 一、场地和器材

1. 比赛场地

比赛场地如图 7—37 所示。

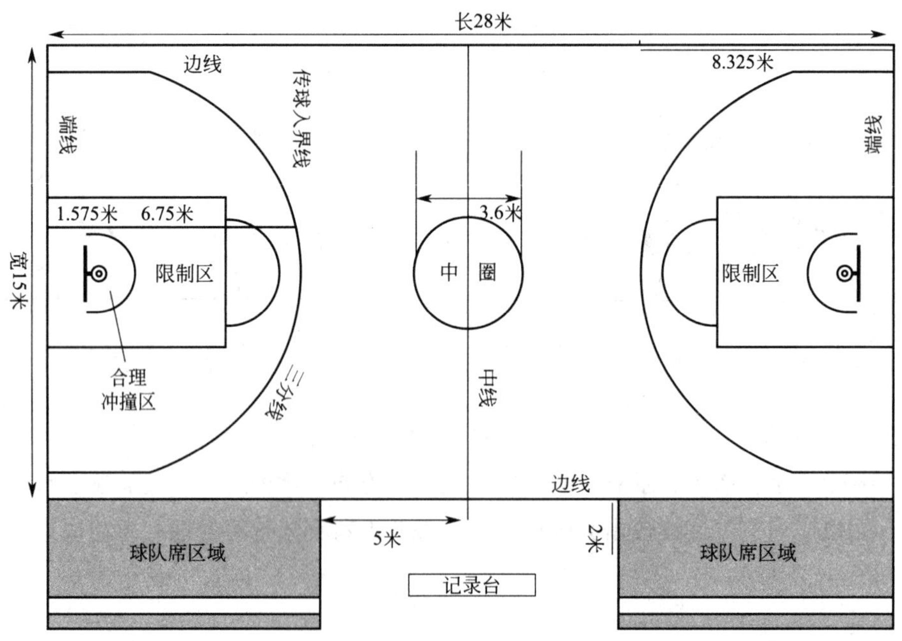


图 7—37 篮球比赛场地

2. 篮板和篮架

篮板宽 1.80 米，高 1.05 米，下沿离地面 2.90 米。篮圈内径 45 厘米，篮圈高度 3.05 米。

3. 球

球必须是正圆形，应采用传统的八瓣外形（见图 7—38）。球的外皮用皮、橡胶或合成物质等材料制成。

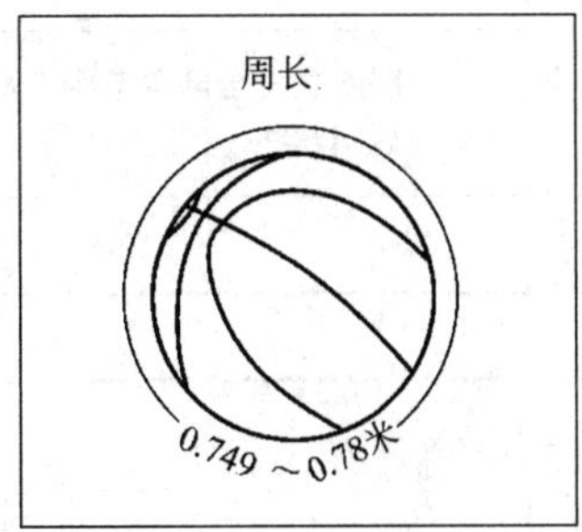


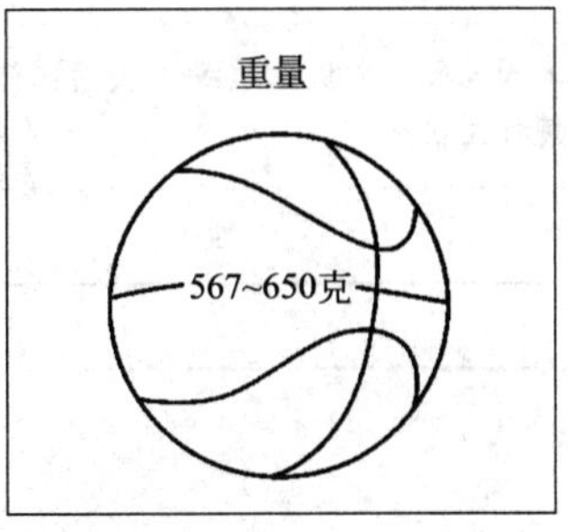


图 7—38　球的周长和重量

球内气压标准的检查方法：球从 1.80 米（从底部量起）的高度落到场地上，其反弹高度为 1.20~1.40 米（从顶部量起）（见图 7—39）。

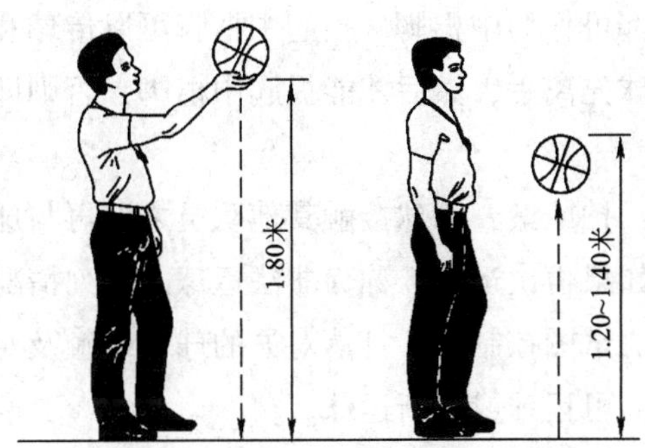


图 7—39　篮球落地及反弹高度

**·知识窗**

## 国际篮球联合会和美国职业篮球联赛的部分数据

| 项　目 | 国际篮球联合会（FIBA） | 美国职业篮球联赛（NBA） |
|---|---|---|
| 标志 | FIBA We Are Basketball | NBA |
| 球场 | 28 米×15 米 | 28.65 米×15.24 米 |
| 三分线 | 6.75 米 | 7.24 米 |
| 时间 | 10 分钟×4 节 | 12 分钟×4 节 |

续表

| 项　目 | 国际篮球联合会（FIBA） | 美国职业篮球联赛（NBA） |
| --- | --- | --- |
| 暂停 | 全场5次，决胜期1次。时间1分钟，场上队员不可请求暂停 | 全场7次，决胜期3次，时间有100秒、60秒、20秒。场上队员可请求暂停 |
| 犯规 | 个人限5次，全队单节满4次后罚篮，进入全队犯规处罚状态 | 个人限6次，全队单节满5次后罚篮，进入全队犯规处罚状态 |
| 罚球时限 | 5秒 | 10秒 |

## 二、违例

违例是违反规则的行为。违例后，由对方在违例地点的就近界线外掷界外球。违例通常有如下几种：

1. 带球走

中枢脚移动超出规则允许的范围。规则规定：腾空接球，两脚如先后着地，先落地脚为中枢脚，两脚同时着地，两脚都可作为中枢脚。抬起中枢脚可以传球和投篮，球离手前，中枢脚不能着地。运球时，必须是球先离手，然后才能提起中枢脚，否则即为带球走违例。

2. 非法运球

队员控制球后，将球掷、拍或滚，在球接触其他队员之前再与球接触则为运球。队员一次运球完毕，不得再次运球，如果再次运球，称为非法运球。下列情况除外：连续投篮，接球不稳，抢球时用连续挑拨的方法试图控制球，打落对方的球，球触及对方球篮或篮板等，若出现上述情况，该队员又得到球，可运球或重新运球。

3. 脚踢球和拳击球

篮球比赛时，队员不能用脚踢球或者用腿有意地阻拦球，不能用拳击球，不能故意用头顶球。如果队员出现上述动作，应判违例。但是，无意地球碰脚或腿，则不判为违例。

4. 球回后场

下面三种情况同时满足时，可判回场违例。

（1）该队已在前场控制球。

（2）该队一名队员在前场最后触及球。

（3）该队一名队员在后场最先触及球。

5. 违反时间规则的违例

（1）三秒违例

控制球队队员，在对方限制区内停留不得超过三秒钟，否则为三秒违例。在判断和处理三秒违例时，应注意：①限制区所有线属于限制区的一部分，踩线如同进入限制区。②投篮出手或连续抢篮板球投篮时，不受三秒限制。③掷界外球时，不受三秒限制。

（2）五秒违例

五秒违例的三种情况：①掷界外球时，五秒内未将球掷入场内。②罚球队员五秒内球未出手。③持球队员被严密防守，五秒内未传、未投、未运。

（3）八秒违例

某队从后场控制球开始，必须在八秒内使球进入前场。否则，应判八秒违例。

（4）二十四秒违例

每当一名队员在场上控制球时，他的队必须在二十四秒内尝试投篮，且球必须触及篮圈或进篮。

## 三、犯规

犯规是对规则的违犯，是指与对方队员的非法身体接触或违反体育道德的举止。可分为侵人犯规和技术犯规。侵人犯规是指非法身体接触的犯规；技术犯规是与对方不发生身体接触而违反规则的行为和道德方面的犯规。下面介绍侵人犯规判罚的三大原则和合法防守位置，准确把握侵人犯规。

（1）圆柱体原则

圆柱体原则是指一名队员在场上占据的想象中的圆柱体空间，此空间包括队员的上空。所占空间限制如下：前至队员手掌，后至队员臀部，侧至手臂及腿的外侧。手和臂可向躯干外前伸，但不得超过脚的位置，两脚间的距离应与身高成比例（见图 7—40）。

（2）垂直原则

垂直原则是在圆柱体原则的基础上向上或向下的延伸。规则保护队员上方和下方的空间。垂直原则在篮球运动中怎样强调也不过分。当进攻者垂直起跳与防守者发生身体接触时，大部分都会判防守犯规（见图 7—41）。

图 7—40　圆柱体原则

图 7—41　垂直原则

（3）主动接触原则

篮球比赛中避免不合理的身体接触是每一个队员的责任。但由于比赛激烈，发生身体接触在所难免。发生接触且造成犯规如何处理呢？一般情况下，主动接触者对接触负责。

（4）合法防守位置

合法防守位置必须同时满足两个条件：面对对手，双脚着地。当进攻队员和防守队员发生身体接触，需要裁判员判罚时，如果防守队员属于合法防守位置，就应判进攻队员犯规。

## 四、国际篮联三对三篮球规则介绍

### 国际篮联三对三篮球规则（2015年1月版）
### 3×3 Official Rules of the Game（January，2015）

（注：1. 国际篮球联合会所批准的篮球规则，适用于未在此三对三篮球规则中特别提及的所有情况。2. 如有歧义，以 fiba. com 发布的英文规则为准）

**第1条** 球场和比赛用球

比赛应在拥有一个球篮的三对三篮球场地上进行。标准的三对三篮球场地面积应为15米（宽）×11米（长）。场地须具有一个标准篮球场尺寸的区域，包括一条罚球线（5.80米）、一条两分球线（6.75米），以及球篮正下方的一个“无撞人半圆区”。可以使用传统篮球场的半个比赛场地。

所有级别的比赛统一使用6号球。

备注：基层比赛可以在任意场所中进行；如果场地带有标线，则标线应根据场地条件做相应调整。

**第2条** 球队

每支球队应由4名队员组成（其中3名为场上队员，1名为替补队员）。

**第3条** 裁判员

比赛裁判员应由1名或2名临场裁判员，以及计时员和记录员组成。

**第4条** 比赛的开始

4.1 比赛开始前，双方球队应同时进行热身。

4.2 双方球队以掷硬币的方式决定拥有第1次球权。获胜一方可以选择拥有比赛开始时的球权或拥有可能进行的决胜期开始时的球权。

4.3 每队必须有3名队员在场上才能开始比赛。

备注：第4.3条和第6.4条仅适用于国际篮联官方比赛（不强制适用于基层比赛）。国际篮联官方比赛是指奥运会、三对三世界锦标赛（含U18）、地区锦标赛（含U18）、三对三世界巡回大师赛、全明星赛等。

**第5条** 得分

5.1 每次在圆弧线以内区域出手中篮，计1分。

5.2 每次在圆弧线以外区域出手中篮，计2分。

5.3 每次罚球出手中篮，计1分。

**第6条** 比赛时间/胜者

6.1 一节常规的比赛时间为10分钟，在死球状态下和罚球期间应停止计时钟。在双方之间完成一次传递球后，进攻队员获得防守队的传球时，应重新开动计时钟。

6.2 然而，球队如果在常规比赛时间结束之前率先得到21分或以上则获胜。该规则仅适用于常规的比赛时间（而不适用于可能发生的决胜期）。

6.3 如果比赛时间结束时比分相等，则应进行决胜期比赛。决胜期开始前，应有 1 分钟的休息时间。决胜期中率先取得 2 分的球队获胜。

6.4 如果在预定的比赛开始时间某球队没有 3 名队员入场准备比赛，则判该队由于弃权使比赛告负。如果比赛因弃权而告负，比赛得分应记录为 W-0 或 0-W（“W”代表胜）。

6.5 如果某队在比赛结束前离开场地，或该队所有的队员都受伤了和/或被取消了比赛资格，则判该队因缺少队员使比赛告负。在因缺少队员使比赛告负的情况中，胜队可以选择保留该队的得分或使比赛作对方弃权处理，在任何情况下因缺少队员使比赛告负的球队，得分应登记为 0。

6.6 某队因缺少队员告负或以不正当的方式弃权而告负，将取消该队在整个比赛中的参赛资格。

备注：在没有比赛计时钟的情况下，由组委会决定比赛的时长。国际篮联建议采取与比赛时长一致的得分限制（10 分钟/10 分；15 分钟/15 分；21 分钟/21 分）。

**第 7 条** 犯规/罚球

7.1 某队全队犯规发生 6 次后，该队处于全队犯规处罚状态。为避免疑义，对应规则第 15 条，队员不因个人犯规的次数被逐出场外。

7.2 对在圆弧线以内做投篮动作的队员犯规，应判给 1 次罚球。对在圆弧线以外做投篮动作的队员犯规，应判给 2 次罚球。

7.3 对在做投篮动作的队员犯规，如果球中篮应计得分，并追加 1 次罚球。

7.4 全队累计第 7、第 8 和第 9 次犯规总是判给对方 2 次罚球。第 10 次及随后的全队犯规同技术犯规和违反体育道德犯规，总是判给对方 2 次罚球和球权。此条款也适用于对投篮动作的队员犯规，但不按照 7.2 和 7.3 判罚。

7.5 所有技术犯规将判罚给对方 1 次罚球以及随后的球权；违反体育道德犯规将判罚给对方 2 次罚球以及随后的球权。完成技术犯规或违反体育道德犯规的罚球后，比赛将以防守队与进攻队员之间在场地顶端圆弧外传递球方式继续进行。

**第 8 条** 如何打球

8.1 在每一次投篮中篮或最后一次罚球中篮后（不包括第 7.5 条）：

非得分队的一名队员在场内球篮正下方（而非端线以外）将球运至或传至场地圆弧线外的任意位置重新开始比赛。

此时，防守队不得在球篮下的“无撞人半圆区”内抢断球。

8.2 在每一次投篮没有中篮或最后一次罚球没有中篮后（不包括第 7.5 条）：

如果进攻队抢到篮板球，则可以继续投篮，不需要将球转移至圆弧线外。

如果防守队抢到篮板球，则必须将球转移至圆弧线外（通过运球或传球的方式）。

8.3 如果防守队抢断球或者封盖投篮，获得球后必须将球转移回弧线外发动进攻（通过传球或运球的方式）。

8.4 死球状态下给予任一队的球权，应以在场地顶端的圆弧外交换球开始，即一次场地顶端圆弧外（防守队与进攻队队员之间）的传递球。

8.5 若队员的双脚都不在圆弧线内，也没有踩踏圆弧线，则被认为“处于圆弧线外”。

8.6 跳球情况发生时，由当时场上的防守队获得球权。

**第9条** 拖延比赛

9.1 拖延或消极进行比赛（例如不尝试得分）应判违例。

9.2 如果比赛场地装设了进攻计时钟，则进攻队必须在12秒之内尝试投篮。一旦进攻队持球（在防守队向进攻队传递球后或在球篮下方得分后），12秒计时钟应立刻开始计时。

备注：如果比赛场地没有装设进攻计时钟，并且某队消极比赛，裁判员应以最后5秒倒计时报数的方式警告该队。

**第10条** 替换

当球成死球并且防守队与进攻队队员之间完成传递球或执行罚球之前，允许任一队替换球员。替补队员在其队友离开场地并与之发生身体接触后，方可进入场地。替换只能在球篮对侧的端线外进行，替换无须临场裁判员或记录台裁判员发出信号。

**第11条** 暂停

每队拥有1次30秒的暂停。队员可以在死球状态下请求暂停。

**第12条** 抗议程序

如果某队认为裁判员的某个宣判或在比赛中发生的任何事件已对该队不利，则必须按照以下程序进行抗议：

1. 在比赛结束后、裁判员签字前，该队队员应立即在记录表上签字。

2. 赛后30分钟之内，该队应提交一份抗议的书面确认并且付给竞赛主管200美元保证金。如果抗议被采纳，则该笔保证金予以退回。

3. 比赛录像仅用于决定最后一次投篮是否于比赛结束前出手，以及该投篮应该得1分或2分。

**第13条** 球队的名次排列

下列原则将适用于小组赛和赛事整体的球队名次排列。如果双方在第一步的比较后积分仍然持平，则进行下一步的比较，以此类推。

1. 获胜场次最多（在参赛队数量不同的小组之间比较时可使用胜率）。

2. 相互之间比赛结果（只考虑胜负，仅适用于小组赛排名）。

3. 场均得分最多（不包括因对方弃权而获胜的得分）。

如果经上述3个步骤的比较后球队间依旧持平，则具有更高种子队排位的球队排名靠前。

**第14条** 种子队排位规定

种子队排位依据球队相关排名积分确定（参加比赛前该队最好的三名队员的个人积分总和即为该队排名积分）。如果排名分数相同，种子队排位将在比赛开始前随机决定。

**第15条** 取消比赛资格

队员累积两次违反体育道德犯规（不适用于技术犯规），在其被裁判员取消比赛资格的同时也将被比赛组织者取消在该赛事中的参赛资格。赛事组织者将立即取消一切涉及暴力行为、言语或肢体攻击行为、不正当影响比赛结果、违反国际篮联反兴奋剂条例（国际篮联内部规章第四卷）或国际篮联道德准则（国际篮联内部规章第一卷第二章）的队员的比赛资格。竞赛组织者有权根据其他球队成员的参与程度（包括对上述举动不作为）而取消全队的参赛资格。国际篮联在赛事管理框架内执行纪律处罚的权利、官方网站上关于队伍和赛事的要求，以及国际篮联内部规章不因第 15 条取消比赛资格而更改。

# 第八章 排　　球

在20世纪80年代，中国女排燃烧青春的火焰，奏响生命的乐章，取得了史诗般的“五连冠”，全国掀起了一场轰轰烈烈的排球热。从那时起“女排精神”就成了中国体育的一张名片。2016年里约奥运会中国女排团结拼搏、历经重重困难，最终登上最高领奖台，再次唤起全国人民对“女排精神”的美好回忆。

你喜欢排球吗？通过本章的学习，你将了解排球运动的基本知识，掌握排球的基本技术和简单战术，懂得排球比赛的简单规则。学练排球能提高你的力量、速度、灵敏和柔韧等身体素质，培养你机智果断、相互信任、相互协作的心理品质和集体主义精神。

## 第一节 排球运动概述

排球运动是两队各6名队员，根据规则的规定，运用发球、垫球、传球、扣球、拦网等技术，进行攻防对抗，不使球在本方场内落地的一种球类运动（见图8—1）。排球运动起源于美国，1895年由美国人威廉·摩根发明，最初是双方用篮球内胆隔网相互来回打的一种游戏活动。1947年4月18日国际排球联合会在法国成立，1964年第十八届奥运会把排球运动列为正式比赛项目。

图8—1 排球运动

排球技术是指在排球规则允许的条件下，运动员采用的各种合理的击球动作和为完成击球动作所需要的配合动作的总称。合理的击球动作指各种直接触球的动作，如发球、垫球、传球、扣球、拦网等技术，这些基本动作又称为有球技术。而各种准备姿势、移动、助跑、起跳、倒地等没有直接触及球的配合动作，又称为无球技术。排球技术分类如图 8—2 所示。

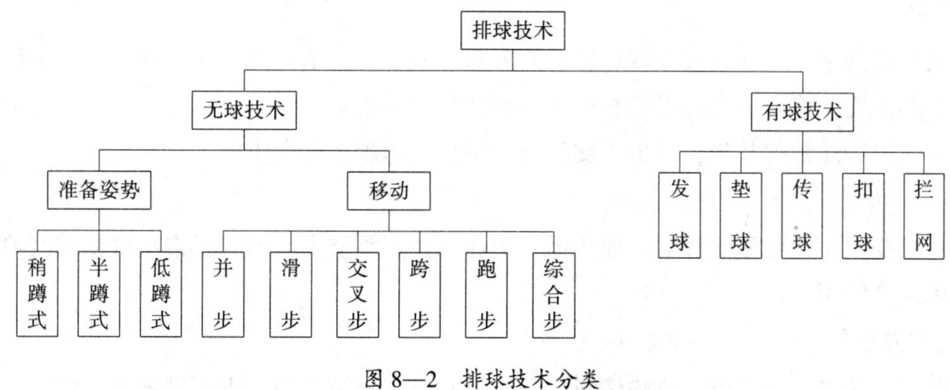


图 8—2　排球技术分类

## 第二节　排球基本技术

排球运动的特点是隔网对抗。参与者根据球的位置变化，及时准确选位，采用移动、扑救、跳跃等做出快速的击球反应。此项运动对节奏感和空间感的要求很高。经常参加排球运动不仅能全面发展身体素质，还能培养顽强拼搏的优良作风和相互协作的团队精神。

### 一、准备姿势和移动

准备姿势和移动是排球运动中运用最多的两项基本技术，是完成发球、垫球、传球、扣球和拦网等各项技术的前提和基础。

1. 准备姿势

准备姿势按身体重心的高低分为稍蹲、半蹲和低蹲三种（见图 8—3），其中半蹲姿势运用较多。

图 8—3　准备姿势

【动作方法】

以半蹲准备姿势为例。两脚左右开立比肩宽，一脚在前，两脚尖适当内收，脚跟稍提起，膝关节保持一定的弯曲程度，上体前倾，重心靠前，膝部的垂直线应在脚尖前面，两臂放松，双手置于腹前，全身肌肉适当放松，两眼注视来球，两脚始终保持微动。

【动作要点】

两脚自然开立，双腿适当屈膝，收腹重心前移，身体放松微动。

2. 移动

移动的目的主要是及时接近球，保持好人与球的位置关系以便击球，同时也为了迅速占据场上的有利位置。移动能力的好坏直接影响着技战术的质量。

移动的步法通常有并步、滑步、交叉步、跨步、跑步、综合步等。

（1）并步

并步主要用于近距离的移动，如传球、垫球、拦网等技术，同时经常与跨步或其他倒地性击球技术结合使用。

【动作方法】

两脚前后站立与肩同宽，两膝微屈，身体重心位于两脚之间，重心稍靠于前脚，上体稍前倾，两臂放松，自然置于胸前。并步时，前脚向来球方向跨出一步，后脚迅速蹬地跟上。并步可以向前、后、左、右各方向移动。

（2）滑步

滑步主要用于距离较近、来球弧度较高的情况，在传球、垫球、拦网中应用较多。

【动作方法】

两脚平行站立略比肩宽。向左滑步时左脚先向左侧迈出一步，右脚同时迅速跟上做滑步。

（3）交叉步

交叉步主要用于体侧 2~3 米左右的来球，或二传手和拦网者在网前移动及防守两侧来球时运用。

【动作方法】

两脚左右站立。向右侧交叉步移动时上体稍向右转，左脚从右脚前向右交叉迈出一步，然后右脚再向右侧方向跨出一大步，同时重心移至右脚，身体转向来球方向，保持击球前的姿势正确。

（4）跨步

当来球低、速度快、距离身体 1 米左右时运用跨步较多。跨步移动可以单独使用，也可与滑步、交叉步、跑步的最后一步结合运用。

【动作方法】

两脚前后站立，跨步时，一腿用力蹬地，另一腿向来球方向跨出一大步，后腿随重心前移自然跟上，两手做好迎球动作。

（5）跑步

跑步主要用于离球较远的情况。

【动作方法】

类似于平时的跑步动作。

（6）综合步

综合步是两种以上移动步法动作的综合运用，主要用于身体离球较远，用一种步法不便于完成击球动作时常用综合步。影响移动的因素很多，如准备姿势合理与否、判断能力的强弱、反应速度的快慢、蹬地爆发力的大小、起动后的步频快慢等。

【动作方法】

比如，跑步之后接侧滑步，或滑步之后接交叉步、跨步来完成拦网或救距离较远的球。

【动作要点】

移动技术的总体动作要点是判断及时反应快，抬腿弯腰重心移，关键快蹬第一步，制动身稳步伐灵。

**练一练：移动**

1. 徒手练习：做并步、跨步、交叉步、跑步等各种移动步法练习。

2. 结合球的步法练习。

## 二、发球

发球是比赛的开始，也是进攻的开始。稳、准、狠的发球可先发制人。发球的目的是直接得分或破坏、削弱对方的进攻战术，减少本队防守的压力，从而更好地反击。发球的方式有侧面下手发球、正面下手发球、正面上手发球、正面上手发飘球、勾手大力发球、勾手发飘球、高吊球和跳发球等。下面重点介绍几种实用性强的发球方法，以右手发球为例。

1. 侧面下手发球

这种发球动作简单，容易掌握，准确性高。缺点是球速慢、力量小、攻击性不强，适用于初学者（见图 8—4）。

【动作方法】

（1）准备姿势。左肩对网，两脚左右开立与肩同宽，两膝微屈，上体稍前倾，重心落在两脚之间，左手持球于腹前。

（2）抛球。左手将球平稳抛送于胸前，距身体约一臂远，离手高约 30 厘米。

（3）击球。在抛球的同时，右臂摆至右侧后下方，接着利用右脚蹬地向左转体的力量，在腹前击球的右下方；注意控制击球出手的角度和路线；击球后随着击球动作，重心前移，迅速进场参与比赛。

图 8—4 侧面下手发球

【动作要点】

腹前抛球刚离手，挥臂摆动肩为轴，掌根击球中下部，直臂随前控落点。

2. 正面下手发球

正面下手发球在准备姿势的站位上和侧面下手发球略有区别，其他方法同侧面下手发球（见图8—5）。

图8—5 正面下手发球

3. 正面上手发球

这种发球面对球网站立，便于观察对方，发球的准确性好，易于控制落点。此方法能充分利用身体和手臂、手腕的动作，发出的球速度快，具有较大的攻击性和较高的准确性（见图8—6）。

图8—6 正面上手发球

【动作方法】

（1）准备姿势。面对球网，两脚自然开立，左脚在前右脚在后，左手托球于胸前。右手扶于球的上方或自然放于右侧。

（2）抛球。用抬臂和手掌的平托上送，将球平稳、垂直地抛于右肩的前上方，高度适中。

（3）挥臂击球。在左手抛球的同时，右臂抬起，屈肘后引，肘与肩平，上体稍向右侧转动，抬头、挺胸、展腹、身体重心移向左脚，做好击球准备。击球时，利用蹬地，使上体向左转动，同时收腹，带动手臂挥动。在右肩上方伸直手臂至最高点，用全手掌击球的中下部。击球时，手指自然张开吻合球（见图8—7）。手腕要迅速主动做推压动作，使击出的球呈上旋飞行，增加攻击力。

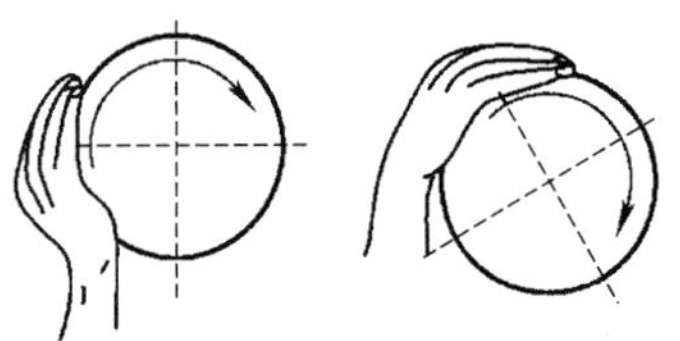

图8—7 手与球的位置关系

【动作要点】

托球上抛约一米，抬臂后引右转体，转体收腹带挥臂，加速鞭打最高点。

4. 正面上手发飘球

正面上手发飘球是采用近似正面上手发球的形式，击球力量要通过球体重心，使发出的球不旋转而不规则地飘晃飞行的一种发球方法（见图 8—8）。

图 8—8 正面上手发飘球

【动作方法】

抛球稍低略靠前，挥臂轨迹呈直线，掌根击球穿中心，击后突停不屈腕。

【动作要点】

这种球使接发球队员难以判断其飞行的路线和落点，攻击性较强、准确性较高。

5. 跳发球

跳发球是利用助跑跳起，在空中像扣球一样将球击入对方场区的一种发球方法（见图 8—9）。是近年来世界排坛越来越普遍采用的一种攻击性很强的发球方法。有一定的难度。

图 8—9 跳发球

【动作方法】

面对球网，右手或双手持球于体侧或腹前；将球向前方抛至右肩上方约 2 米处，落点在端线附近；迅速向前做 2~3 步助跑起跳，同时挺胸展腹，上体稍右转，挥臂时以转体、收腹依次带动肩、肘、腕各关节向前上方鞭打发力；在手臂伸直的最高点的前上方击球的后中部，同时，主动屈腕屈指向前推压，使球呈上旋；击球后，双脚缓冲落地，迅速入场。

【动作要点】

上步助跑前抛球，两臂挥动两脚蹬，腰腹带动手臂甩，满掌击球落地稳。

**练一练：发球**

1. 徒手模仿练习，包括徒手摆臂练习，抛球动作练习，徒手抛球挥臂击球模拟练习。

2. 有球模仿练习，包括抛接球练习，击固定球或吊球练习。

3. 不同距离发球，如发11米、13米、15米、17米球。

4. 发球准确性练习，如发1区、2区、3区、4区、5区、6区。

5. 发球攻击性练习，如降低发球弧度、加快速度、加大力量等。

## 三、垫球

垫球是指用除手指弹击动作之外的身体任何部位击球的动作。垫球是排球的基本技术之一，最常用的是前臂垫球。垫球的常用技术有：正面双手垫球、体侧双手垫球、背向双手垫球、单手垫球、跨步垫球、侧倒垫球、滚翻垫球、鱼跃垫球等。下面重点介绍几种适用性强的垫球方法。

1. 正面双手垫球

移动时正面对准来球，双手在腹前垫击叫正面双手垫球（见图8—10）。它是最基本的垫球方法，也是各种垫球技术的基础。

图8—10　正面双手垫球

【动作方法】

（1）手型。垫球手型通常有三种：叠指式、抱拳式、互靠式（见图8—11）。一般多采用叠指式，即两手掌根紧靠，两手手指重叠后合掌互握，两拇指平行。手腕下压，两臂外翻形成一个平面。

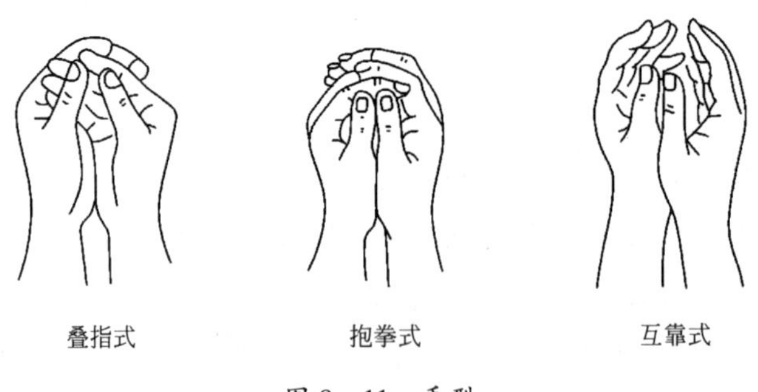


图8—11　手型

（2）击球。当球飞至腹前一臂距离时，两臂夹紧前伸，插到球下，脚蹬地同时向前上方抬臂，迎击来球，垫击球的后下部。身体重心随击球动作前移。

（3）击球点。应保持在腹前击球，便于控制用力大小，便于调整手臂角度，控制出球的方向和落点。

（4）用力。根据来球的力量大小，结合身体和手臂的动作，控制球的力量。

（5）垫击部位。用前臂腕关节以上 10 厘米左右的手臂内侧平面为宜（见图8—12）。

（6）手臂角度。要根据来球的角度和要求垫出的方向，及时调整手臂与地面的角度，左右转动手臂平面来控制垫球方向。来球弧度较平要求垫出的球弧度也平时，手臂角度应大；反之，应小。

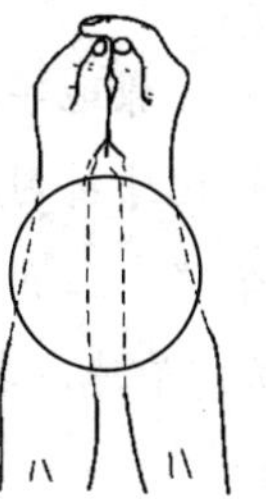
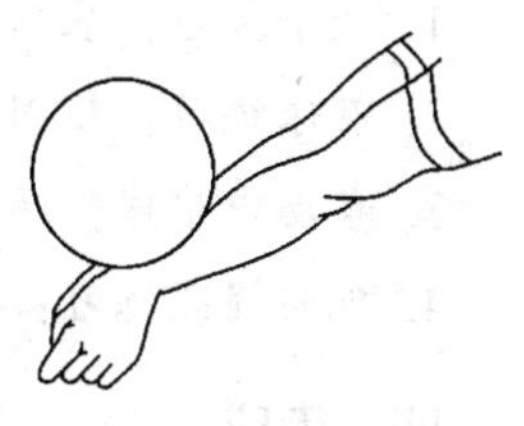

图 8—12　手臂垫击部位

【动作要点】

两臂前伸插球下，两臂夹紧腕下压，蹬地跟腰前臂垫，击点尽量在腹前，轻球主动抬送臂，重球撤臂缓冲接。

2. 其他常用垫球方法

表 8—1 列出了几种常用的垫球方法。

**表 8—1**　　常用垫球方法

| 名　称 | 示意图 | 动作要点 |
|---|---|---|
| 体侧双手垫球 |  | 向侧跨步侧前伸臂<br>向内转体提肩击球 |
| 背向双手垫球 |  | 蹬挺抬仰两臂摆<br>背对目标肩上击 |
| 跨步垫球 |  | 跨步同时倾上体<br>两臂前伸击准球 |
| 侧倒垫球 | 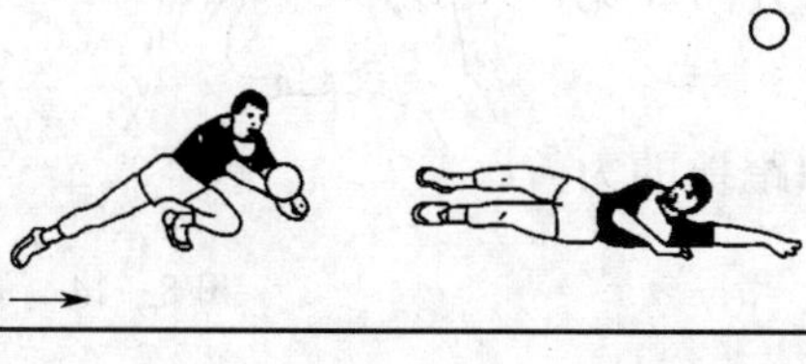 | 一跨、二转、三倒地 |

**练一练：垫球**

1. 徒手练习：基本手型练习、原地半蹲做垫球动作、移动中结合垫球动作等。

2. 有球练习：垫固定球、垫抛球练习、对墙垫球等。

3. 移动中垫球：两人一组垫球、三角移动垫球、隔网移动中垫球等。

4. 巩固提高练习：(接发球、吊球、扣球) 移动垫球到位。

## 四、传球

传球是利用全身协调力量并通过手指手腕的弹力，将球传至一定目标的击球动作。传球是排球运动中一项重要的基本技术，是组织进攻战术的基础。排球竞赛中二传手以多变的传球技术来组织全队进攻，被称为全队的“核心”“灵魂”。常用的传球方法有正面传球、背向传球、跳传球等。

1. 正面传球

面对出球方向的传球是正面传球，这是最基本的传球方法（见图 8—13）。

图 8—13　正面传球

【动作方法】

（1）准备姿势。看清来球后，迅速移动到球的落点下方对准来球。采用稍蹲准备姿势，身体站稳，上体适当挺起，双手自然抬起，放松置于面前。

（2）迎球。当来球接近额前时，开始蹬地、伸膝、伸臂，两手微张从面前向上方迎球。

（3）击球。击球点在额前上方约一球距离处。

（4）手型。当手触球时，两手应自然张开成半球形，使手指与球吻合，以提高控制球的能力，保证传球的准确性。手腕稍后仰，以拇指、食指和中指托住球的后半部，两拇指相对，接近“一”型，两手间要有一定距离，用拇指内侧，食指全部，中指的一、二指节触球，无名指和小指在球的两侧辅助控制传球方向（见图8—14）。

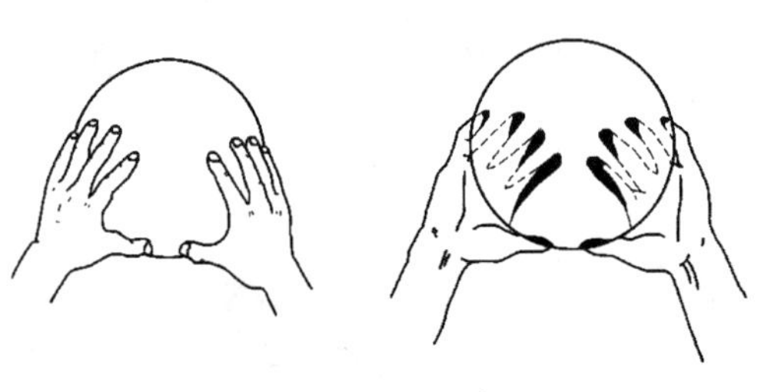

图 8—14　传球手型

（5）用力。传球时主要靠伸臂和蹬地的力量，以及球的反弹力将球传出。

【动作要点】

额前击球较适当，触球手型半球状，蹬地伸臂指腕弹，指腕缓冲控方向。

2. 背向传球

向后上方传球，称为背传（见图 8—15）。

【动作方法】

传球时，击球点应保持在前额上方。触球时，手腕适当后仰，击球的下部。靠蹬腿、展腹、抬臂、伸肘及手指手腕的弹力把球向后上方传出。

图 8—15　背传

【动作要点】

上体稍直臂上抬，掌心向上腕后仰，背部对正目标处，协调传球向后方。

3. 跳传球

跳起在空中传球，称为跳传（见图 8—16）。跳传可加快进攻节奏，同时还具有较强的隐蔽性，在现代排球比赛中，运用得越来越广泛。

图 8—16　跳传

## 练一练：传球

1. 徒手的模仿练习，体会身体协调用力。
2. 自抛自接（以传球手型接球），检查手型是否正确。
3. 一抛一接（以传球手型接球），接同伴从 3~5 米距离抛来的球。

4. 自抛自传练习、一抛一传练习、对空自传练习、对墙自传练习。

5. 两人一组，对传练习。

6. 多人传球练习。

## 五、扣球

队员跳起在空中，用单手将本方场区上空高于球网上沿的球击入对方场区的一种击球方法叫扣球。扣球是排球比赛中攻击性最强的一项技术，是得分的主要手段。常用的方法有正面扣球、单脚起跳扣球、勾手扣球、快球等。下面重点介绍几种实用性强的扣球方法，以右手扣球为例。

### 1. 正面扣球

正面扣球在竞赛中应用最多，队员面对网，便于观察，攻击力和准确性较高，进攻效果好(见图8—17)。

图8—17 正面扣球

【动作方法】

(1) 准备姿势。采用稍蹲姿势，两臂自然下垂。

(2) 助跑。(以两步助跑为例) 左脚先向前迈出一步，接着右脚再迅速跨出一大步，左脚及时跟上，踏在右脚之前，左脚尖稍内扣。

(3) 起跳。在助跑跨出最后一步的同时，两臂后引，随着两腿蹬地向上起跳，两臂也有力地向上摆动。

(4) 空中击球。跳起后，挺胸展腹，上体稍向右转，右臂抬起，身体成反弓形挥臂，以迅速转体、收腹动作发力，依次带动肩、肘、腕各关节成鞭甩动作向前上方挥动，以全掌击球 (见图8—18)。

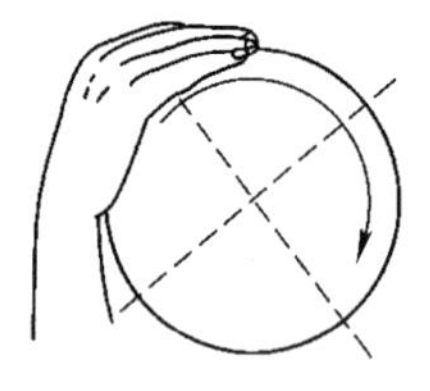

图8—18 扣球全掌击球

(5) 落地。落地后，顺势屈膝、收腹，以缓冲下落力量。

【动作要点】

助跑节奏从慢到快，一步定向二步跨；后步跨上猛蹬地，两臂配合向上摆；腰腹发力应领先，协调挥臂如甩鞭；击球保持最高点，全掌包球击上旋。

### 2. 单脚起跳扣球

单脚起跳扣球是指助跑的最后一步以单脚踏地，另一只脚直接向前上方摆动帮助起跳的一种扣球方法 (见图8—19)。单脚起跳比双脚起跳的速度快，有利于打出有时间差和空间差

图 8—19 单脚起跳击球

的球。

3. 扣近体快球

扣球队员在二传队员体前或体侧约一臂距离处扣出的快球叫近体快球（见图8—20）。一般在一传到位而靠近网的情况下进行。

图 8—20 扣近体快球

### 练一练：扣球

1. 徒手做挥臂动作，要求挥臂速度快，有鞭打动作。
2. 练习助跑起跳动作（原地双脚起跳，上一步或两步助跑起跳）。
3. 自抛自扣练习（体会包满球和推压动作），扣固定球、抛球等。
4. 练习助跑起跳摸球，助跑起跳扣固定球，助跑起跳扣抛球。

## 六、拦网

靠近球网的队员，将手伸向高于球网处阻挡对方的来球，称为拦网。拦网是排球比赛中的第一道防线，能够干扰和破坏对方进攻战术的组织，削弱对方进攻的锐气。拦网的种类有单人拦网、双人拦网、三人拦网。下面介绍单人拦网（见图 8—21）。

图 8—21 单人拦网

【动作方法】

（1）准备姿势。面对球网，两脚平行开立与肩同宽，距网 30~40 厘米。两膝微屈，两臂在胸前自然屈肘。

（2）移动步法。并步 、交叉步 、跑步、碎步等。

（3）起跳。原地起跳时，重心降低，两膝弯曲，用力蹬地，使身体垂直跳起。

（4）空中击球。起跳时，两臂伸直且保持平行，两肩尽量上提。拦网时，两臂尽力伸向空中接近球，两手自然张开，屈指屈腕呈勺型，当手触球时，两手要突然紧张，手腕用力下压盖住球的前上方（见图 8—22）。

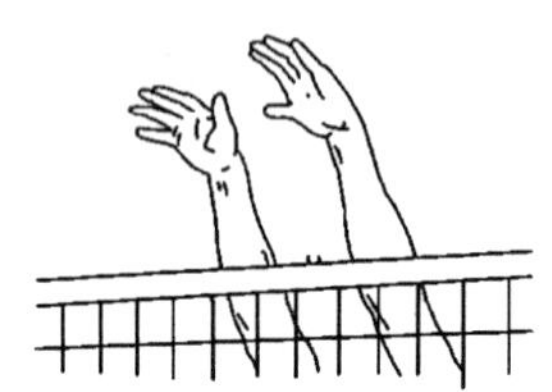

图 8—22　空中击球

（5）落地。屈膝缓冲，双脚落地。

【动作要点】

拦网判断是关键，及时起跳莫提前，提肩压腕张手捂，看清球路莫延误。

**练一练：拦网**

1. 徒手模仿练习

拦网手型，两手间距约 20 厘米。

2. 原地起跳拦网练习

一人隔网抛或扣球，另一人起跳拦网。

3. 移动中起跳拦网练习

向左或向右移动一步起跳拦网，连续滑步起跳拦网。

4. 两人配合拦网练习。

## 第三节　排球基本战术

排球战术是指比赛中，根据排球竞赛规则和排球运动规律、比赛双方具体情况，合理运用个人技术及集体配合所采取的有意识、有组织的行动。

排球战术分为个人战术和集体战术两大类。个人战术分为发球战术、一传战术、二传战术、扣球战术、拦网战术及防守战术等；集体战术则是根据本方和对方队员的特点及排球运动攻防转换的基本规律，在阵容配备、进攻和防守阵型的选择、进攻和防守打法等方面采取的一系列有针对性的战术方法。

## 一、个人战术

个人战术是指在集体战术配合的基础上，队员根据个人特点和战术需要，巧妙地运用个人技术的变化，达到有效地进攻和防守的目的。

1. 发球个人战术

运用不同性能的发球，控制落点、变化发球方法和路线，以及运用发球的攻击性和准确性等给对方接发球造成困难，以破坏对方的一传。

2. 一传个人战术

依据比赛场上的实际情况，通过一传的节奏、弧线、高度来满足本方组织进攻的需要或直接采用上手传球组织二次进攻或直接吊球过网等。

3. 二传个人战术

利用隐蔽性的假动作进行平传、高点传、时间差传、选择突破点传和直接传入对方空当等，打破对方的防守。

4. 扣球个人战术

通过扣球路线的变化避开对方的拦网；利用时间差、位置差、空间差避开对方的拦网；通过扣球手法的突然变化以及轻重扣球的变化、打吊结合、高点平打，造成打手出界等破坏对方的防守。

5. 拦网个人战术

采用站斜位拦直位、站直位拦斜位等假动作迷惑对方，或利用变换手型随机应变以达到拦击的目的，也可采用撤手、前伸拦网和直接拦网等。

## 二、阵容配备

阵容配备是合理地使用本队队员的一种组织形式，其目的在于把全队的力量组织起来，扬长避短，最大限度地发挥每个队员的作用和特长。

1. “三三”配备

由三名进攻队员和三名二传队员组成（见图 8—23）。站位时，进攻队员与二传队员间隔排列。这种阵型便于组织进攻，但在前排只有一名进攻队员，削弱了进攻的力量。这种阵容配备适用于初学者。

2. “四二”配备

由四名进攻队员和两名二传队员组成（见图 8—24）。进攻队员又分两名主攻和两名副攻。这种配备能保证前排有两名进攻队员，容易组织和发挥攻击力量。不但可以组织“中、边一二”的进攻战术，也便于采用“插上”和“两次球”进攻战术。目前在初学者和一般水平的球队中采用较多。

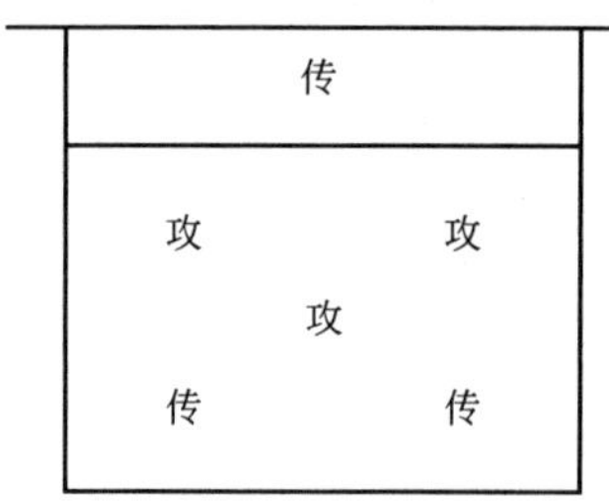

图 8—23 “三三”配备

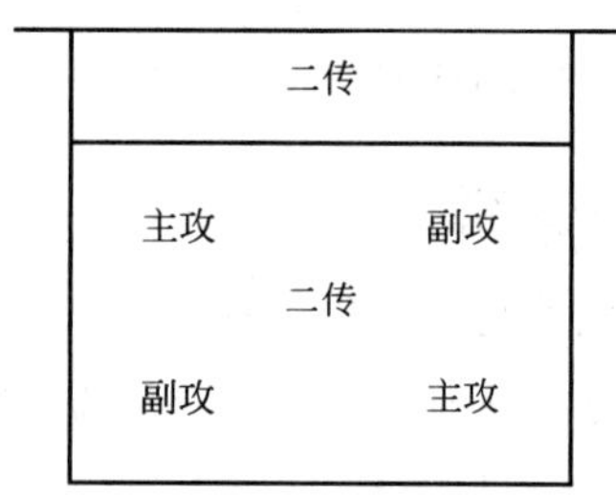

图 8—24 “四二”配备

3. “五一”配备

由五名进攻队员和一名二传队员组成（见图 8—25）。采用这种配备，是为了加强拦网和攻击力量，并使二传队员更好地控制比赛的进行。如果在二传队员的对角位置上，配备一名有攻击力的接应二传，则可弥补二传队员有时来不及传球所造成的被动局面。二传队员在后排时，可打“插上”进攻战术（见图 8—26）。目前水平较高的球队普遍采用这种方式。

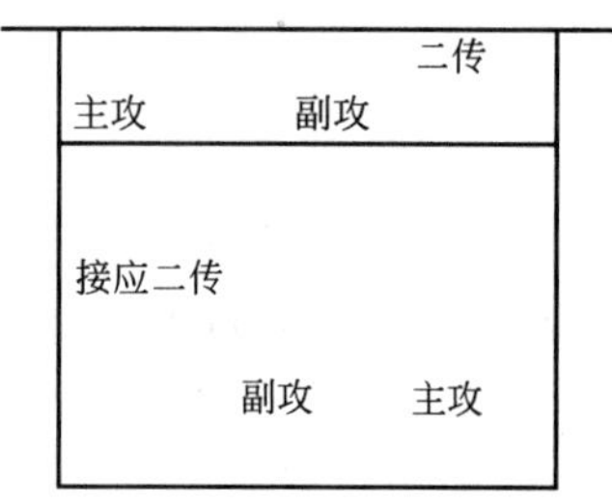

图 8—25 “五一”配备

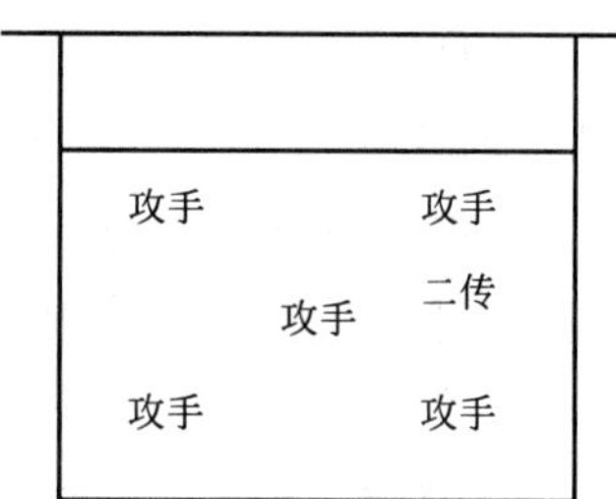

图 8—26 “插上”进攻

## 三、进攻战术

进攻战术由一传、二传和扣球三个环节组成，分为进攻阵型和进攻打法。合理的进攻阵型有助于某些集体战术的组成，它是完成各种进攻打法的基础。

1. 进攻阵型

（1）“中一二”进攻阵型

“中一二”进攻阵型是最简单、最基本的一种进攻形式。其方法是：由前排 3 号位队员担任二传，其他五人接发球后，将球送给 3 号位，3 号队员将球传给 4 号位或 2 号位队员进攻（见图 8—27）。

（2）“边一二”进攻阵型

“边一二”进攻阵型和“中一二”基本相同。前排 2 号位队员做二传将球传给 3 号、4 号位队员进攻的组织形式（见图 8—28）。

（3）“插上”进攻阵型

“插上”进攻阵型是指后排队员在对方发球后，由后排插上到前排做二传将球传给前排 2 号、3 号、4 号位队员进攻的组织形式。这种阵型的最大优点是保持前排三人进攻，战术变化

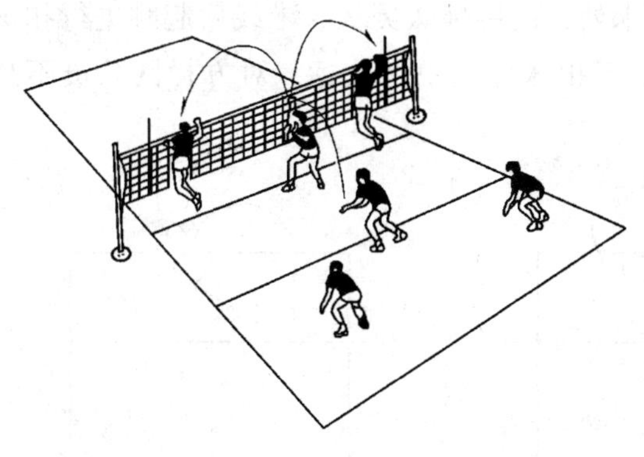

图 8—27 “中一二”进攻阵型

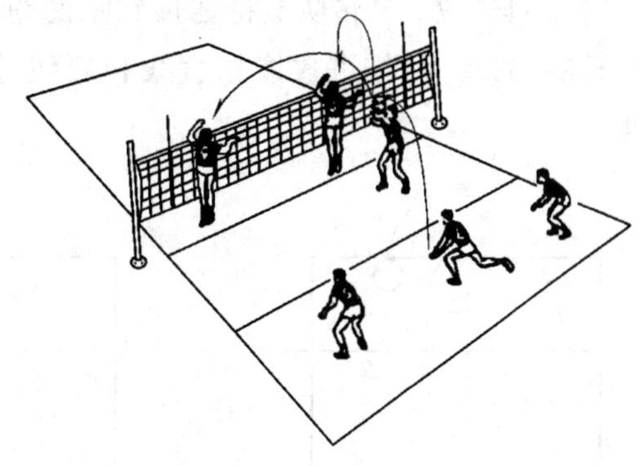

图 8—28 “边一二”进攻阵型

多（见图 8—29）。

2. 进攻打法

（1）强攻

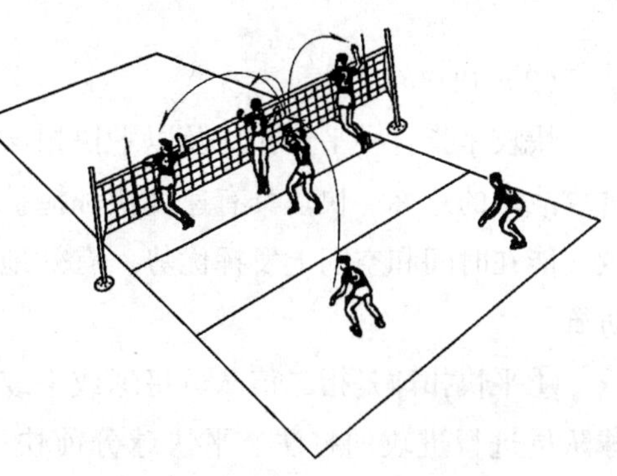

图 8—29 “插上”进攻阵型

强攻是凭借队员个人的身高和弹跳力，利用扣球的力量和个人扣球战术，强行突破对方的防御。

①集中进攻。二传队员向 4 号或 2 号位传出弧度较高，落点集中在 3 号、4 号或 3 号、2 号位之间的球组织扣球进攻。这种打法难度小，便于扣球队员助跑和挥臂扣球，一般适合初学者。

②拉开进攻。二传队员将球传到网边标志杆附近所进行的进攻打法。这种打法能扣直线和小斜线球（见图 8—30），既利于避开拦网，也便于造成打手出界。

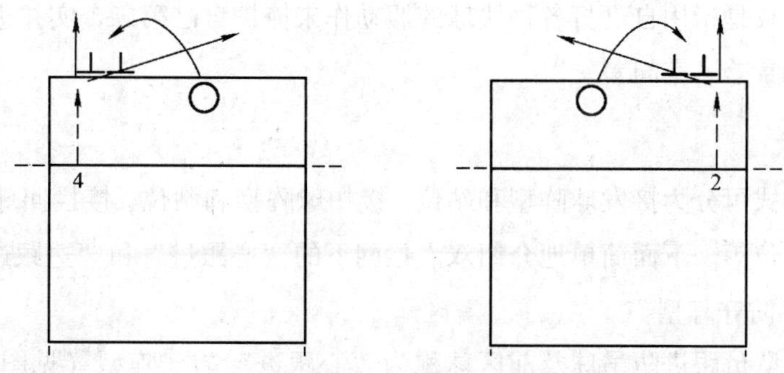


图 8—30 扣直线和小斜线球

③围绕进攻。进攻队员从二传队员后面绕到前面扣球，称为前围绕进攻（见图8—31）；从二传队员前面绕到后面扣球称为后围绕进攻（见图 8—32）。围绕跑动可以充分发挥进攻队员扣球特长和避开对方拦网。

④后排进攻。二传队员将球传到距网约1.5米处，由后排队员从3米线后起跳进行扣球（见图8—33），后排进攻能扣直线和斜线球，由于扣球位置距网较远，对方拦网队员不易判断。

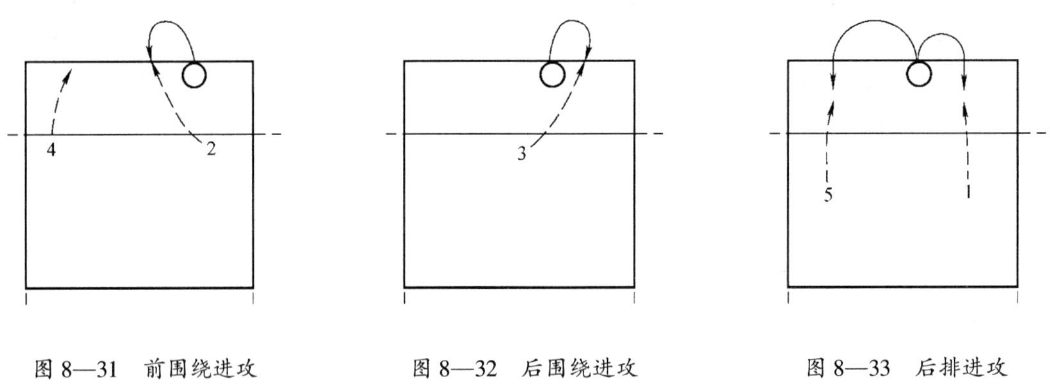


图8—31　前围绕进攻　　图8—32　后围绕进攻　　图8—33　后排进攻

（2）快攻

快攻是指各种平快扣球及以平快扣球掩护同伴进攻或自我掩护进攻所组成的各种快速多变进攻战术的总称。快攻具有速度快和掩护作用强的特点，能在时间和空间上发挥优势，有效地突破对方的防御。

①平快扣球是指二传队员将球或平或快地传给扣球队员进行进攻的打法。平快球分前快（A）、短平快（B）、背快（C）、背飞（D）、平拉开（E）等（见图8—34）。

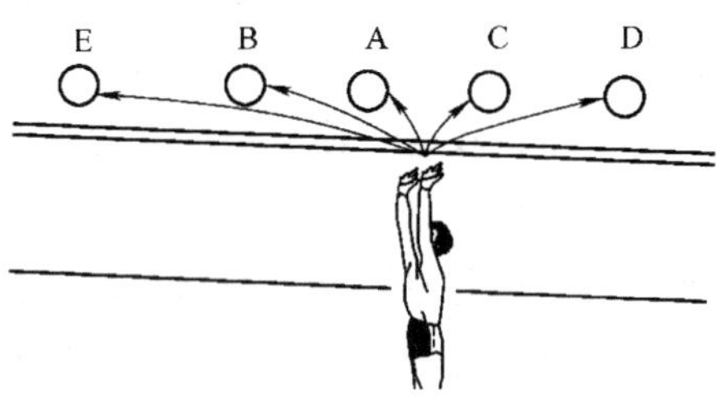


图8—34　平快扣球

②快球掩护进攻是指一名进攻队员利用各种平快球进行佯攻掩护，然后由二传队员将球传给其他进攻队员扣球进攻的打法。一般有交叉进攻、梯次进攻、跑动进攻、立体进攻等。

③自我掩护进攻是指用自己打各种快球的假动作来掩护自己第二个实扣进攻的打法，需注意利用时间差、位置差、空间差。

## 四、防守战术

防守战术的形式可分为接发球阵型和站位，接扣球阵型和站位，接拦回球阵型和站位，接传、垫球阵型和站位等。下面简单地介绍双人拦网下的“心跟进”和“边跟进”防守阵型。

1. “心跟进”防守阵型

固定由6号位队员跟进防吊球及前区球称为“心跟进”防守阵型（见图8—35）。这种防守多在对方采用以扣、吊结合为主的进攻战术时，为解决“心”空问题而采用。特点是加强了网前的防守，但后场防守人少，空隙较大，后场防守力量相对较弱。

2. “边跟进”防守阵型

由1号或5号位队员跟进防吊球及前区球，称为“边跟进”防守阵型（见图8—36）。这种阵型一般在对方进攻力量较强、战术变化较多、吊球较少时采用。

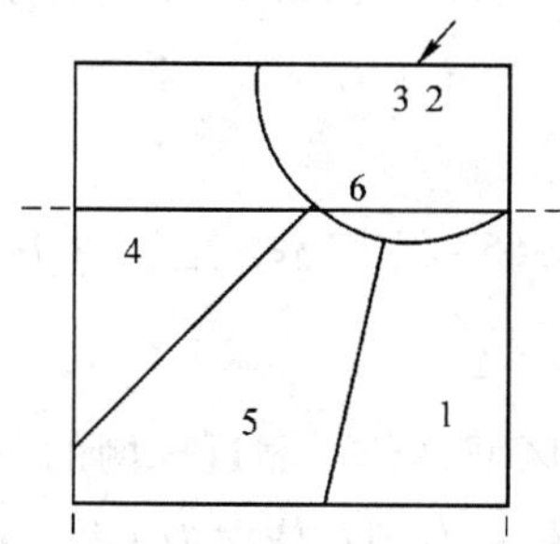


图 8—35 “心跟进”防守阵型

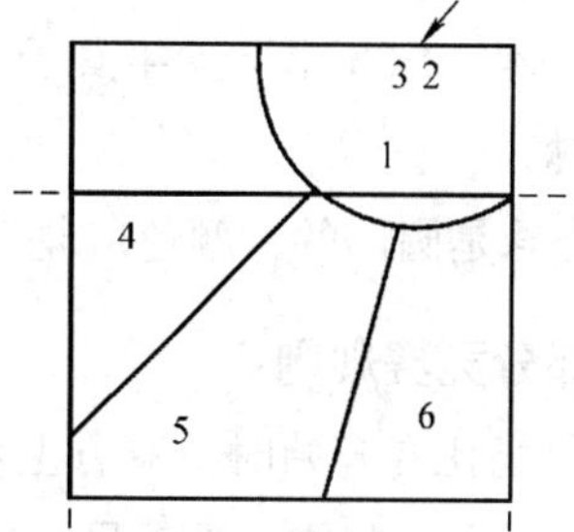


图 8—36 “边跟进”防守阵型

## 第四节　排球竞赛规则简介

### 一、场地和器材

1. 场地

比赛场地长 18 米，宽 9 米。中线将球场分为两个半场。两半场离中线 3 米处各有一条限制线。场上所有的线宽 5 厘米。边线和端线都属于场地面积之内。场地四周至少有 3 米宽的无障碍区，场地上空至少高 7 米。国际排联世界性比赛场地边线外的无障碍区至少有 5 米，端线外的无障碍区至少有 8 米，场地上空至少高 12.5 米（见图 8—37）。

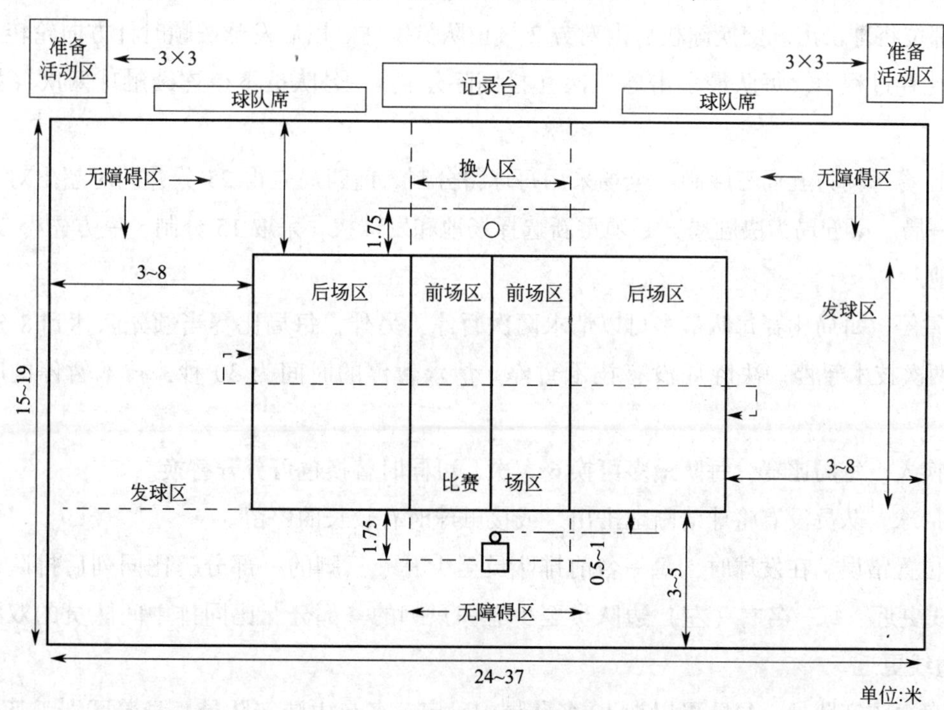


图 8—37 网球场地示意图

2. 球网

球网长9.5米，宽1米。网眼直径10厘米。正式比赛网高男子2.43米、女子2.24米、少年男子2.24~2.35米、少年女子2.00~2.15米。

3. 排球

标准排球是圆形的，颜色应是一色的浅色或彩色。周长65~67厘米，重量260~280克。

## 二、部分竞赛规则

1. 在每场比赛开始时，双方上场队员各六名，按规定区域站位，靠近球网的三名队员为前排队员，从右到左依次为2号、3号、4号位。站在后排的从右到左依次为1号、6号、5号位（见图8—38）。

球网

| | | | |
|---|---|---|---|
| 5 | 4 | 2 | 1 |
| 6 | 3 | 3 | 6 |
| 1 | 2 | 4 | 5 |

图8—38 队员排列

2. 比赛开始先由发球队的1号位队员发球，发球须在裁判鸣哨8秒钟内用一只手或手臂的任何部位将球击出。交换球权后由对方2号位队员发球。以后发球按顺时针方向轮转进行。

3. 比赛过程中，每队最多击球三次（拦网除外），一名队员不得连续触球两次（拦网除外）。

4. 比赛每场为五局三胜制，全场采用每球得分制。前四局先得25分并同时超出对方2分的队胜一局。第五局为决胜局，必须重新选择场地和发球权，采取15分制，一方先得8分时，交换场地。

5. 暂停。每局比赛每队最多可以请求两次暂停，另外，每局比赛当领先队达到8分和16分时有两次技术暂停。决胜局没有技术暂停。请求暂停的时间为30秒，技术暂停的时间为60秒。

6. 换人。每局比赛，每队最多可换6人次，可同时替换也可分开替换。

7. 持球。队员没有将球清晰地击出，或接触球时有较长的停留。

8. 位置错误。在发球时，每一名前排队员至少有一只脚的一部分，比同列后排队员的双脚距中线更近。每一名右（左）边队员至少有一只脚的一部分，比同排中间队员的双脚距右（左）边线更近。

9. 自由防守队员。每队可以在12名队员中确定一名自由防守队员，身着区别于其他队员的服装。自由防守队员只作为特殊的后排队员参赛，在任何位置上都不得将高于球网的球直接击入对方场区完成进攻性击球。自由防守人不得发球、拦网或试图拦网。自由防守人在前场区进行上手传球且所传球的整体高于球网上沿时，其同伴不得在高于球网处完成对该球的进攻性攻击。

10. 拦网犯规。拦网犯规包括过网拦网犯规、后排队员拦网犯规、拦发球犯规和从标志杆外伸入对方空间拦网犯规。

· 知识窗

## 中国女排

2016 年 8 月里约奥运会，中国女排在小组赛以 2 胜 3 负末名出线的情况下，在后续的比赛中，连克巴西、荷兰和塞尔维亚，最终夺冠，第三次站上奥运最高领奖台，再次向世人彰显了中国女排精神。在当年 CCTV 体坛风云人物颁奖典礼中球队荣膺最佳团队奖和评委会大奖，郎平、朱婷分获最佳教练奖、最佳女运动员奖。

女排精神在国人的心中蕴含着特殊的意义。30 多年前，当国家百废待兴的时候，中国女排开创了五连冠伟业，激励、感召和促进了一代中国人自强不息！在那个峥嵘岁月，中国女排就是民族精神的旗帜！不论时代如何变迁，象征着顽强、拼搏、不服输、集体主义的女排精神永不褪色，将永远激励一代又一代中国人在实现中华民族伟大复兴的道路上锐意进取、奋勇前进。

# 第九章　乒　乓　球

乒乓球是中国的"国球"。中国乒乓球队为祖国夺取了上百个世界冠军，且多次囊括了国际大赛的全部金牌。目前我国经常打乒乓球的人口多达数千万人，越来越多的人在课余、工余、休息日参加乒乓球运动。

通过本章的学习，你将了解乒乓球运动的基本知识和竞赛规则，学习乒乓球基本技术、战术，提高身体素质。在乒乓球锻炼中培养拼搏进取的精神、机智果断的品质、沉着冷静的心理素质，加强人际交往、愉悦身心。

## 第一节　乒乓球运动概述

乒乓球运动是手握球拍在中间隔一网的球台上轮流击球的一项球类运动。它创始于英国，是由网球运动派生出来的。因此，有人称之为"桌上网球"（Table Tennis）。

·知识窗

**国际乒联**

国际乒乓球联合会（International Table Tennis Federation，ITTF），简称国际乒联。1926年成立于柏林，现总部在瑞士洛桑。目前拥有180多个会员。

乒乓球运动具有球体小而轻、击球距离近、速度快、变化多而复杂、趣味性强等特点。乒乓球的设备比较简单，在室内外都可进行，运动量可大可小，不同年龄、不同性别、不同身体条件的人均可参加此项活动，乒乓球运动是我国广大人民群众和青少年儿童所喜爱的体育运动项目。活动不受季节和气候的影响，也不受年龄、性别和身体条件的限制，场地和器材较简单，具有广泛的适应性和群众性。

乒乓球运动对于提高人们的身体素质和健康水平有重要意义。常打乒乓球可有以下效果：提高视神经的灵敏度，改善眼和手的协调运动；提高全身各部位，尤其是上、下肢与腰部协调活动的能力；提高人体动作的反应速度和思维的敏捷性，培养沉着、机智果断的心理素质，增强适应变化的能力。长时间伏案学习、站立工作之后进行乒乓球练习可很好地缓解疲劳，达到健身健心的效果。

**乒乓外交**

乒乓球运动能够创造历史。1971年4月10日至17日，参加在日本举行的第31届世界乒乓球锦标赛的美国乒乓球代表团，应中国乒乓球代表团的邀请访问我国，被国际舆论誉为“乒乓外交”。此举对中美关系的突破产生了影响，被誉为“小球推动大球”。

# 第二节　乒乓球基本技术

## 一、握拍法

握拍法是指单手持握球拍的方法。目前世界上流行直式和横式两种握拍方法，两种握法各有千秋，学练时应因人而异，扬长避短。

1. 直拍握法

拇指第一指节和食指第二指节握拍，拍柄压住虎口，背面中指、无名指和小指自然弯曲斜形重叠，中指第一指节顶住球拍的后上部使球拍保持平稳（见图9—1）。

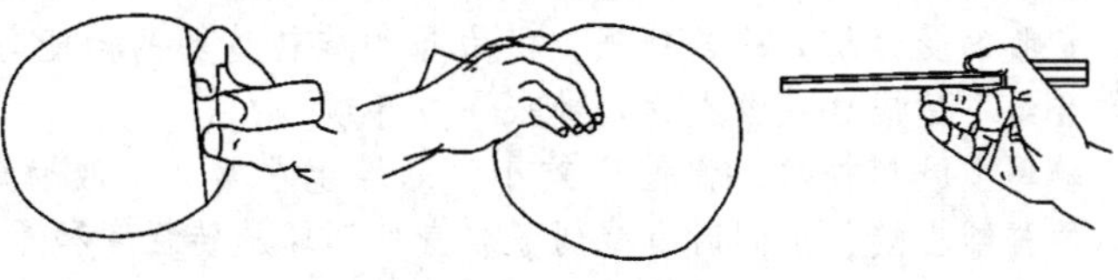

图9—1　直拍握法

2. 横拍握法

中指、无名指和小指自然地握住拍柄，拇指在球拍正面轻贴在中指的旁边，食指自然伸直，斜放于球拍的背面，虎口轻微贴拍。击球时拇指和食指帮助手腕调节拍形，从而达到加力挥拍的作用（见图9—2）。

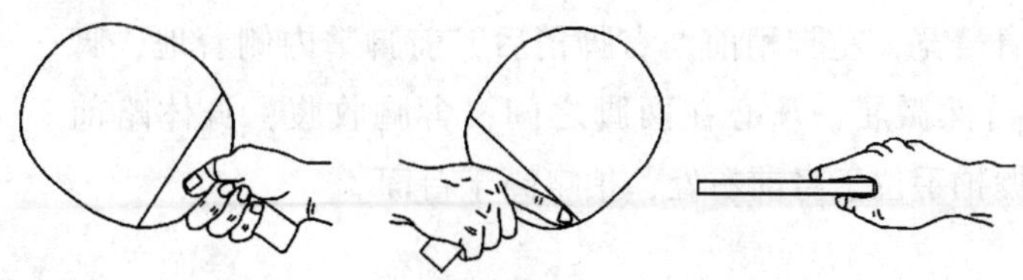

图9—2　横拍握法

3. 握拍注意事项

（1）无论哪种握法，握拍都不应过紧或过松。过紧会使手腕僵硬，影响灵活性和发力时的手腕动作；过松则影响击球的力量和击球的准确性。

（2）握拍不宜太浅。直握时，食指和拇指构成的钳形不能过大或过小，以免影响手腕动作的灵活性。

(3) 在变换击球的拍面、调节拍面角度时，要充分利用手指的作用。

(4) 不应经常变化握拍方法，否则会影响打法类型及打球风格的形成及固定。

·知识窗

**球拍胶皮分类及主要特点**

胶皮通常分为以下几种：正贴胶皮、反贴胶皮、生胶胶皮、长胶胶皮和防弧胶皮。

正胶：是指把胶粒朝外贴在球拍上或海绵上。胶粒高度在0.8~1.0毫米，常被直板近台快攻运动员使用。这种胶皮在击球时不仅具有较好的稳定性，而且反弹力也较大，容易发挥海绵及底板的作用，有利于提高击球的速度和力量。但是由于胶体的含胶量不是很大，颗粒比较硬，缺乏黏性，所以在制造旋转的性能上不如反贴胶皮。

反胶：胶粒朝内贴在海绵上。由于黏性好，摩擦系数较大，因而特别有利于制造旋转，回球的稳定性也较好。由于反贴胶皮具有这个突出的优点，弧圈球选手和削球选手都喜欢使用它。现在反贴胶皮被世界乒坛各种打法的运动员普遍采用。

生胶：生胶是颗粒朝外且颗粒直径大于高度的胶皮。胶体的含胶量比正贴胶皮要大，胶粒高度在0.8~1.0毫米，比较软，弹性相对也较大。生胶的主要特点是出球速度快，适合运动员自己主动发力。不足之处是摩擦力小，不容易制造旋转。

长胶：长胶颗粒朝外，颗粒高度超过1.5毫米。这种胶皮的胶粒很软，颗粒细长，支撑力小，它的主要特点是主动制造旋转的能力很差，主要依靠来球的强旋转或冲力大来增加回球的旋转度。长胶的受力越大旋转越强，受力越小旋转越弱的性能与普通胶皮的性能正好相反，所以常会给不适应这种胶皮的人带来许多麻烦。

防弧胶：胶皮较厚，胶粒较短，弹性比较小，黏性也非常小。胶粒朝内贴在海绵上，有利于消除弧圈球的强烈上旋，但同时也减弱了自身的回球旋转强度和速度。

### 二、基本站位和基本姿势

为了便于回击各种不同落点和性能的来球，球手在击球前要根据自身打法及身体特点，找到一个相对固定的位置并保持一种稳定的姿势。这个相对固定的位置称为基本站位，这种相对稳定的姿势称为基本姿势（见图9—3）。

【动作方法】

两脚开立，比肩稍宽，左脚稍前，右脚稍后，前脚掌内侧着地，脚后跟略抬起；两膝自然微屈，重心在两脚之间；含胸收腹，身体略前倾；肩关节放松，握拍手位于身前右处，拍略高于台面。

图9—3　基本姿势

【动作要点】

立足肩宽微提踵，屈膝弯腰莫挺胸，拍置腹前眼注视，准备移动体放松。

### 三、基本步法

乒乓球的基本步法是指运动员为选择合适的击球位置所采用的脚步移动方法。灵活的步法是抢占合理位置、熟练运用各种手法击球的前提（见表9—1）。

表 9—1　　步法的运用

| 步法 | 动作要领 | 特点 | 应用范围 | 图　示 |
|---|---|---|---|---|
| 单步 | 在来球角度较小的情况下，以一脚前脚掌为轴，另一脚向前、后、左、右移动一步，同时身体重心随移动脚而动，挥臂击球 | 移动步法简单、灵活、重心平稳 | 一般用来接离身体不远的来球 | 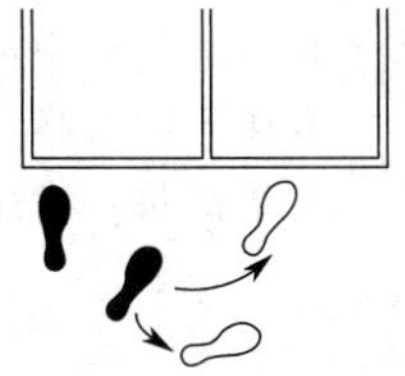 |
| 并步 | 一脚向来球方向移动，另一脚跟随着移动一步 | 身体不腾空，重心起伏小，很稳定 | 两面攻型选手从基本站位向左右移动时采用 | 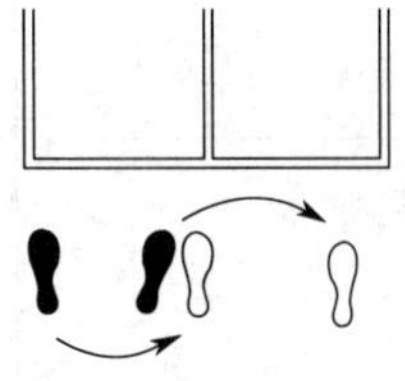 |
| 跨步 | 先以来球同方向的脚向侧跨一大步，另一脚再跟进。为防止跨步后失去重心，蹬地脚应随后跟上半步或一小步 | 身体重心低、步幅稍大，打借力球好、发力球差 | 多在来球急，角度大，来球距身体远的情况下采用 | 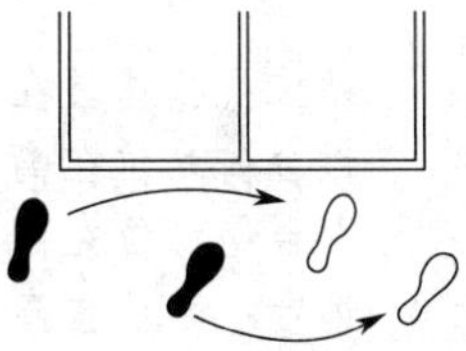 |
| 跳步 | 一只脚用力蹬地，使两脚离开地面，同时向前、后、左、右移动 | 移动范围比跨步大，利于发力进攻 | 多在来球较快、角度较大的情况下击球时采用 | 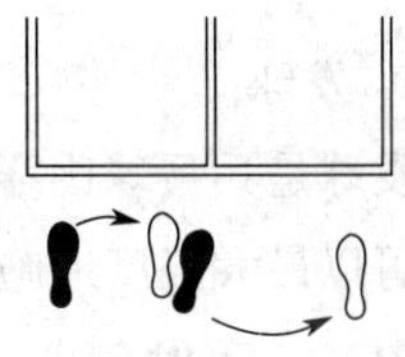 |
| 侧身步 | 左脚先向前插上，右脚向左后移动，或者左脚先向左跨出一步，右脚随即向左后方移动 | 移动范围不大，利于大力攻球 | 多在来球逼近身体的情况下击球时采用 | 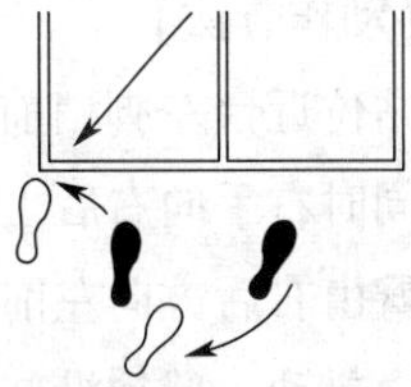 |
| 交叉步 | 先以来球反方向的脚向来球方向的脚外侧移动一步，然后另一只脚向来球方向移动 | 移动范围大，击球时能充分发挥转体的加速力量 | 多在来球离身体远的情况下击球时采用，削球选手在前后移动时也经常使用 | 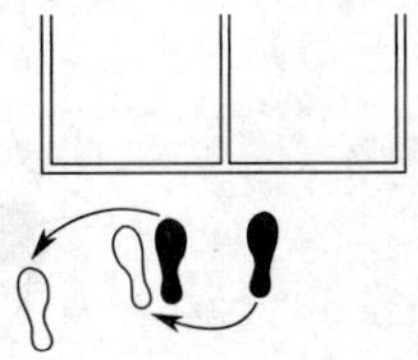 |

## 四、发球与接发球

乒乓球比赛是从发球和接发球开始的，两者都能直接得分或失分，因此要重视发球和接发球技术的练习。

·知识窗

## 乒乓球运动中的几个常用术语

乒乓球运动中的几个常用术语：击球时间、击球部位、站位、近台、中台、远台。

击球时间：指来球在本方台面弹起后，在运行过程中的一段时间。

击球部位：指击球时球拍触在球的什么位置。

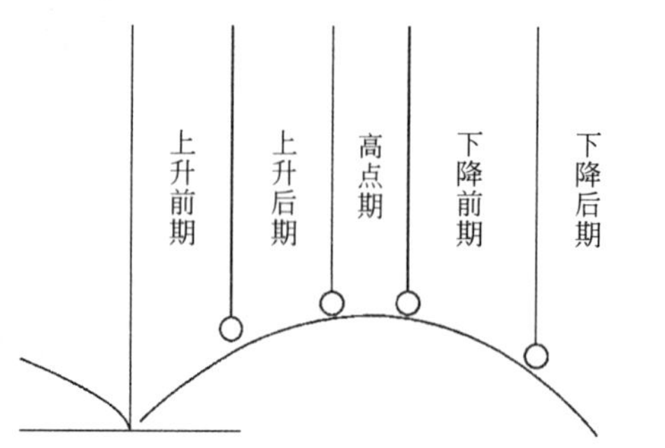


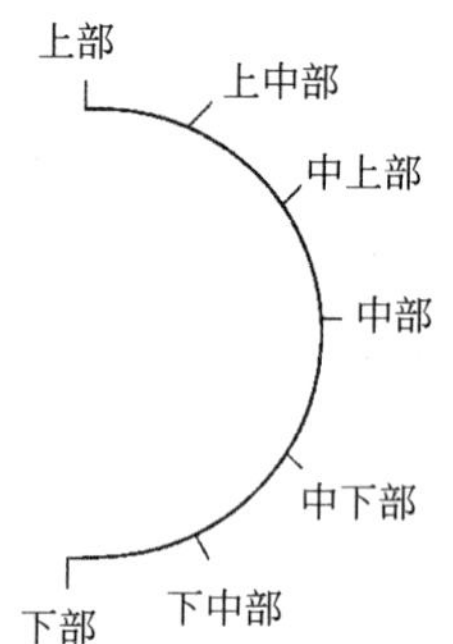


站位：指球员在场上位置，按照距离乒乓球台远近，可分为近台、中台、远台三种。

近台：站位在离台端线50厘米范围以内。

中台：站位在离台端线70厘米范围左右。

远台：站位在离台端线100厘米范围以外。

1. 发球

发球是乒乓球比赛中每一分的开始，它是乒乓球技术中唯一不受对方来球制约和限制的技术，可以最大限度地施展自己的战术意图。

（1）正手发奔球

【动作方法】

站位近台左脚稍前，身体略向右转，两膝微屈上体稍前倾，持拍手自然放于身前。左手抛球的同时右手向右后上方引拍，手腕放松拍面稍垂直于地面，待球下落至与网同高时，上臂带动前臂由右后方向左前方挥摆，腰同时向左扭转。击球刹那拇指压拍的左侧，手腕同时从后向前用力抖动，球拍沿球的右侧中部向侧上摩擦（见图9—4）。

图9—4　正手发奔球

【动作要点】

击出后球的第一落点接近本方端线。

（2）正手发短球

动作方法同发奔球，其区别是触球瞬间突然减力并向左下切球，第一落点在本方中区，第二落点在对方近网处。

（3）正手发下旋与不转球。

【动作方法】

发下旋球时，将撞击球力与摩擦力融为一体，用拍面偏左的位置触球中下部。发不转球时，力求使整个动作轮廓同发下旋球时一致，触球瞬间用拍推球，触球中下部（偏中部）用拍面的偏右位置触球（见图 9—5）。

正手发下旋球

正手发不转球

图 9—5　正手发下旋与不转球

【动作要点】

此发球要注意保证发出的球转与不转差距大，但发球动作要相似，使对手难辨认。

（4）侧身正手发左侧上、下旋球

球拍运行路线如图 9—6 所示。

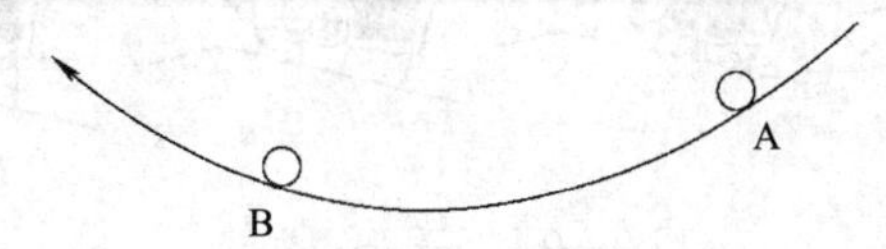


图 9—6　侧身正手发左侧上、下旋球的挥拍路线

【动作方法】

A 点触球为发左侧下旋球（见图 9—7），拍从球的中下部向左下方摩擦球。B 点触球为发

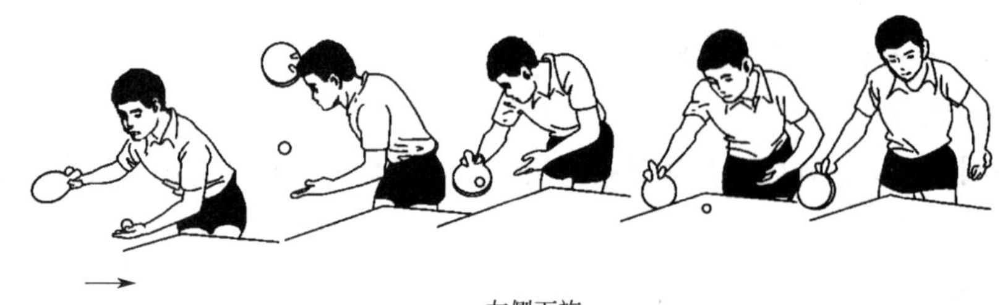


图 9—7 侧身正手发左侧下旋球

左侧上旋球（见图 9—8），拍从球中下部向左上方摩擦。

图 9—8 侧身正手发左侧上旋球

【动作要点】

为提高发球的旋转强度，在触球瞬间，应强调手腕在手臂带动下的突然爆发用力。

（5）反手平击发球

【动作方法】

站位左半台，右脚稍前身体略向左转，左手掌心托球，右手持拍于身体左侧。持球手轻轻向上抛球，同时持拍手向后引拍，上臂自然靠近身体右侧，待球下落低于球网时，持拍手以肘关节发力，由左后向右前挥拍击球中部，拍面稍前倾（见图 9—9）。

图 9—9 反手平击发球

【动作要点】

注意控制击出球后的第一落点在本台中区。

（6）正手平击发球

【动作方法】

站位中近台偏右，左脚在前，身体稍右转，球向上抛起，持拍手由后向前挥动（见图 9—10）。其余动作同反手平击发球。

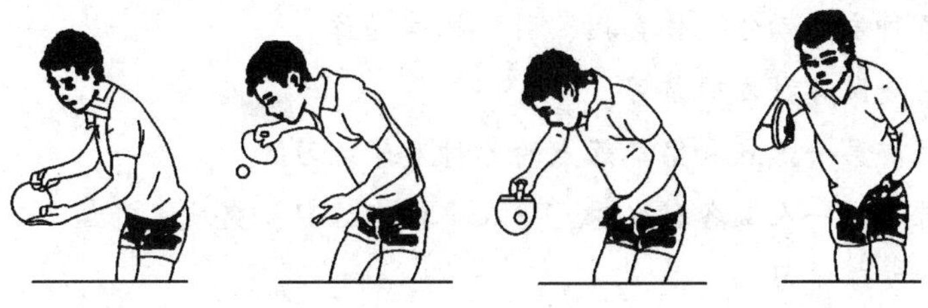

图 9—10　正手平击发球

【动作要点】

球约与网高时，触球中部，向前发力。

（7）反手发右侧上旋球

【动作方法】

站位和准备姿势同反手平击发球。抛球同时持拍手向左后引拍，用前臂带动手腕向右前上方挥动，拍面逐渐向左稍前倾，拇指压拍，手腕内转从球的中部向右侧上摩擦（见图 9—11）。

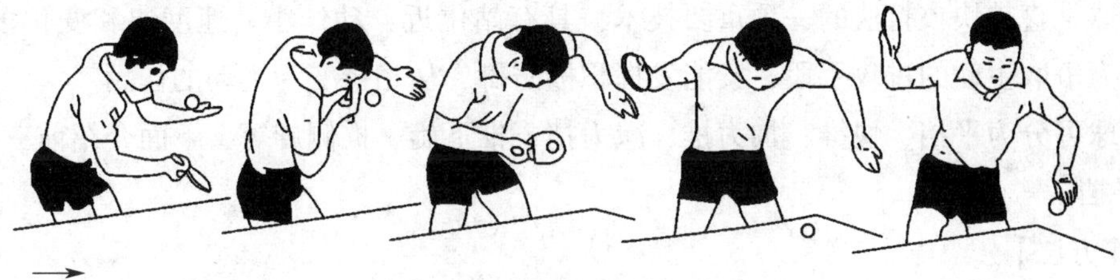

图 9—11　反手发右侧上旋球

【动作要点】

第一落点在本方端线，第二落点在对方左角。

（8）反手发右侧短球和下旋球

动作方法与发上旋球类似。发落点短的球时，前臂向前力量减小而增强手腕摩擦力量，第一落点在本方中区；发下旋球，击球时拇指加力压拍，使拍面略后仰从球的中部向侧下摩擦。

### 学练发球的注意事项

1. 先学平击发球，再学发急球或下旋球，再学低抛侧旋发球，继而再学习复杂的旋转变化发球。
2. 在台上进行单一的发球练习（采用多球练习最好），应先练发斜线球，再练发直线球。
3. 在练习发旋转球时，开始的重点是用力摩擦球，而后再要求命中率和落点。
4. 精练一至两套特长发球。
5. 无论哪种发球，都要符合比赛规则。

2. 接发球

接发球是比赛中每一分的第二板球，是一项在被动中求主动的技术。它不仅要求掌握多种实用的技术，具备良好的判断能力，而且还必须贯彻积极主动的思想。

**练一练： 发球与接发球**

1. 徒手模仿各种发球动作，体会抛、引、挥等动作。
2. 离墙2米对墙做各种发球练习。
3. 在台上做注重第一落点和第二落点的各种发球练习。
4. 两人台上练习，一人做各种发球，一人平挡球练习，交换进行。
5. 用多球进行发球练习。
6. 两人一组，一人发球，另一人用多种技术接发球，交换进行。
7. 记分比赛，五球一换或一局一换。发球方专练发球，接发球一方专练接发球。

接发球的注意事项

在了解对方球拍性能的基础上，注意发球者球拍触球瞬间摩擦球的方向。观察球被发出后的弹跳情况和在空中的飞行弧线，做出准确的判断。

### 五、推挡

推挡球是直拍快攻打法的一项重要技术，具有站位近、动作小、速度快和变化多的特点。它既能成为争取主动的进攻手段，又能发挥积极防御、从相持变为主动的作用。

推挡球可分为平挡、快推、加力推、减力挡、推下旋、推侧旋等，下面介绍前三种。

1. 平挡

【动作方法】

近台偏左站位，左脚稍前，屈膝提踵含胸收腹，重心在前脚掌上，持拍手置于腹前，上臂靠近身体右侧，球拍半横状。前臂和手腕顺来球路线向前伸出主动迎球，上升期击球中部，拍面与台面几乎垂直（见图9—12）。

图9—12 平挡

【动作要点】

挡球后迅速还原成准备姿势。

2. 快推

【动作方法】

当球从台上刚弹起时，上臂带动前臂向前迎球，在来球的上升期或中期，借来球之力，前臂手腕用力向前将球推出，触球中部或中部稍偏上（见图 9—13）。

图 9—13 快推

【动作要点】

站位近，动作小。优点是球速快，落点活，稍带上旋或不转，既可积极防守，又可辅助进攻。

3. 加力推

【动作方法】

加力推动作幅度比快推大，击球时间为上升后期或高点期，触球瞬间，在前臂用力向前推击的同时，手腕由后向前弹击，击球后，手和臂顺势向前下方挥动（见图 9—14）。

图 9—14 加力推

【动作要点】

前臂带动手腕向前加速弹击，动作完成后迅速还原成准备姿势。

**练一练： 推挡**

1. 徒手做挡球、推挡球动作模仿练习。
2. 离墙 2 米用正手、反手对墙推挡。
3. 两人台上对挡、对推，不限落点，但动作要正确并能击球过网。
4. 两人台上一推一挡，限定路线。
5. 两人台上对推斜线、中路和直线。
6. 两人台上全力推挡直线、斜线。
7. 两人台上练习，一人一点推两点，另一人两点推挡一点，互换练习。

## 六、攻球

攻球是各种不同类型打法的主要技术之一，攻球力量大、速度快、落点变化多，是得分的主要手段，攻球水平的高低是衡量选手实力的主要依据。

攻球技术种类繁多，按击球位置和站位可分为正手攻球、反手攻球和侧身攻球，按站位的远近可分为近台、中台和远台等。下面重点介绍正手攻球和反手攻球。

1. 正手攻球

【动作方法】

近台偏右站位，左脚稍前，身体斜对球台，持拍手自然放松置于腹前，拍半横状。顺来球路线略向右侧引拍，约与台面齐高，拍面与台面夹角约为80°，前臂与台面基本平行。当球从台上弹起，持拍手由右侧向左前上方挥动，以前臂快速内收发力，配合手腕内转沿球体做弧线挥动，在上升期击球的中上部，击球位置在身体右前方一前臂距离处（见图9—15）。

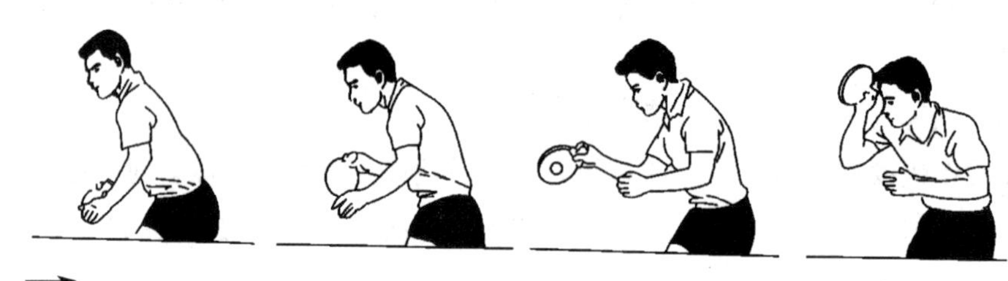

直拍正手快攻

横拍正手快攻

图9—15　正手攻球

【动作要点】

充分利用全身协调用力（蹬地、转腰、移重心）；前臂发力为主，手腕辅助用力；击球点在身体右前侧；触球瞬间以向前打为主，略带向上摩擦。

2. 反手攻球

【动作方法】

站位近台右脚稍前，持拍手自然弯曲置于腹前偏左，重心偏于左脚。顺来球线路向后引拍，当球从台上弹起，持拍手由左后向右前上加速挥拍，前臂发力为主，手腕外转，拍面前倾，重心移至右脚，在球的上升期击球的中上部（见图9—16）。

【动作要点】

击球过程中要注意收腹，转髋转腰；以肘关节为轴，前臂发力为主，手腕发力为辅；保持

直拍反手攻球

横拍反手攻球

图 9—16　反手攻球

适宜的击球点，离身体太远或太近都难以发力。

## 七、搓球

搓球是一项过渡性技术，也是一项很实用的技术。搓球应对下旋球比较稳健，特别是初学者应很好地掌握这项技术。搓球技术按击球位置可分为正手搓球和反手搓球，按击球速度可分为慢搓和快搓，按旋转可分为搓转与不转等，按搓球距离可分为摆短和搓长。

1. 慢搓

【动作方法】

近台站位，右脚稍前，持拍手臂自然弯曲。击球前，向右上方引拍，拍面后仰。击球时，用前臂和手腕向前下方挥动，在下降期摩擦球中下部（见图 9—17）。

【动作要点】

根据来球的具体情况，控制好拍面的后仰角度；击球时，以前臂用力为主，转腕动作不宜过大；搓加转球，在向下用力的同时，应增加前送的幅度。

2. 快搓

【动作方法】

站位及击球方法与慢搓相同，应在上升期摩擦球的中下部（见图 9—18）。

【动作要点】

搓球的关键是前臂和手腕的挥拍路线和用力方法。

直拍反手慢搓

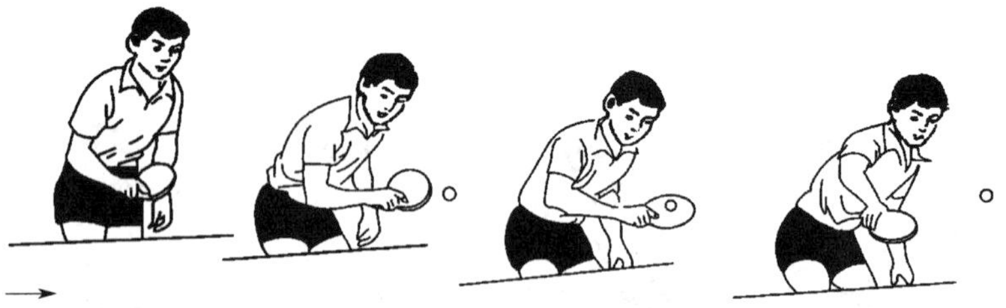

横拍反手慢搓

图 9—17 慢搓

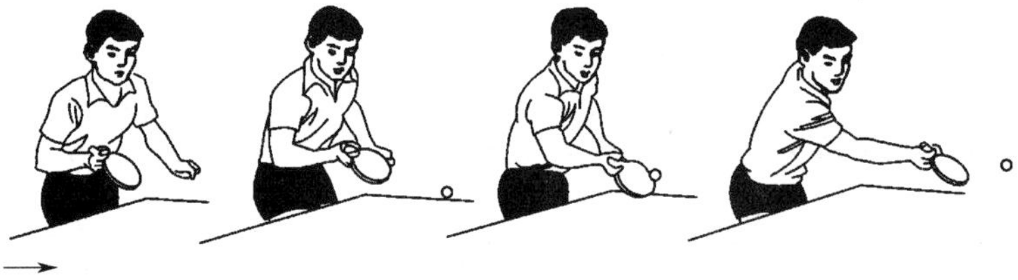

直拍反手快搓

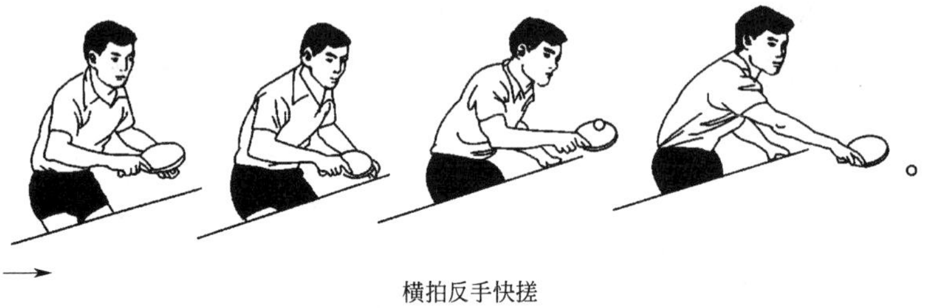

横拍反手快搓

图 9—18 快搓

3. 摆短

【动作方法】

站在近台，手臂前伸，使球拍接近来球的着台点，在上升期击球中下部，利用来球之力，将球轻“摆”到对方网前（见图 9—19）。

图 9—19 摆短

【动作要点】

此方法具有速度快、弧线低、落点近

网等特点，可限制对方抢攻或抢拉。多用于接发球或对搓中。

**练一练：　搓球**

1. 徒手模仿搓球动作，掌握技术要领。
2. 自己在台上抛球，将球搓过球网。
3. 一人发下旋球，一人将球搓回。
4. 两人对搓中路直线，再对搓斜线。

## 八、削球

削球是一种防御性技术，主要通过旋转变化和落点变化控制与调动对方，具有稳健性好、冒险性小、以柔克刚的特点。削球技术正在向“实力+积极防御+攻球”的方向发展。

1. 正手削球

【动作方法】

站位中台，左脚稍前，上体稍向右转，重心落于右脚，持拍手臂自然弯曲于腹前。顺来球方向右上方引拍与肩同高，拍面后仰。当球从台上弹起时，持拍手上臂带动前臂由右上向左前下方加速切削，手腕向下转动用力，在右侧击准下降期球的中下部，并顺势前送（见图 9—20）。

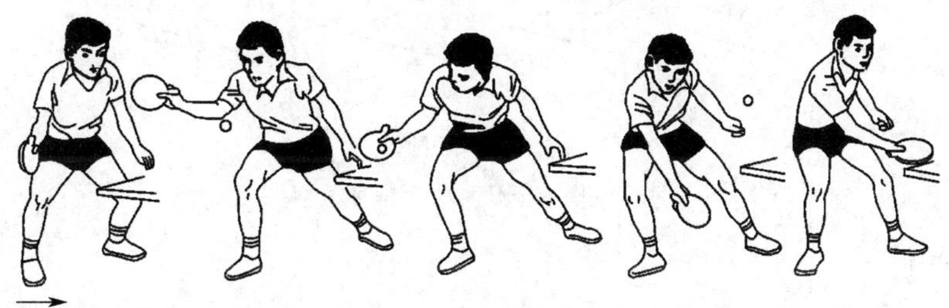

直拍正手削球

横拍正手削球

图 9—20　正手削球

【动作要点】

引拍略与肩高；拍触球的一刹那，注意控制好拍面角度；前臂和手腕向左前下方挥拍前臂发力为主，手腕发力为辅；重心顺势向前，准备衔接下一动作。

2. 反手削球

【动作方法】

中台站位，右脚稍前，上体左转重心落于左脚，持拍手自然弯曲放松置于胸前。顺来球路线向左上方引拍约与肩高，拍柄向下。当球弹起时持拍手从左上方向右前下方挥动，拍面后仰，用前臂和手腕加速用力切削，球拍击准下降期球的中下部，并顺势前送（见图9—21）。

直拍反手削球

横拍反手削球

图9—21 反手削球

【动作要点】

身体稍左倾，引拍至身体左后上方；拍面稍后仰，手腕稍外展，触球瞬间，前臂在上臂带动下向右前下方用力；以前臂发力为主，手腕配合用力下切；重心顺势向前，准备衔接下一动作。

**练一练：削球**

1. 徒手模仿削球动作，掌握正、反手削球技术动作要领。
2. 做对墙正、反手削球练习。
3. 一人发平击球，另一人用正、反手削球，互换练习。
4. 一人发长线下旋球，另一人用正、反手削球，互换练习。
5. 一人正手攻球，另一人用正、反手削球，互换练习。

## 第三节 乒乓球基本战术

在比赛中，根据双方的实际情况，扬长避短，为争取比赛的胜利而有目的、合理地运用各种技术的方法叫战术。乒乓球战术一般由两种或两种以上的单项技术结合运用而构成。

## 一、发球抢攻战术

发球抢攻是先发制人的战术。它以旋转、线路、落点和速度不同的发球来增加对方回击的难度，降低回球质量，然后抢先进攻，以争取主动或直接得分。发球抢攻是进攻型打法的主要战术和得分手段。常用的发球抢攻战术如下：

1. 长球与短球结合落点变化进行抢攻

（1）发左、中、右三个落点，临场变化运用。

（2）左长右短、右长左短、中长中短。

（3）无规律的长短。

2. 上旋或下旋结合落点进行抢攻

（1）发左、中、右三个落点，临场变化运用。

（2）左长右短、右长左短、中长中短。

（3）无规律的长短。

3. 转与不转结合落点进行抢攻

（1）转与不转发相同落点，以不出台为主。

（2）转与不转发不同落点，连发短球后突发长球。

（3）急球与急下旋球结合发同一落点或不同落点。

4. 侧旋球结合落点进行抢攻

（1）左侧旋与左侧上（下）旋结合不同落点。

（2）右侧旋与右侧上（下）旋结合不同落点。

## 二、相持战术

相持是比赛的重要组成部分。据统计，在乒乓球比赛中，相持阶段占整个比赛的70%以上，也就是说，多数的得失分要在相持阶段中产生，所以相持战术是比赛获胜的关键战术。下面介绍几种常用的相持战术。

1. 线路变化

（1）压中路调动两角。

（2）压反手位调动正手位。

（3）压正手位调动反手位。

2. 节奏变化

（1）改变击球的时机。击球的时期分为上升前期、上升后期、高点期、下降前期、下降后期。击球时机越早，节奏越快，击球时机越晚，节奏越慢。

（2）改变击球的力量。力量越大，越主动发力，节奏就越快。

（3）改变击球的方向。直变斜或斜变直。

3. 轻重结合

（1）同线轻重球结合运用，以正反手拉球和突击、推挡、加力推等攻对方同一落点。

（2）异线轻重球结合运用，先以轻拉或挡球引对方靠前回接，再以突击或加力推攻击对方空当。

## 三、搓攻战术

搓攻战术主要是利用搓球的旋转变化和落点变化为进攻创造机会，借以达到攻击对方的目的。常用的搓攻战术有：

1. 搓不同落点进行突击

（1）搓两角伺机突击，包括运用搓交叉斜线、双边直线、连搓一点突击空当等。

（2）搓异线长短伺机突击，包括运用搓左长右短或右长左短等。

（3）搓同线长短伺机突击。

2. 搓转与不转结合落点进行突击

（1）快搓或慢搓转与不转球结合不同落点变化，伺机突击。

（2）快搓和慢搓结合，利用改变击球时间或旋转变化，伺机突击。

（3）用下旋结合侧旋搓球找机会，伺机突击。

## 四、接发球战术

接发球战术是与发球抢攻战术相抗衡的一项战术，其目的是破坏对方发球抢攻战术的运用，争取形成主动的局面。常用的接发球战术主要有以下几种：

1. 接发球抢攻。这是最积极主动的接发球方法。如对方发短球稍高，可直接抢攻；如对方发长球、半出台或出台球，可抢攻或抢冲。运用此战术要求判断准、反应快、步法移动迅速。

2. 以摆短结合劈两大角长球，争取下一板主动先上手或抢攻。此法适用于接对方的下旋或侧下旋短球。

3. 用拉、拨、推的方法将球接至对方弱点处，再打其他技术。一定要注意压低弧线，控制好落点。

4. 正手侧身接发球。这是一种进攻性的接发球，值得大力提倡。

·知识窗

### 提高击球质量的五大要素

1. 制造适度的弧线。
2. 提高快攻的速度。
3. 增大击球的力量。
4. 掌握多变的旋转规律。
5. 控制回球的落点。

# 第四节　乒乓球竞赛规则简介

## 一、场地和器材

1. 球台

（1）球台长 2. 74 米，宽 1. 525 米，高 0. 76 米（见图 9—22）。

（2）比赛台面可用任何材料制成，应具有一致的弹性，当标准球从离台面 0. 3 米高处落至台面时，弹起高度应约为 0. 23 米。台面应呈均匀的暗色，无光泽。台面四周有一条 0. 02 米宽的白线。

（3）双打时，各台区应有一条 3 毫米宽的白色中线，中线与边线平行，中线是右半区的一部分。

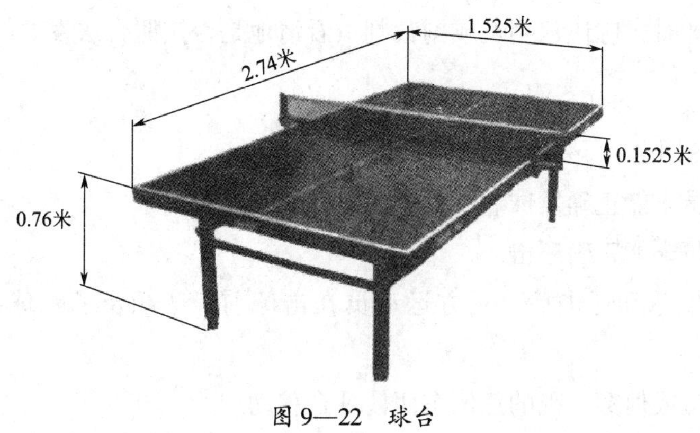


图 9—22　球台

2. 球网

（1）球网应悬挂在一根绳子上，绳子两端系在高 0. 152 5 米的直立网柱上，网柱外缘离开边线外缘的距离为 0. 152 5 米。

（2）整个球网的顶端距离比赛台面 0. 152 5 米。

3. 球

球应为圆球体，呈白色或橙色，且无光泽。直径为 40 毫米、重 2. 7 克。

4. 球拍

（1）球拍的大小、形状和重量不限。但底板应平整、坚硬。

（2）用来击球的拍面应用一层颗粒向外的普通颗粒胶覆盖，连同黏合剂，厚度不超过 2 毫米；或用颗粒向内或向外的海绵胶覆盖，连同黏合剂，厚度不超过 4 毫米。

（3）“普通颗粒胶”是一层无泡沫的天然橡胶或合成橡胶，其颗粒必须以每平方厘米不少于 10 颗、不多于 30 颗的平均密度分布整个表面。

（4）“海绵胶”即在一层泡沫橡胶上覆盖一层普通颗粒胶，普通颗粒胶的厚度不超过 2 毫米。

(5) 球拍两面不论是否有覆盖物，必须无光泽，且一面为鲜红色，另一面为黑色。

## 二、发球

(1) 发球开始时，球自然地置于不持拍手的手掌上，手掌张开，保持静止。

(2) 发球员用手将球几乎垂直地向上抛起，不得使球旋转，并使球在离开不执拍手的手掌之后上升不少于16厘米，球从下降到被击出前不能碰到任何物体。

(3) 当球从抛起的最高点下降时，发球员方可击球，使球首先触及本方台区，然后越过或绕过球网装置，再触及接发球员的台区。在双打中，球应先后触及发球员和接发球员的右半区。

(4) 从发球开始，到球被击出，球要始终在比赛台面的水平面以上和发球员的端线以外，而且不能被发球员或其双打同伴的身体或他们所穿戴（带）的任何物品挡住。

(5) 球一旦被抛起，发球员的不执拍手臂应立即从球和球网之间的区域移开。

(6) 运动员发球时，应让裁判员或副裁判员看清他是否按照合法发球的规定发球。

## 三、一分

除被判重发球的回合，下列情况运动员得一分：

(1) 对方运动员未能正确发球。

(2) 对方运动员未能正确还击。

(3) 运动员在发球和还击后，对方运动员在击球前，球触及了除球网装置以外的任何东西。

(4) 对方运动员或他穿、戴的任何东西使球台移动。

(5) 对方运动员或他穿、戴的任何东西触及球网装置。

(6) 对方运动员不执拍手触及比赛台面。

(7) 双打时，对方运动员击球次序错误。

## 四、一局比赛

在一局比赛中，先得11分的一方为胜方。10平后，先多得2分的一方为胜方。

## 五、发球、接发球和方位选择

(1) 选择发球、接发球和方位的权力应由抽签来决定。中签者可以选择先发球或先接发球，或选择先在某一方位。

(2) 当一方运动员选择了先发球或先接发球，或选择了先在某一方位后，另一方运动员必须有另一个选择。

(3) 在获得每2分之后，接发球方即成为发球方，以此类推，直至该局比赛结束，或者直至双方比分都达到10分或实行轮换发球法，这时，发球和接发球次序仍然不变，但每人只轮发一分球。

(4) 在双打的第一局比赛中，先发球方确定第一发球员，再由先接发球方确定第一接发球员。在以后的各局比赛中，第一发球员确定后，第一接发球员应是前一局发球给他的运动员。

（5）在双打中，每次换发球时，前面的接发球员应成为发球员，前面的发球员的同伴应成为接发球员。

（6）一局中首先发球的一方，在该场下一局应首先接发球。在双打决胜局中，当一方先得5分时，接发球方应交换接发球次序。

（7）一局中，在某一方位比赛的一方，在该场下一局应换到另一方位。在决胜局中，一方先得5分时，双方应交换方位。

·知识窗

### 乒乓球大满贯

乒乓大满贯是指获得过奥运会、世锦赛、世界杯三项国际大赛的单打冠军。大满贯代表着当今乒坛的至高荣誉。获得过大满贯的中国乒乓球选手有邓亚萍、刘国梁、孔令辉、王楠、张怡宁、张继科、李晓霞、丁宁、马龙等。

# 第十章　羽　毛　球

近年来羽毛球运动风靡全国，各羽毛球场馆供不应求。为什么这么多人喜欢羽毛球呢？猛虎下山一般的封网技术，蛟龙出水一样的跳起击球，身如满弓似的扣杀，这一切都在展示着羽毛球运动的力与美，像吟读一首动人的诗，如浏览一幅悦目的画，令人心旷神怡，流连忘返。

通过本章的学习，你将了解羽毛球运动的基本知识，学习和掌握羽毛球的基本技术和简单战术，懂得羽毛球比赛的简单规则。快拿起你的球拍，投身羽毛球运动吧！

## 第一节　羽毛球运动概述

羽毛球运动的确切起源众说纷纭，早在两千多年前，一种类似羽毛球运动的游戏就在中国、印度等国出现。中国叫打手毽，印度叫浦那。相传 19 世纪六七十年代，英国军人改良了在印度学到的游戏并带回国，1873 年英国博福特公爵在他的庄园巴德明顿（Badminton）宴请宾客，一些从印度回来的军官作了表演，后来逐渐在英国流行。于是人们把 Badminton 作为羽毛球运动的名称。1893 年英国羽毛球协会成立，并修订和统一了羽毛球比赛规则。1934 年，国际羽毛球联合会成立，1959 年亚洲羽毛球联合会在马来西亚的吉隆坡成立。1992 年，羽毛球正式成为奥运会的比赛项目之一。

目前最具影响力的羽毛球国际赛事有汤姆斯杯赛（世界男子团体锦标赛）、尤伯杯赛（世界女子团体锦标赛）、苏迪曼杯（羽毛球混合团体赛）、奥运会羽毛球比赛、世界羽毛球锦标赛（单项比赛）、全英锦标赛（传统单项比赛）。

羽毛球运动是一项全身性运动项目。场上不停地进行脚步移动、跳跃、转体、挥拍，从而增大了上肢、下肢和腰腹肌肉力量，加快了锻炼者的全身血液循环，增强了心血管系统和呼吸系统的机能。此外，羽毛球运动要求练习者在短时间内对瞬息万变的球路做出判断，果断地进行反击，因此，它能提高人体神经系统的灵敏性和协调性。羽毛球具有很强的娱乐性和健身价值，男女老少、个人集体、室内户外皆可进行。

## 第二节　羽毛球基本技术

### 一、握拍法

正确的握拍方法是掌握合理、准确、全面击球技术的前提条件；不正确的握拍方法

会妨碍各种击球技术的掌握和技术的进一步提高。握拍法可分为正手握拍和反手握拍。

1. 正手握拍法

用左手拿住拍子的中杆，使拍面与地面垂直，然后张开右手，虎口对准拍柄截面图中标号1和标号2所在棱线组成的小棱边，小指、无名指和中指并拢握住拍柄，食指与中指稍分开，用食指和拇指轻松地环扣住拍柄（见图10—1和图10—2）。

2. 反手握拍法

在正手握拍的基础上，把拍柄稍向外转，食指收回，拇指顶贴拍柄截面图中第1条棱线左侧的宽棱面上，其余四指放松地握住球拍（见图10—3）。

不论采用哪种握拍法，在击球之前，握拍要做到松握自然，在球与球拍接触的一刹那，再紧握球拍。握拍的关键一要放松，二要灵活。

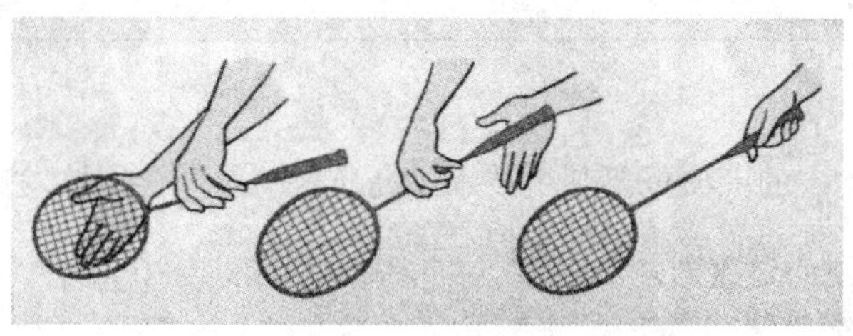

图10—1　正手握拍法

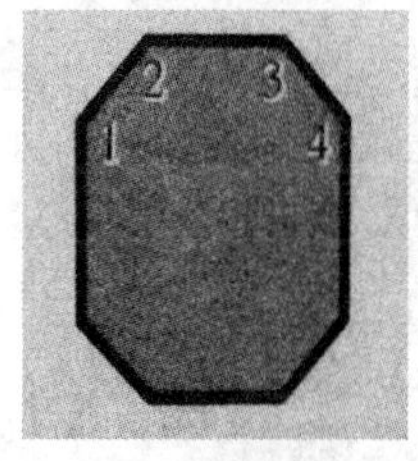



图10—2　拍柄截面

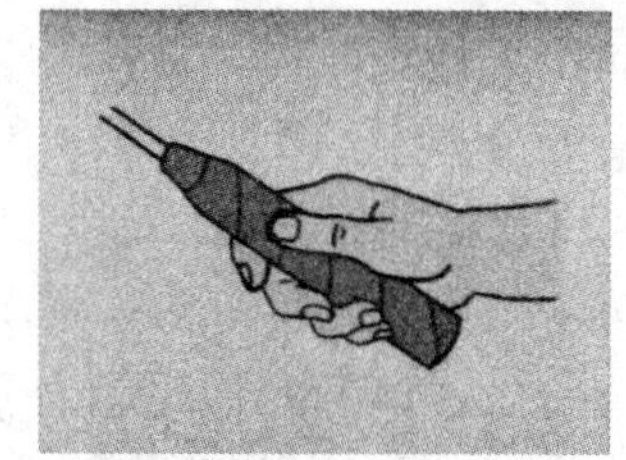

图10—3　反手握拍法

·知识窗

## 错误的握拍姿势

错误一：四指并拢，使劲一把抓的握拍法。这种握法使手臂肌肉僵硬，影响手腕的灵活性。

错误二：虎口对着拍面拍握方法。这种握法使屈腕困难，影响击球时拍面角度的自由控制。

错误三：反手击球时，没有换成反手握拍法，正反手打球用同一种握拍法，影响反手击球时的发力和对球的灵活控制。

·知识窗

### 如何选择羽毛球拍?

1. 拍子的重量要合适。其实并不是拍子越轻越好，拍子过轻，会影响击球的力量。

2. 检查拍子的整体结构。拿到拍子之后，挥动一下，看看震不震手。震手的拍子一定是拍杆太硬，不震手说明拍杆较有弹性。也可一手握住拍柄，另一手扶住拍头顶端掰一掰，拍子有微度弯曲，证明拍杆部位较有弹性。还要检查一下拍头有无变形、裂缝或整体弯曲等。

3. 根据每个人手形的大小挑选拍柄，以握住拍柄感觉舒适为宜。手大的人，握较细的拍柄会有不舒适之感；手小的人握粗大的拍柄也同样不舒适。

4. 检查弦装得是否匀称，交叉弦组成的每个方块都要同样大，每条弦的松紧度要一致。比较高级的羽毛球拍，一般都没有上拍弦，而是让人们根据自己的情况来配制适宜的弦并控制上弦的松紧度。

## 二、发球

发球是羽毛球运动中的一项重要基本技术。高质量的发球会给接发球造成困难，迫使对方只能做防守性的回击，甚至造成接发球失误。

1. 发球的基本姿势

(1) 正手发球

单打一般站在发球区离发球线1米左右的中线附近。双打时可站前一些（见图10—4）。

图10—4　正手发球

(2) 反手发球

站在发球区内靠近前发球线的位置上（见图10—5）。

2. 发各种弧线的球

按发出的球在空中飞行的弧线不同，发球可分为发高远球、发平高球、发平快球、发网前球（见图10—6）。

(1) 正手发高远球

图 10—5 反手发球

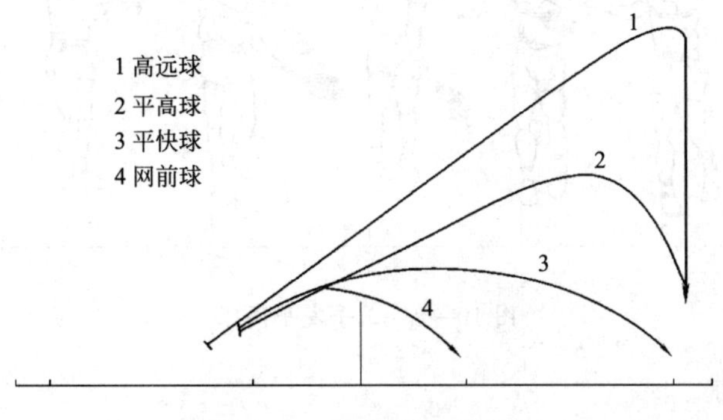


图 10—6 发各种弧线的球

把球发得既高又远，使球近乎垂直落在对方后发球线附近的发球区内称为发高远球。

【动作方法】

左肩侧对球网，左脚在前，身体重心在右脚上。右手臂在肩后上方举起，肘部微屈，左手持球举在腹部右前方，发球时左手放球下落的同时，球拍由下而上快速挥动，以正拍面击球，击球后持拍手臂随惯性自然向左上方挥动（见图 10—7），随后球拍快速回到正常位置。发高远球时，球的飞行路线与地面形成的角度大于 45°，球在对方底线附近形成垂直下落。

图 10—7 正手发高远球

【动作要点】

发高远球的关键是击球时要控制好拍面的角度，击球应有向前上方强劲的爆发力。

（2）正手发平高球

【动作方法】

发平高球时，动作大体与发高远球相同，只是击球的一刹那，前臂加速带动手腕向前上方挥动。

【动作要点】

球发得不太高，但能迅速越过对方场地的上空而落在底线附近，球的飞行路线与地面大约成 45°角（见图 10—8）。

图 10—8　正手发平高球

（3）正手发平快球

发出的球既快又平，径直飞向对方后发球线附近的球称为平快球。

【动作方法】

发平快球时，前臂要爆发用力，使球在最短的时间内迅速越过对方场区到底线附近，球的飞行路线稍高于对方肩部，大约与地面形成 30°角。平快球速度快，具有突然性，比较适用应对反应较慢、动作幅度大的对手。

【动作要点】

发平快球的战术效果在于快速和突然性，其技术关键是发球姿势要与发其他弧线球姿势保持一致，不让对方预见发球意图。要有较强的手腕爆发力，否则出手速度慢，易遭攻击。

（4）正手发网前球

【动作方法】

发网前球时，站位靠前，握拍要放松，大臂动作小，主要靠前臂带动手腕向前切送，球要贴网而过，落点在发球区的前发球线附近（见图 10—9）。

【动作要点】

发网前球时，一定要避免被对方直接大力扣杀。

（5）反手发网前球、平快球

【动作方法】

反手发网前球时，前臂向前挥动带动手腕，通过拍面的切削动作使球落到对方场区的前发

图 10—9　正手发网前球

球线附近，球的最高弧线略高于网（见图 10—10）。反手发平快球时，发球动作与发网前球一样，但在击球的一刹那，手腕采用弹击的方法，将球击到底线附近。

图 10—10　反手发网前球、平快球

【动作要点】

发这两种球的关键是严格控制击球力量和用力方向，击球时拍面略后仰。

**练一练：　发球**

1. 用不同的握拍方法，反复进行挥拍练习。
2. 先学发高远球，再学其他发球方法。
3. 发球准确性练习。在场地中划出不同区域，发各种区域的球。
4. 用同一种准备姿势，交替发出不同飞行弧线和不同落点的球。
5. 发球、接发球对抗练习。

**·知识窗**

**何为好的发球？**

1. 高质量到位。例如，发网前球要贴网而过，落点靠近前发球线，发高远球落点在后发球线附近等。

2. 变幻莫测。做到各种发球的前期动作一致。

3. 符合规则要求，不违例。

### 三、击球

击球有很多技术动作，根据这些技术动作的特点，大致可分为高手击球、低手击球和网前击球三大类。

1. 高手击球

击球点高于头部的击球称为高手击球。可分为高远球、平高球、扣杀球和吊球等，具体线路如图 10—11 所示。

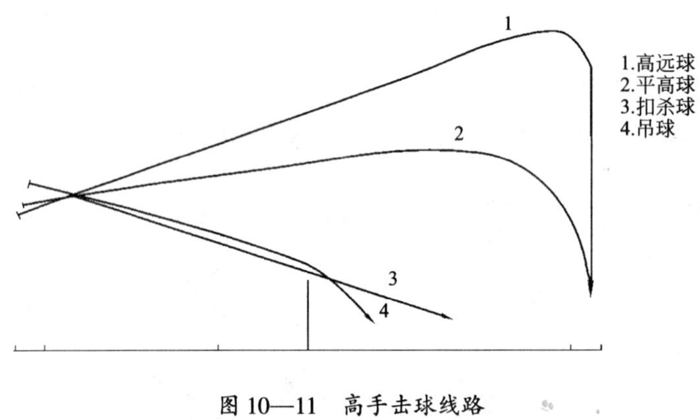


图 10—11　高手击球线路

高手击球时击球点要高；保持动作一致性，不可过早暴露回球意图；发力正确又能控制力量；准确控制拍面角度。

（1）高远球

击出高弧线飞行的，几乎垂直落到端线附近场区的球，称为高远球。一般在自己处于被动情况下，为了争取时间，变被动为主动，调整场上位置时常打出高远球，以使对方远离中心位置而退到端线附近去回击球（见图 10—12）。

图 10—12　高远球

（2）平高球

击出飞行弧线比高远球低，但对方举拍又拦截不到，落点在对方端线附近场区内的球，称

为平高球。击平高球方法与击高远球方法基本一致，区别在于击球点的拍面仰角小于击高远球。平高球是属于后场快速进攻的主要技术之一，它是比赛中控制对手、直接进攻或主动过渡以创造进攻机会的有效手段。

（3）扣杀球

把高球在尽量高的击球点上用大力挥击下压到对方场区内，称为扣杀球（见图 10—13）。扣杀球力量大、击球点高、球速快、飞行弧线短直，因此它是后场进攻和争取得分的主要手段。在对付防守技术较差，反应较慢的对手时，扣杀球与平高球、吊球配合运用，效果会更好。

图 10—13　扣杀球

（4）吊球

在中后场的高球，运用劈切或拦截的技术动作，使球轻轻地落在对方网前区，称为吊球（见图 10—14）。在击球瞬间，球拍有劈切球的动作称为劈吊球；以拍面拦住球使其反弹回去的叫拦吊球。由于吊球落点比较近网，与平高球结合运用，就会拉开对方的防守范围，从而调动对方，掌握场上的主动权。

图 10—14　吊球

**练一练： 高手击球**

1. 徒手挥拍击球练习。
2. 发半场高球做扣杀练习。
3. 一对一直线定点往返击高远球。
4. 一人击高远球一人扣杀或吊球，往返练习。
5. 一攻一防或一吊一防，回不同落点的球。

2. 低手击球

击球点低于头部高度的球，称为低手击球。低手击球主要有半蹲快打、接杀球等。

(1) 半蹲快打

【动作方法】

在中场区，对方打过来约在肩以上至略高于头部之间的平快球，采用半蹲姿势，争取在较高的部位上快速地平击回去（见图 10—15）。

半蹲正面击球　半蹲右侧击球　半蹲头顶击球

图 10—15

【动作要点】

半蹲快打技术快速、凶狠、紧逼对方，它多用于双打比赛中。

(2) 接杀球

【动作方法】

接杀球一般多采用挡球（见图 10—16）、抽球（见图 10—17）和推球的技术。

图 10—16　挡球

图 10—17　抽球

【动作要点】

杀球技术凌厉、快速、多变，因此防守时要反应快、判断准、手法娴熟，回球的落点和路线要运用得当。

3. 网前击球

网前击球技术包括放网前球、搓球、挑球、扑球、推球和勾球等，几种网前击球的具体线路如图 10—18 所示。

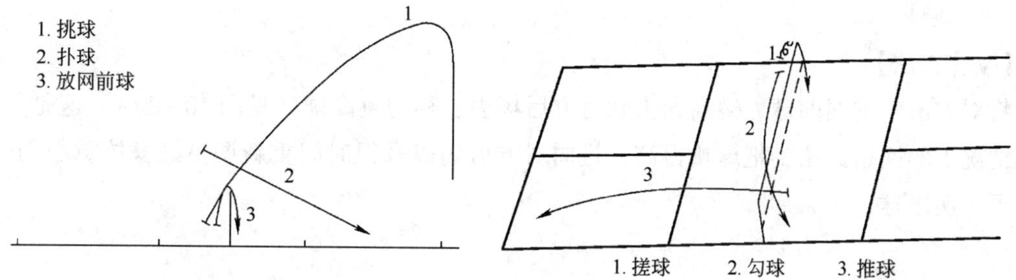


图 10—18　网前击球线路

（1）放网前球

【动作方法】

当对方击来网前球时，用球拍轻轻一托，使球向上弹起恰好越过网就向下坠（见图 10—19）。

图 10—19　放网前球

【动作要点】

放网前球的关键在于严格控制托球的力量。如果托球力量过大，球过网太高易被对方扑击。

(2) 搓球

【动作方法】

在网前用球拍切击球托，使球旋转翻滚越过网顶（见图 10—20）。

图 10—20　搓球

【动作要点】

搓球时，运用搓、切等动作摩擦球托，使球在越过网顶时的轨迹异常，给对方回击造成困难，从而创造进攻的机会。

(3) 挑球

【动作方法】

将对方击来的网前球，挑高回击到对方后场去，称为挑高球（见图 10—21）。这是一种较被动情况下的回击方法，把球挑得高，挑向对方后场以赢得时间重新调整好身体重心与位置，准备下一次击球。

图 10—21　挑球

【动作要点】

要根据球离网的远近适当调整拍面角度和用力方向，要用爆发力向前上方挑球。

(4) 推球

【动作方法】

在网前较高的击球点上，用推击的方法向对方底线击出弧度较平、速度较快的球。推球通常有正手推（见图 10—22）和反手推（见图 10—23）。由于击球点到网的距离很短，球又平直快速，再加上控制好落点，所以，推球是一种很有攻击性的技术。

【动作要点】

击球点要高并控制好拍面角度，拍的预摆幅度要小，发力要短促快速。

图 10—22　正手推球

图 10—23　反手推球

（5）扑球

【动作方法】

对方击来的球刚过网，高度仍在网沿以上时，迅速上网挥击下压击球（见图 10—24）。

图 10—24　扑球

【动作要点】

扑球速度快，飞行路线短，使对方来不及防守，加大进攻威胁。

（6）勾球

【动作方法】

在网前用屈腕的动作调整球拍角度，轻巧地将球回击到对方斜对角的网前区内（见图 10—25）。

【动作要点】

勾球是一种技巧性较高的技术，它与搓、推等交替使用，效果更好。勾球的关键在于屈腕动作要突然、短小、快速。

图 10—25 勾球

### 练一练： 网前击球

1. 原地或跨一步徒手练习各种网前击球动作。
2. 原地或跨一步做多球练习（一人在对面抛球）。
3. 从场中心位置开始上步做各种网前球练习（完成动作后必须要回到中心位置）。
4. 半场单打练习网前球。

## 四、步法

羽毛球比赛时，运动员在场上为了跑到适当的位置击球而采取的快速、合理、准确的移动方法称为步法。步法包括起动、移动、到位配合击球和回动四个环节。步法被称为“羽毛球技术之母”。表 10—1 介绍了几种常用的步法。

表 10—1 常用步法

| 步法 | | 动作要领 | 图示 |
|---|---|---|---|
| 前进步法 | 跨步 | 先把重心移到右脚，用左脚掌内侧用力蹬地，然后向来球方向迈出一步，紧接着右脚加速向前跨出，左脚用力蹬地带动右脚向前跨一大步，上体稍前倾，右膝关节变成弓箭步 | |
| | 垫步 | 右脚先迈出一小步，左脚立即向右脚垫一小步，待左脚着地后，脚内侧用力蹬地，右脚再向网前跨一大步成弓箭步，随后左脚自然向右脚着地方向靠小半步，身体重心落在右脚上 | |
| | 蹬步 | 先把重心移到左脚并用力蹬地，然后右脚向球的方向跨一大步，使身体迅速向来球方向移动，击球后使右脚先着地，紧接着左脚着地并快速制动，然后返回场地中心位置，迎接下一次击球 | |

续表

| 步法 | | 动作要领 | 图示 |
|---|---|---|---|
| 中场步法 | 蹬跨步 | 左脚掌内侧用力蹬起，右脚向右侧跨出一大步，重心落在右脚上，使脚尖偏向右侧，以脚趾制动。上体略倒向右侧 | 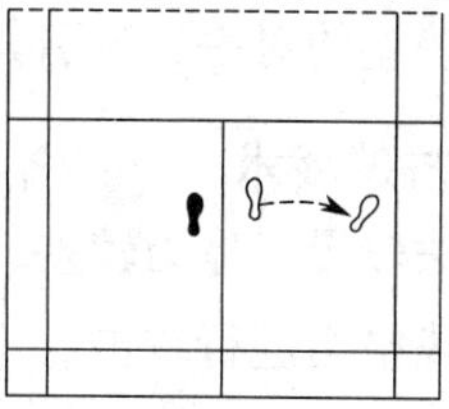 |
| 后退步法 | 交叉步 | 把重心调整至右脚后迅速使其向右撤一小步，同时上体右转，左肩对网，然后，左脚从右脚后交叉，再后撤一小步，紧接着右脚向后移至来球位置。当右脚着地时，迅速向上蹬，使击球点增高，同时左脚向身后伸出 | 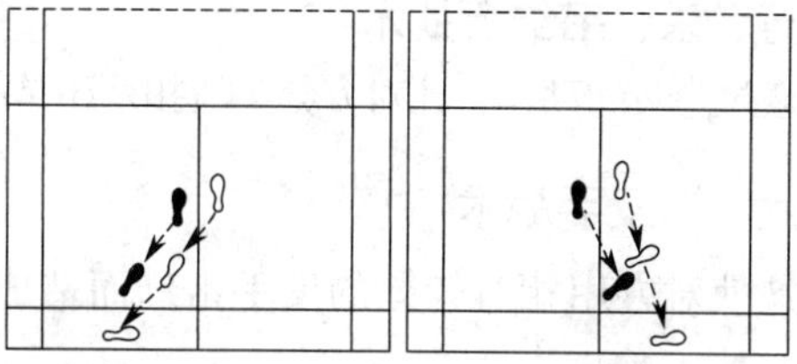 |

## 第三节　羽毛球基本战术

战术是指运动员在比赛中根据双方的情况合理运用技术，有针对性地组织自己的球路以争取胜利的策略。在双方技术水平相当的情况下，正确的运用战术会成为胜败的关键。下面介绍羽毛球比赛中一些基本战术。

### 一、发球战术

1. 发球抢攻

注意发球隐蔽性和动作的一致性，给对方的判断带来困难，以取得前三拍的主动权。

2. 发后场高远球

给对方后退进攻造成难度，使后退步法慢、进攻技术差的对手制造进攻困难。

3. 发平高球

使对方没有充裕的时间考虑对策，造成回球质量差，便于进攻。

4. 发网前球

能减少对方把球往下压的机会，形成发球后立即进入抢攻的局面。

### 二、接发球战术

1. 接发高远球、平高球

一般可用平高球、吊球或杀球还击。如果对方发球质量很好不要盲目重杀，可用高远球、平高球回击，或用点杀、劈杀、劈吊下压先抑制对方。

2. 接发网前球

一般多用平推球、放网前、勾对角或挑高球还击，当对方发球过高时，要抢先上网扑杀。

3. 接发平快球

对方发球质量差时可直接快杀，也可借助反弹力拦吊对角网前，形成接发球抢攻。

### 三、攻后场、前场战术

攻后场是通过高球，反复压对方的底线两角，造成对方被动，然后寻找机会进攻。攻前场是对网前技术较差的对手，吸引其到网前，然后再攻其后场。

### 四、打四方球战术

在对手步法较慢、体力较差、技术不全面的情况下，以快速、准确的落点攻击对方场区的四个角落，寻找空当进行攻击。

### 五、杀、吊结合战术

通过隐蔽的动作，让对方分不清扣杀还是吊球，从而造成脚步移动慢而产生失误或回球质量差。

### 六、逼反手战术

迫使对方用相对较差的反手击球而造成回球质量不高。

### 七、过渡球战术

为了摆脱被动，为下一拍的反攻创造条件，常用回击后场高远球作为调整被动的手段。

## 第四节　羽毛球竞赛规则简介

### 一、球场和器材

1. 球场

球场为一长方形，用宽4厘米的线画出。线的颜色最好是白色、黄色或其他容易辨别的颜色，所有的线都是其所确定区域的组成部分（见图10—26）。

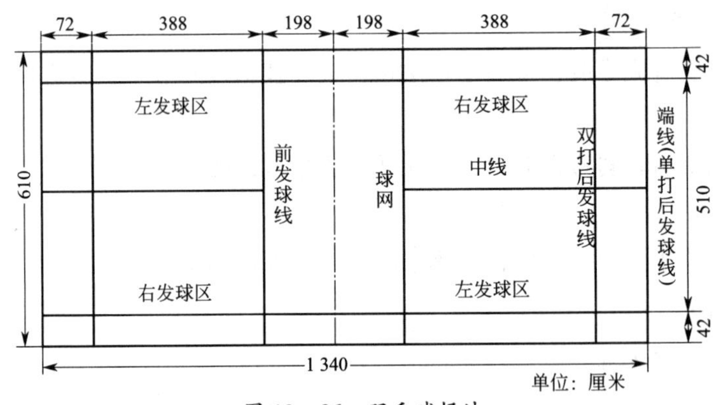


图10—26　羽毛球场地

2. 网和网柱

从球场地面起网柱高1.55米，当球网被拉紧时，网柱应与地面保持垂直。球网的长度至少为6.02米，球网两端的高度为1.55米，球网中间顶部高出地面1.524米。

3. 球和球拍

球可由天然材料、人造材料或用它们混合制成，球应由16根羽毛固定在球托部，羽毛长62~70

毫米，球的高度为 87 毫米，重量为 4. 74~5. 50 克。球拍长不超过 68 厘米，宽不超过 23 厘米。

## 二、部分比赛规则

1. 挑边

赛前，采用挑边的方法（掷硬币）来决定发球和场区。挑边赢者优先选择是发球或接发球，还是在一个场区或另一个场区。输者在余下的一项中选择。

2. 计分方法

实行每球得分制。所有单项的每局获胜分皆为 21 分，最高不超过 30 分，每场比赛采用三局两胜制，率先得到 21 分的一方赢得当局比赛。如果双方比分为 20 平时，获胜一方需超过对手 2 分才算取胜。如果双方比分打成 29∶29，则率先得到第 30 分的一方取胜。首局获胜一方在接下来的一局比赛中率先发球。

3. 站位方法

（1）单打

当发球员得分为 0 或偶数时，双方运动员均在各自的右发球区发球或接发球；当发球员的分数为奇数时，双方运动员均在各自的左发球区发球或接发球。

（2）双打

比赛中，当比分为 0 或偶数时，球由右发球区对角发向对方的右接发球区；当比分为奇数时，球由左发球区对角发向对方场地的左接发球区。比赛中，只有当一方连续得分时，发球员必须在左右发球区交替发球，而接发球队员的位置不变。其他情况下，选手应站在上一回合的各自发球区不变，以此保证发球员的交替。

双打无论是在开始还是在赛中，皆为单发球权，也就是说每次一方只有一次发球权。发球方失误不仅丢失发球权而且丢失一分，如果这时得发球权的一方得分为奇数时，则必须是位于左发球区选手发球，如果此时得发球权的一方的得分为偶数时，则由位于右发球区的选手发球。

双打比赛中只有接发球队员才能接发球，若其同伴接发球或被球触及则违例，判对方得分。双打比赛发球时，发球员和接发球员的位置必须在规定的区域。他的同伴位置不受限制，但不得妨碍对方。一名运动员在同一局比赛中不得连续两次接发球（重发球除外）。

4. 休息时间

当一方在比赛中得到 11 分后，双方队员将休息 1 分钟。两局比赛之间的休息时间为 2 分钟。

5. 常见的违例

（1）过手违例。发球时，在击球的瞬间，发球员的拍杆应指向下方，使整个拍头明显低于发球员的整个握拍手部。否则，将判违例。

（2）过腰违例。发球时，在击球的瞬间，整个球应低于发球员的腰部。否则，将判违例。

（3）挥拍有停顿。发球开始后，有不正当的延误击球或挥拍动作不连贯，将判违例。

（4）脚移动、触线或不在发球区内。在发球的过程中，发球员和接发球员的两脚都必须和场地接触，不得移动，且都必须站在规定的发球区内，脚不得触线。否则判违例。

（5）最初击球点不在球托上或发球时未能击中球，将判违例。最初击球点不在球托上是指发球时球拍先触及羽毛或同时击中羽毛和球托。

(6) 发球时，球未落在规定的区域。

(7) 球从网下或网孔穿过或触及天花板或触及运动员的身体或衣服。

(8) 击球点超过网的向上延伸面，即在对方场区上空击球。

(9) 同一运动员连续两次挥拍击中球。

· 知识窗

## 羽毛球重大赛事

1. 汤姆斯杯、尤伯杯

汤姆斯（男）和尤伯（女）都是 20 世纪 30 年代英国的著名羽毛球运动员，汤姆斯还是第一任国际羽联主席。汤姆斯杯、尤伯杯就是以他们的名字命名的。汤姆斯杯是男子团体，尤伯杯是女子团体。目前都采用五场三胜制，包括三场单打和两场双打。一名运动员最多参加一场单打和一场双打的比赛。

2. 世界羽毛球锦标赛

世界羽毛球锦标赛是国际羽联在继汤姆斯杯、尤伯杯赛后，为了适应世界羽毛球运动日益发展的需要而设立的一种以个人单项为竞赛项目的羽毛球赛。

3. 苏迪曼杯

苏迪曼是前印度尼西亚羽协主席。羽毛球是印尼的“国球”，苏迪曼杯是该国羽协代表本国人民向国际羽联捐赠的一座奖杯。苏迪曼杯比赛安排在与世界锦标赛同一地点举行。苏迪曼杯比赛采用五场三胜制，由男单、女单、男双、女双和混双五个项目组成。

4. 奥运会

奥运会羽毛球比赛是羽毛球运动中最高水平的赛事。目前共设五块金牌，分别是男单、女单、男双、女双和混双。国际奥委会对奥运会羽毛球项目参赛选手名额有严格限制，参赛总人数限定在 172 人。每个项目根据世界排名，选出前 38 名单打运动员、16 对双打选手和 16 对混合双打选手直接参加奥运会。但每个项目中至少必须包括有五大洲的各 1 名或 1 对选手。

· 明星介绍

林丹 1983 年 10 月 14 日出生，身高 1.78 米，福建龙岩人，中国羽毛球队单打运动员。他球风凶悍、个性鲜明，被称“超级丹”。林丹是世界羽坛历史上首位包揽奥运会、世锦赛、世界杯、汤姆斯杯、苏迪曼杯、全英赛、世界羽联总决赛、亚运会、亚锦赛全部男子单打冠军和世界团体大赛冠军的运动员，是迄今为止，世界羽毛球历史上唯一的超级全满贯选手。

# 第十一章 体 操

体操是力与美的完美结合。你知道体操运动的分类吗？你会用体操运动塑造健美的形体吗？支撑跳跃时你害怕吗？

本章的学习将教会你正确的体操姿势和时空感知，提高身体素质，掌握一两套技巧或器械体操动作技能，培养练习体操的兴趣，提高自信心、进取心和勇敢顽强的精神，培养同学间团结协作、互帮互助的品质。

## 第一节 体操运动概述

体操是根据人体生理特点，通过徒手、手持器械和在器械上进行各种身体练习，完成各种类型和不同难度的、具有一定艺术性的单个或成套动作的运动项目。进行体操练习对提高神经系统的灵敏性、促进身体协调发展、塑造优美的身体姿态具有明显作用，同时能培养勇敢顽强、团结协作的集体主义精神。

### 一、体操运动的分类

依据目的和任务，体操可分为基本体操和竞技性体操两大类。

基本体操是指动作和技术都比较简单的一类体操，其主要目的、任务是强身健体和培养良好的身体姿态，它所面对的主要对象是广大的人民群众，最常见的有广播体操和为防治各种职业多发病的健身体操。而竞技性体操是指在赛场以争取胜利、获得优异成绩、争夺奖牌为主要目的的一类体操。这类体操动作难度大、技术复杂，有一定的惊险性，从事这类体操训练的主要是运动员。

竞技性体操包括竞技体操、艺术体操、健美操、技巧、蹦床五项运动。其中竞技体操男子项目有自由体操、鞍马、吊环、跳马、双杠、单杠六项，女子项目有跳马、高低杠、平衡木、自由体操四项。由于竞技体操的历史最久远，因此现在人们通常习惯用“体操”来称呼“竞技体操”。艺术体操包括女子集体项目（相同器械、不同器械）和女子个人项目（绳、圈、球、棒、带）。健美操包括竞技健美操、健身健美操和表演健美操。技巧比赛有五个项目：男子单人、男女双人、混合双人、女子三人、男子四人。蹦床分为网上项目和单跳项目。

### 二、体操运动的锻炼价值

1. 使人体肌肉发展匀称，体格健壮，动作敏捷、协调，体型健美。
2. 培养组织性、纪律性、互助友爱精神和集体主义精神。
3. 提高练习者的心理素质，对培养不畏困难、努力学习、刻苦锻炼、不断进取和勇敢、果断、顽强、坚毅等意志品质有重要意义。

4. 参加和欣赏体操运动可以起到陶冶情操、丰富精神生活、提高自身修养和发展智力的作用。

5. 提高中枢神经系统的灵活性，增强各器官的功能，促进身体均衡协调发展，经常锻炼可达到增强体质、提高工作和学习效率的效果。

## 第二节　基本体操

### 一、队列和队形

队列队形练习主要学习立正、稍息、看齐、报数、齐步走、正步走、跑步走及队形的简单变化。

队列队形练习有利于训练学生身体的正确姿势；振奋精神，培养良好的作风，加强组织纪律性和整体观念；能严格课堂纪律，提高教学质量。

### 二、双人操

双人操是徒手操的一种形式，是由两人合作互助、协调一致进行操练，增加了对抗因素，提高了动作的协调性与难度（见图11—1）。

1. 两人两臂交替屈伸互推（见分图①）。
2. 两人错肩对立互相扶肩，同侧腿前后摆动（见分图②）。
3. 两人背对背，两肘钩挂站立，互背对方（见分图③）。
4. 两人同向侧开立，两手互握，体侧屈伸（见分图④）。
5. 两人轮换“推小车”练习（见分图⑤）。
6. 两人背对背，两肘互相钩挂下蹲，一人前进，另一人后退蹲跳（见分图⑥）。

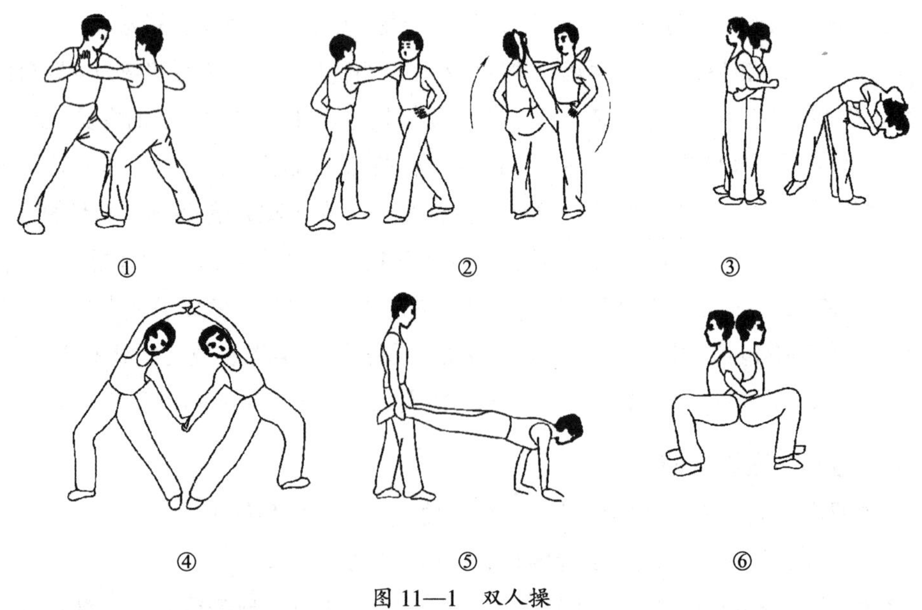


图11—1　双人操

## 三、实心球操

实心球操是手持实心球进行身体练习的一种体操（见图 11—2）。由于实心球有一定的重量，所以实心球操能提高速度、力量、耐力和协调性，是锻炼身体简单易行的方法之一。

1. 持球臂向上快速屈伸（见分图①）。
2. 单腿前举，腿下换手传球（见分图②）。
3. 双手持球深蹲（球触地）跳（见分图③）。

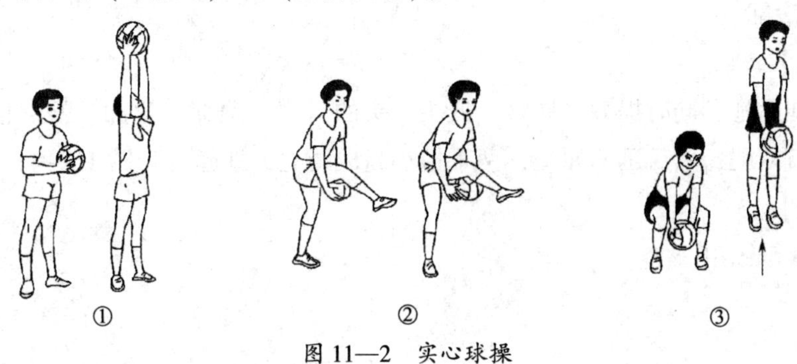


图 11—2 实心球操

## 四、哑铃操

哑铃操是轻器械体操的内容之一。它是在徒手体操的基础上，手持哑铃进行身体操练的一种体操（见图 11—3）。哑铃操可以促进运动器官和内脏器官提高机能，发展肢体力量、耐力和协调性等身体素质。

1. 推铃（立推、蹲推、坐推、卧推）（见分图①）。
2. 举铃（前、侧、后、上）（见分图②）。
3. 提铃（见分图③）。
4. 体侧绕环（见分图④）。

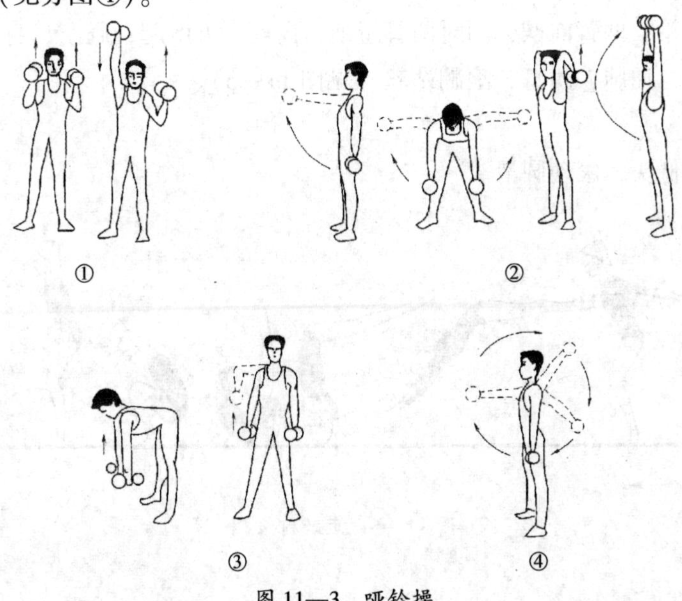


图 11—3 哑铃操

## 第三节 技巧运动

### 一、滚翻

1. 团身前滚翻

【动作方法】

蹲撑，两腿蹬地，同时提臀、屈臂、低头，头的后部、颈部、背部、腰部依次着垫前滚，翻滚过程中伸直双腿，然后迅速屈腿，两手抱小腿成蹲立，站起（见图11—4）。

【动作要点】

团身紧，滚动圆滑。

图11—4 团身前滚翻

2. 鱼跃前滚翻

【动作方法】

半蹲，两臂后举；两臂前摆，同时两脚蹬地，向前上方跃起；腾空，身体成弧线型，两手撑地，屈臂，低头，屈腿，团身，滚翻站起（见图11—5）。

【动作要点】

跃起、缓冲，低头，滚动圆滑。

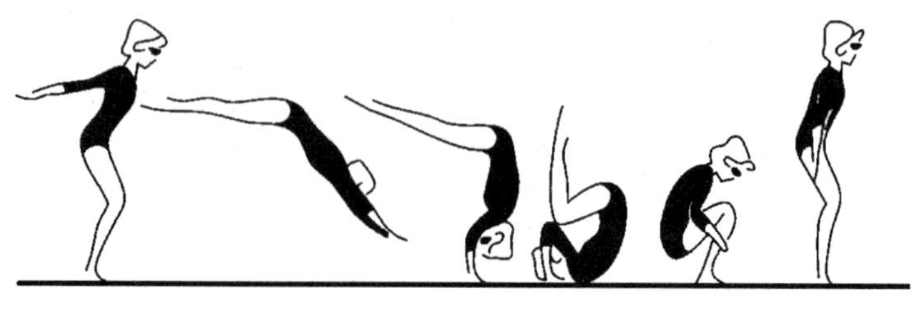

图11—5 鱼跃前滚翻

3. 团身后滚翻

【动作方法】

蹲撑，重心稍前移，随惯性后移，两手推垫后放于肩上，掌心向上，两肘内收，团身后倒，使臀、腰、背、肩依次着地，当向后滚动至肩头部时，两手用力推地，抬头翻转成蹲撑，站立（见图 11—6）。

【动作要点】

团身紧，滚动圆滑。

图 11—6 团身后滚翻

4. 经单肩后滚翻成跪撑平衡

【动作方法】

并腿坐，上体前压，然后后倒，屈髋举腿，左手在肩侧撑垫，右臂侧伸（掌心向上），头左屈。后滚至肩时，右腿向后主动用脚背触垫，左腿向后上方伸出。同时左手稍撑垫并转头，经右肩向后滚翻。接着右膝跪垫，两手向前撑垫，左腿后上举，上体抬起（见图 11—7）。

【动作要点】

滚翻节奏好，后举腿膝高于肩。

图 11—7 经单肩后滚翻成跪撑平衡

5. 屈体后滚翻

【动作方法】

直立，上体前倾，重心后移，两手后伸在体外侧撑地。接着臀部后坐，上体后倒，举腿翻臀，屈体后滚两手置于肩上。当滚到肩部时，两手在肩上用力撑垫，使身体翻转，经屈体立撑起立（见图 11—8）。

【动作要点】

腿直，滚翻圆滑。

图 11—8　屈体后滚翻

## 二、平衡

1. 燕式平衡

【动作方法】

一腿站立，上体前倾，抬头挺胸，两臂侧举，一腿后上举（见图 11—9）。

【动作要点】

中间低，两头高，支撑腿伸直。

2. 跪撑平衡

【动作方法】

单膝跪地，双手撑地，抬头，另一腿后上举（见图 11—10）。

【动作要点】

手臂撑直，挺胸，后举腿伸直。

图 11—9　燕式平衡

图 11—10　跪撑平衡

## 三、倒立

1. 肩肘倒立

【动作方法】

直腿坐，上体前屈，向后倒，滚动，收腹、举腿，两腿向上伸，展髋，挺腹，腿伸直，同时手撑腰，两肘内夹，成肘、头和肩支撑的倒立（见图 11—11）。

【动作要点】

伸髋成直线，双肘要夹紧。

2. 头手倒立

【动作方法】

蹲撑，屈臂，前额上部着地，颈要紧，头和两手约成等边三角形支撑，提臀，重心前移，重心移至垂直面时伸髋成头手倒立（见图 11—12）。

【动作要点】

支撑成三角，身体要挺直。

图 11—11 肩肘倒立

图 11—12 头手倒立

3. 手倒立

【动作方法】

直立，两臂前上举，上体前屈，两手向前撑地（同肩宽），稍含胸，一脚蹬地，另一腿后摆。当摆动腿至垂直上方时，蹬地腿向摆动腿并拢，顶肩立腰，全身收紧成手倒立（见图 11—13）。

【动作要点】

竖直，立稳。

图 11—13 手倒立

## 四、侧手翻

【动作方法】

右脚站立，左腿侧举，两臂侧平举，左脚落地，上体向左侧倒，右腿向侧上方摆起，左手腕外转在左脚前撑地，左脚用力蹬地摆起，右手撑地，经手腿倒立，左手推离地面，右脚落地，右手推离地面，左脚落地成分腿站立（见图11—14）。

【动作要点】

空中一个面，地上一条线。

图11—14　侧手翻

## 第四节　双　杠

### 一、支撑摆动

【动作方法】

由支撑开始，举腿前伸，使身体获得动能，腰腹放松自然后摆，两臂用力支撑，当身体摆过垂部位时用力向后拉开肩角，摆动时直臂顶肩，以肩为轴（见图11—15）。

【动作要点】

直臂顶肩、紧腰，以肩为轴摆动。

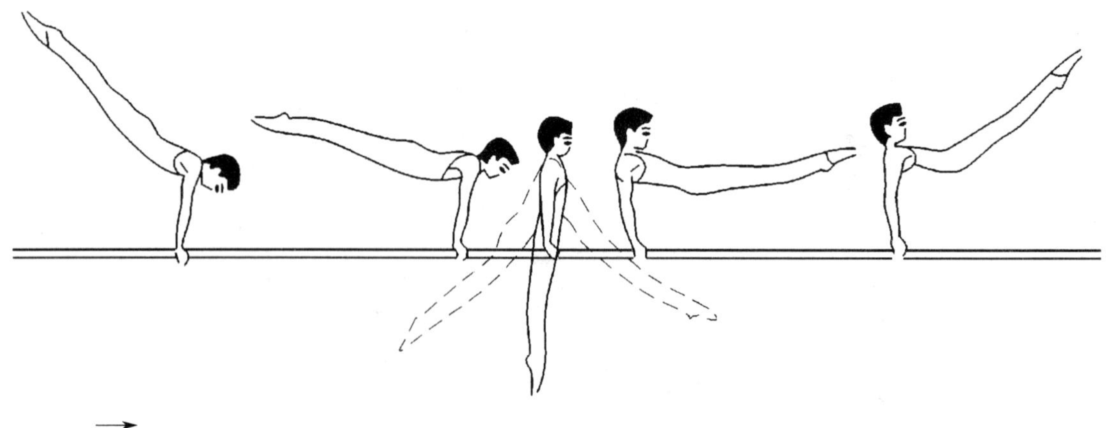

图11—15　支撑摆动

### 二、挂臂撑（单脚蹬地）屈身上成分腿坐

【动作方法】

由站立挂臂撑开始，一脚蹬地，另一腿上摆，同时收腹并腿上举，两臂压杠，臀上翻，成

屈体挂臂撑。两腿向前上猛送出，接着制动腿，同时上体急振，两臂用力压杠，上体抬起。压上成支撑后，两腿左右分开成分腿坐（见图 11—16）。

【动作要点】

蹬地、翻臂成屈体挂臂；向前上方送髋、制动腿、双臂急振压杠一气呵成。

图 11—16　挂臂撑（单脚蹬地）屈身上成分腿坐

### 三、分腿坐前进

【动作方法】

由分腿坐开始，向前挺髋，上体前倒。两臂伸直在体前稍远处撑杠，同时两腿伸直用大腿内侧压杠，并腿入杠前摆，当前摆出杠水平时，立即分腿，以大腿内侧沿杠向后滑成分腿坐（见图 11—17）。

【动作要点】

直腿压杠，动作连贯，落杠轻。

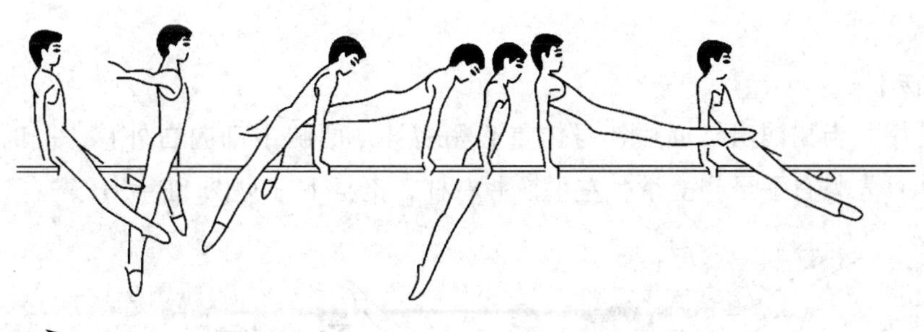

图 11—17　分腿坐前进

### 四、外侧坐转体 270°成骑坐

【动作方法】

右侧外坐，右手经斜上举后握左侧杠，身体以左腿触杠处为受力点向左转体 270°，右腿直腿跨越两杠后成骑坐，左手换握杠（见图 11—18）。

【动作要点】

以受力点为轴心转体，直臂支撑，直腿跨越。

图 11—18　外侧坐转体 270°成骑坐

## 五、后摆剪绞转体 180°

【动作方法】

由支撑前摆开始，当后摆下肢超过杠水平后，迅速拧身转髋、分腿，同时头向右转看杠。两腿依次触杠，两手依次换握成体后撑杠（见图 11—19）。

【动作要点】

直臂顶肩，转髋分腿，重心控制在两杠中间，落杠轻。

图 11—19　后摆剪绞转体 180°

## 六、前摆下

【动作方法】

由支撑开始，当腿摆出杠面后，身体重心稍右移，两腿主动向右外移，同时两臂用力顶杠，急振上体，先脱右手至侧上举，左手换握右杠，挺身下（见图 11—20）。

图 11—20　前摆下

【动作要点】

前摆接近最高点时，制动腿向前送髋，充分挺身，落地正。

## 七、前摆向内转体 180°下

【动作方法】

支撑摆动开始，当前摆接近最高点时，制动腿向前送髋，两手用力推杠，同时以脚尖带动身体向内转体 180°，接着右手换握杠，挺身下成侧立（见图 11—21）。

【动作要点】

直臂顶杠，拉开肩角，以脚带动转体，展髋，充分挺身，落地正。

图 11—21 前摆向内转体 180°下

## 练一练： 双杠综合素质练习

双杠综合素质练习见表 11—1。

**表 11—1** 双杠综合素质练习

| 练习项目 | 练习 1 | 练习 2 | 练习 3 | 练习 4 |
|---|---|---|---|---|
| 支撑力量 | | | | |
| 悬垂力量 | | | | |
| 腹背力量 | | | | |

续表

| 练习项目 | 练习1 | 练习2 | 练习3 | 练习4 |
| --- | --- | --- | --- | --- |
| 肩部柔韧 |  |  |  |  |
| 腰部柔韧 |  |  | 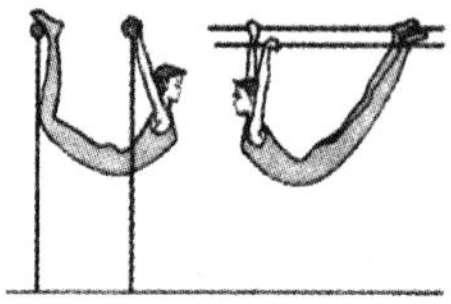 |  |

# 第五节 单　杠

## 一、单（双）脚蹬地翻上成支撑

【动作方法】

双手握杠、两脚前后站立，后腿直腿经前向后上方摆起，另一腿蹬地，迅速与摆动腿并拢上摆，向后侧拉杠引体，使腹部贴杠。当两腿超过杠后水平时，制动腿，翻腕，抬头，挺胸成支撑（见图11—22）。

【动作要点】

摆腿蹬地充分，屈臂引体倒肩，腹部靠杠。

图11—22　单（双）脚蹬地翻上成支撑

## 二、支撑单腿摆越成骑撑

【动作方法】

以右腿为例。由支撑开始，直臂顶肩，右手推杠，重心左移右腿摆越过杠成骑撑（见

图 11—23）。

【动作要点】

摆越时右手迅速推杠，重心左移，左臂直臂顶肩，右腿摆越迅速，右手换握及时。

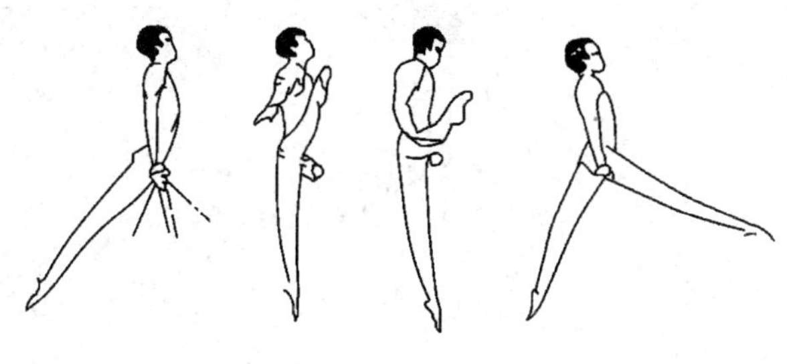

图 11—23　支撑单腿摆越成骑撑

## 三、骑撑转体 180°成支撑

【动作方法】

由右手反握的骑撑开始，向右后方倒肩，重心移至右臂，左手松开，以右臂为轴，右大腿外侧滚杠，用上体和头带动下肢向右挺身转体 180°，同时左腿向前摆越，左手换握杠成支撑（见图 11—24）。

【动作要点】

以右腿贴杠点为轴心挺身转体，左臂直臂支撑，控制好重心；单腿摆越、转体、握杠动作连贯。

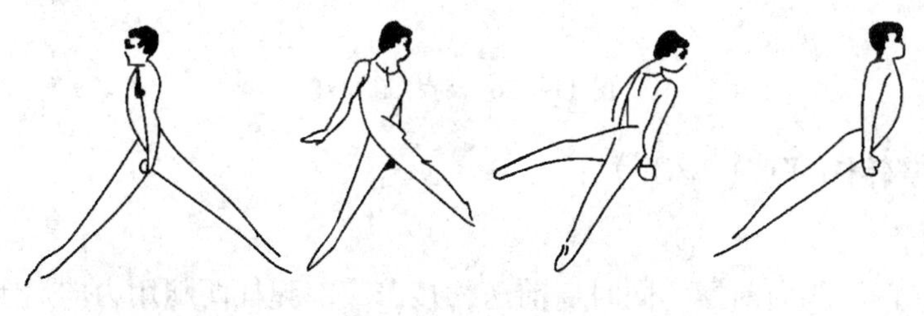

图 11—24　骑撑转体 180°成支撑

## 四、支撑后回环

【动作方法】

由支撑开始。两腿稍前摆，接着后摆，使身体高于杠水平面，当腿下落腹部接近杠时，上体迅速后倒，两腿前摆稍屈髋，两臂压杠使大腿上部靠杠回环。当肩过杠下垂直部位后，制动两腿，同时迅速抬上体，展髋，翻腕上成支撑（见图 11—25）。

【动作要点】

直臂顶肩后摆；下落至腹部靠杠时，迅速直臂拉杠、倒肩；回环至上体接近水平时，控腿、翻腕，抬头挺身，抬上体。

图 11—25　支撑后回环

## 五、骑撑前回环

【动作方法】

由右腿骑撑两手反握开始。直臂顶肩撑杠，同时右腿向前上跨出，左大腿上部靠杠，立腰，上体挺直前倒。当身体回环接近杠后水平部位时，右腿向前上方压杠，展髋，左腿继续后摆，同时向上挺胸直臂压杠，翻腕上成骑撑（见图 11—26）。

【动作要点】

重心提起，前腿远跨，挺身迅速前倒；当上体超过杠后水平时，右腿压杠前伸，翻腕成支撑。

图 11—26　骑撑前回环

## 六、支撑后摆转体 90°（180°）下

【动作方法】

由支撑开始，两腿稍向前摆，同时肩前送，接着腹部弹杠两腿用力向后上方摆起，在接近最高点时，左手推杠展髋转体 90°挺身落下（见图 11—27）。

图 11—27　支撑后摆转体 90°（180°）下

【动作要点】

直臂顶肩，后摆拉开肩角，两腿高于杠水平，展髋，挺身下。

### 七、骑撑后腿向前摆越同时转体 90°下

【动作方法】

由骑撑开始，左肩稍向前侧倒，右手推杠将重心移至左臂，同时向右后摆越过杠，以左臂为轴，向右转 90°挺身下（见图 11—28）。

【动作要点】

转体时直臂顶肩，直腿展髋越杠，压杠推手，挺身下。

图 11—28　骑撑后腿向前摆越同时转体 90°下

### 八、悬垂摆动后摆下

【动作方法】

当身体由前向后摆接近杠下垂直面时稍屈髋。摆过杠下垂直部位后，两腿用力向后摆起。后摆接近极点时，制动腿，接着直臂压杠抬上体，推杠后挺身下落（见图 11—29）。

【动作要点】

推杠前制动腿、压杠，推杠后展髋，挺身。

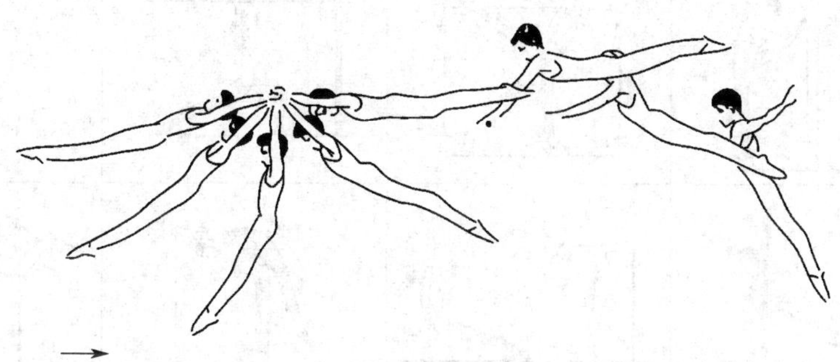

图 11—29　悬垂摆动后摆下

### 练一练：单杠综合素质练习

单杠综合素质练习见表 11—2。

**表 11—2**　　单杠综合素质练习

| 练习项目 | 练习 1 | 练习 2 | 练习 3 | 练习 4 |
|---|---|---|---|---|
| 上肢力量 |  |  |  |  |

续表

| 练习项目 | 练习1 | 练习2 | 练习3 | 练习4 |
| --- | --- | --- | --- | --- |
| 腹背力量 | 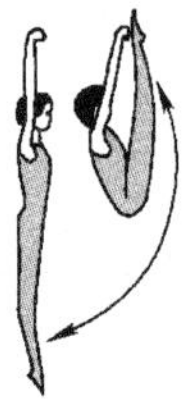 | 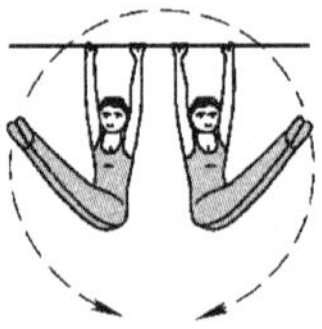 |  |  |
| 复合力量 |  |  |  |  |
| 肩部柔韧 |  |  |  |  |
| 髋部柔韧 |  |  | 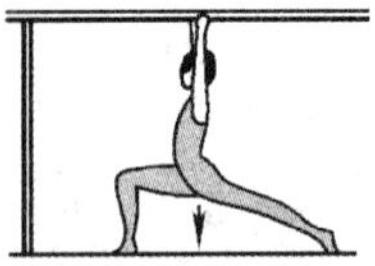 | 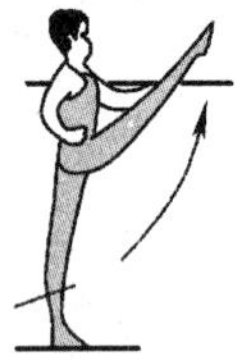 |
| 腰部柔韧 |  | 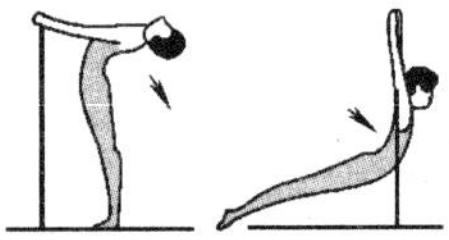 |  |  |

## 第六节 支撑跳跃

### 一、斜向助跑向右（左）直角腾越纵箱（马）

【动作方法】

斜向助跑，左脚踏跳，右腿向前上方摆踢，同时右手撑马，上体稍后仰；蹬地腿快速与摆动腿并拢，左手体后撑箱使上体和腿成直角姿势，同时右手推离，腾越过箱；两腿下压，伸展髋关节，推手挺身落地（见图11—30）。

【动作要点】

踏跳摆腿时，上体稍后仰；推手、伸腿、送髋、换手一气呵成。

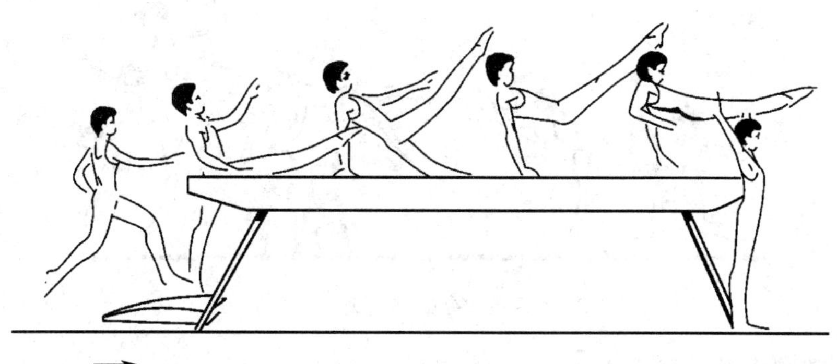

图 11—30 斜向助跑向右（左）直角腾越纵箱（马）

## 二、斜线助跑向右（左）挺身腾越纵箱（马）

【动作方法】

斜向助跑上板，两脚起跳后，两手远撑箱。两臂用力伸直支撑，同时含胸、顶肩、提臀。当臀部提至接近最高点时，两腿快速向后上方摆高，伸直膝关节。接着左手向右手方向移撑，右手推离，保持挺身落地（见图 11—31）。

【动作要点】

踏跳后，远端支撑，提臀摆腿，直臂顶肩，移撑推手，挺身落地。

图 11—31 斜线助跑向右（左）挺身腾越纵箱（马）

## 三、分腿腾越山羊（箱）

【动作方法】

助跑上板，积极踏跳，摆臂、含胸，向前上方腾起。两臂主动向前支撑，空中紧腰，顶肩推手，同时稍提臀，腿向两侧分开，推离时立即制动腿，抬上体，展髋，挺身落地（见图 11—32）。

【动作要点】

在支撑点垂直面前，顶肩推手，向前上方分腿挺身。

图 11—32　分腿腾越山羊（箱）

## 四、屈腿腾越山羊（横箱）

【动作方法】

助跑上板，积极踏跳，微收腹、含胸，手触器械后，要做有力的顶肩推手动作，同时屈髋、屈腿，腾越器械，腿过器械后，挺胸紧腹，保持伸展的姿势，落地屈膝缓冲（见图 11—33）。

【动作要点】

在支撑点垂直面前，顶肩推手，向前上方挺身腾起。

图 11—33　屈腿腾越山羊（横箱）

## 五、分腿腾越纵箱（马）

【动作方法】

基本技术同分腿腾越山羊，但由于器械纵向长，故助跑距离要长，速度要稍快，起跳后上体及两臂主动前伸远撑，腿部后摆要有力（见图 11—34）。

【动作要点】

起跳后，远端支撑，顶肩推手，向前上方分腿挺身。

图 11—34　分腿腾越纵箱（马）

# 第十二章　民族传统体育

具有5 000多年文明史的中华民族，各民族有不同的风俗习惯，传承的体育运动名目繁多，经过漫长的岁月变迁，其中武术、跳绳、踢毽等具有代表性的项目仍广为流传。

通过本章的学习，你将了解和掌握武术、跳绳、踢毽的基本知识和基本技术，在学习体验的过程中感受中华民族优秀传统体育的魅力。

## 第一节　武　　术

### 一、武术运动概述

中华武术是我国民族传统体育中最具有代表性的体育项目，是我国各族人民在长期生产、生活实践中积累起来的民族文化瑰宝。它曾被称为“相搏”“技击”“武艺”“国术”等，是一项以攻防技能为内容，以套路和搏斗为运动形式，注重内外兼修的中国传统体育。武术的内容丰富、形式多样、风格独特，按运动形式可分为套路运动和搏斗运动两大类。其中套路运动主要包括拳术、器械、对练和集体表演等。搏斗运动主要包括散打和太极推手等。

武术运动不仅具有强身健体、竞技比赛、表演娱乐、防身自卫等功能，而且有修身养性、培养和完善人格的作用。它是增强体质、锻炼意志、振奋民族精神的有效手段。植根于中国传统文化的武术，以其丰富的内涵和多功能的价值越来越多地受到各国人民的青睐，在世界体坛中展示了自己的风采。

练武历来重视武德，传统武德的主要内容是尊师重友、爱憎分明、勤学苦练、除暴安良、济困扶危等，要求习武者有高尚的品德和情操，不以武功谋私利，不做有损于社会公德的事情。同学们参与武术运动，应从传统武德中取其精华，要为继承和发扬中华民族这一珍贵文化遗产而刻苦学习、掌握技能、磨炼意志、强身健体。应自觉遵守社会公德、承担社会责任、履行社会义务，奉公敬业、急义救危，为建设社会主义精神文明做出贡献。

·知识窗

**武术运动中的“四击、八法、十二型”和“十八般武艺”**

“四击”是指踢、打、摔、拿四种击法。“八法”是指“手眼身法步，精神气力功”，即手法、眼法、身法、步法、精神、气息、劲力、功夫八个方面。“十二型”是指动、静、起、落、站、立、转、折、快、缓、轻、重等十二种运动方式。

“十八般武艺”是指刀、枪、剑、戟、棍、棒、槊、镗、斧、钺、铲、钯、鞭、锏、锤、叉、戈、矛十八种兵器。

## 二、基本功和基本动作

1. 手型及要点

（1）拳

四指并拢，由指尖末节向内屈指攥握，拇指紧扣食指和中指的第二指节。拳面平，直腕。拳心向下为平拳，拳眼向上为立拳（见图12—1）。

（2）掌

四指并拢伸直，拇指弯屈紧扣于虎口处，手掌外展，掌外沿向前，成立掌（见图12—2）。

（3）勾

五指捏拢，屈腕（见图12—3）。

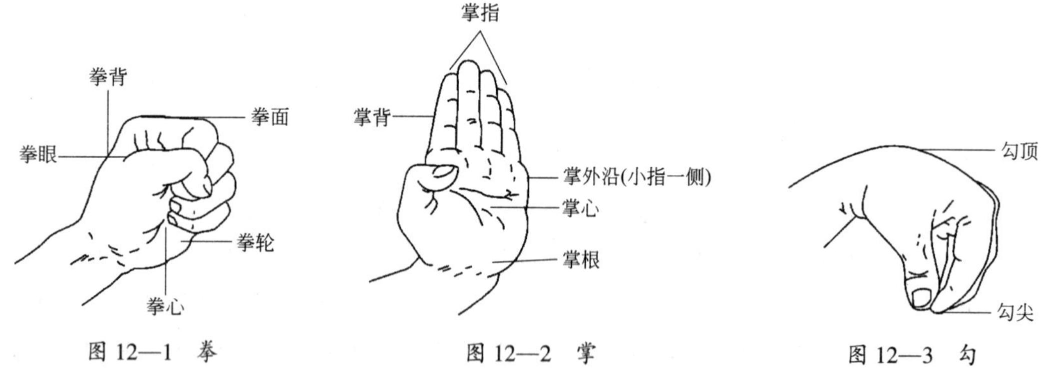


图12—1 拳　图12—2 掌　图12—3 勾

2. 步型及要点

（1）弓步

两脚前后开立（约本人脚长的3~4倍），前腿屈膝大腿近乎和地面平行，后腿伸直，脚尖稍内扣。前腿弓，后腿绷。挺胸、收腹、塌腰、顶髋（见图12—4）。

（2）马步

两脚开立（约本人脚长的3倍），屈膝半蹲，大腿近乎和地面平行，身体重心居中，膝和脚尖稍内扣。挺胸、收腹、塌腰、直背（见图12—5）。

（3）虚步

两脚前后开立，屈膝半蹲，后脚外展45°，前脚绷直稍内扣，虚点地面，膝微屈，重心落在后腿。挺胸，塌腰，虚实分明（见图12—6）。

图12—4 弓步

图12—5 马步

图12—6 虚步

（4）歇步

两腿交叉站立，与肩同宽，屈膝全蹲，前脚全掌着地，脚尖外展，后脚前掌着地，大小腿重叠，臀部坐于后小腿接近脚跟处，挺胸、塌腰（见图 12—7）。

（5）仆步

两脚开立，略宽于马步，一腿全蹲，大小腿贴紧，全脚掌着地，另一腿伸直，脚尖内扣。挺胸、塌腰、开胯、顶髋（见图 12—8）。

图 12—7 歇步

图 12—8 仆步

3. 手法及要点

（1）冲拳

拳从腰间旋臂向前冲出，力达拳面（见图 12—9）。

（2）推掌

拳从腰间旋臂向前立掌推出，力达掌根外沿（见图 12—10）。

图 12—9 冲拳

图 12—10 推掌

（3）架拳

右拳经下、向左、向上经头向右上方划弧架起。拳心向上，拳眼向下，眼看左方（见图 12—11）。

（4）亮掌

右掌由左肩前向下、向右、向上抖腕亮出，掌心向上，同时转头向左看（见图 12—12）。

图 12—11 架掌

图 12—12 亮掌

4. 腿法及要点

(1) 弹腿

提膝接近水平时，迅速猛力向前平踢，力达脚背。弹踢要有寸劲（见图 12—13）。

(2) 蹬腿

提膝勾脚，迅猛向前蹬出，力达脚跟（见图 12—14）。

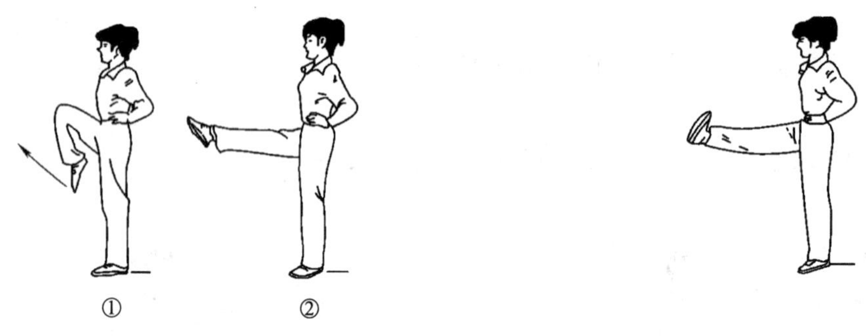

图 12—13 弹踢

图 12—14 蹬踢

(3) 侧踹

右腿交叉上步，左腿屈膝提起，勾脚尖向侧上方踹出，眼看左方（见图 12—15）。

图 12—15 侧踹

## 三、长拳

长拳是查拳、华拳、洪拳、炮拳、少林拳等拳种的统称，是以踢、打、摔、拿等徒手攻防动作为素材，遵循攻守进退、动静疾徐、刚柔虚实等规律组成的套路。具有姿势舒展、动作灵活快速、节奏明显、蹿蹦跳跃、起伏转折、放长击远等特点。

下面简单介绍具有长拳特点的基本套路：五步拳和少年拳。

### 1. 五步拳

五步拳技术动作如图 12—16 所示。

并步抱拳——弓步冲拳——弹踢冲拳——马步架打——歇步冲拳——提膝穿掌——仆步穿掌——虚步挑掌——收势。

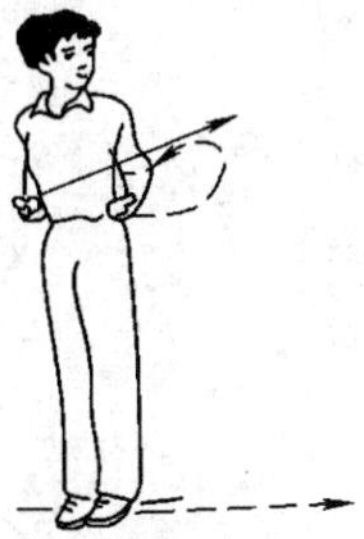

并步抱拳

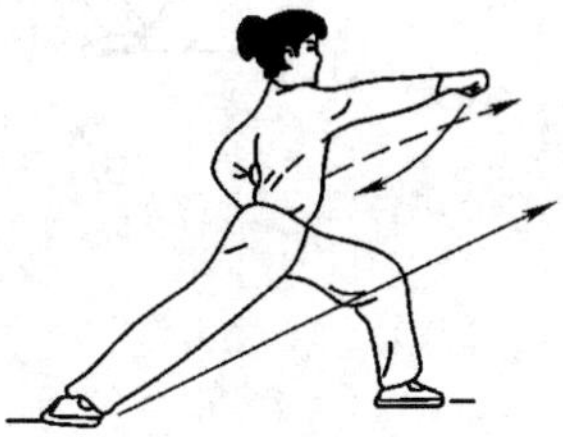

弓步冲拳

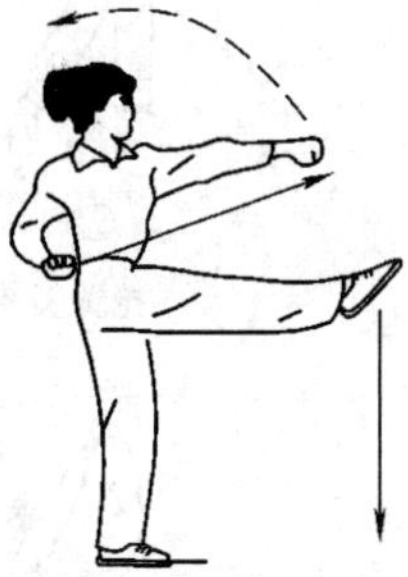

弹踢冲拳

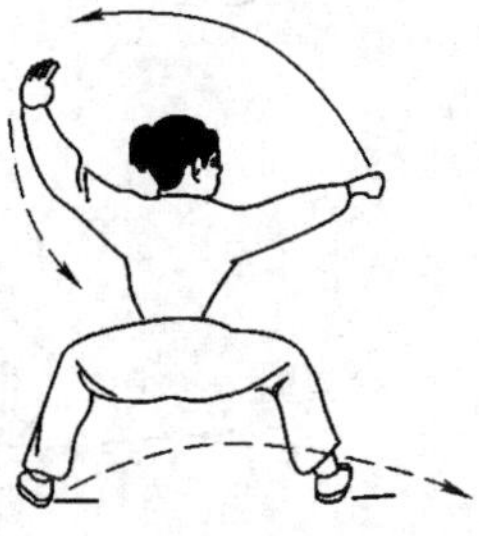

马步架打

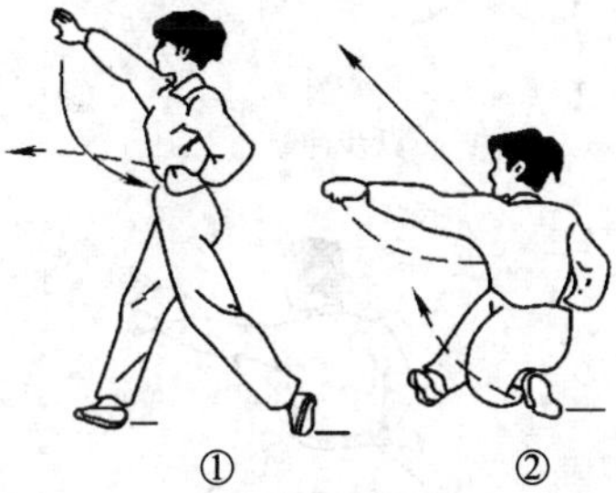

①　②

歇步冲拳

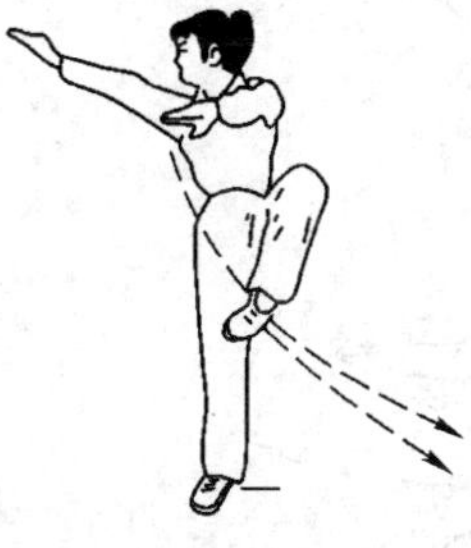

提膝穿掌

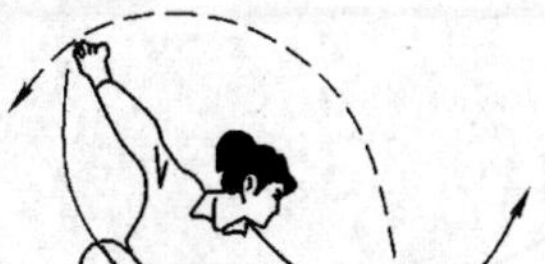

仆步穿掌

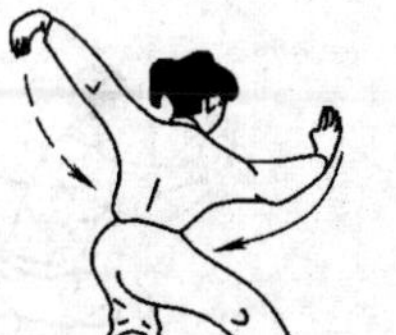

虚步挑掌

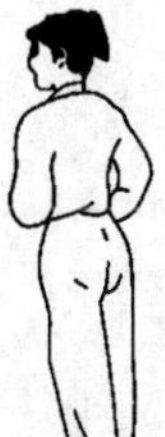

收势

图 12—16　五步拳

2. 少年拳

少年拳技术动作如图 12—17 所示。

抡臂砸拳——望月平衡——跃步冲拳——弹踢冲拳——马步横打——并步勾手——弓步推掌——搂手勾踢——缠腕冲拳——转身劈掌——砸拳侧踹——撩拳收抱——收势。

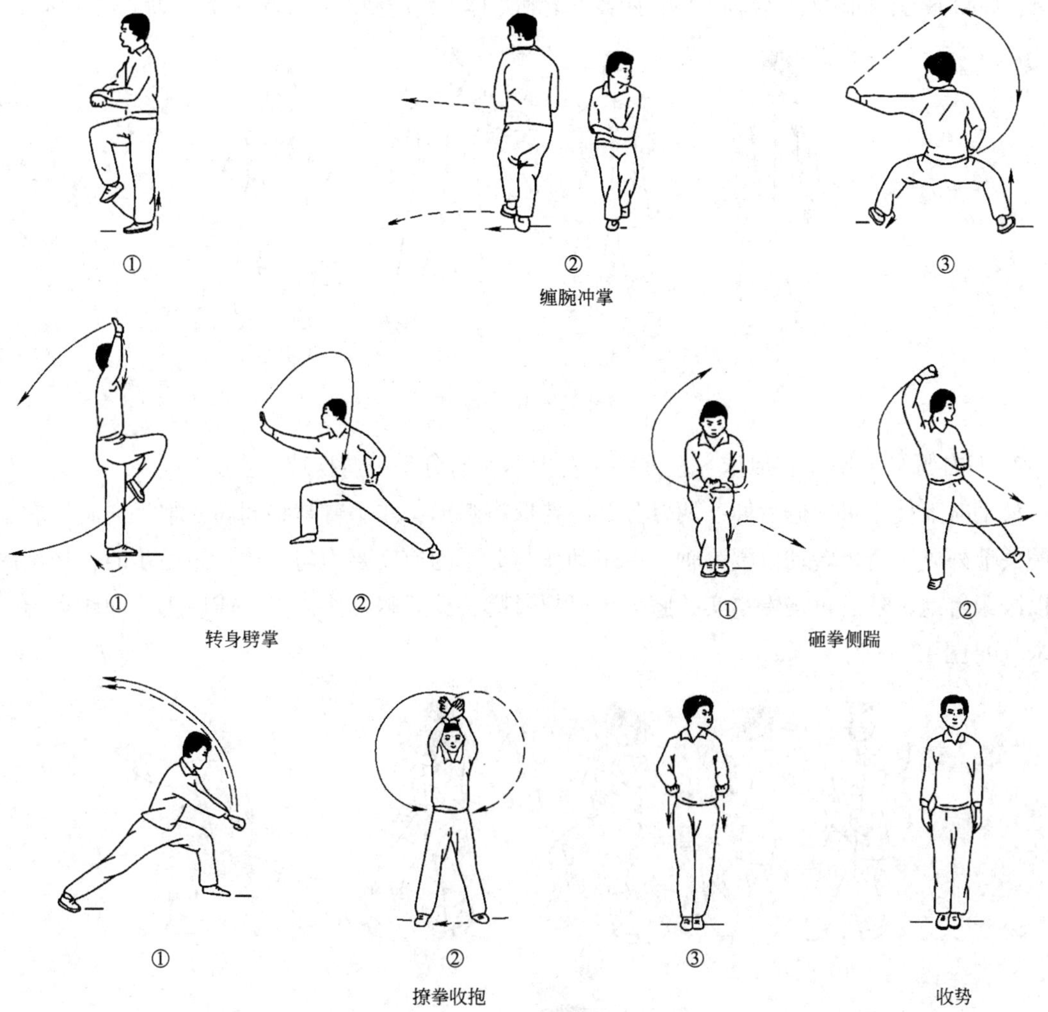

①　②　③

缠腕冲掌

①　②　①　②

转身劈掌　砸拳侧踹

①　②　③

撩拳收抱　收势

图 12—17　少年拳

## 四、 太极拳

太极拳是根据《易经》的阴阳学说和中医经络学说理论，结合古代导引吐纳之术创编的一种轻灵、缓慢、柔和、沉静的拳术。“太极”一词源出《周易·系辞》：“易有太极，是生两仪……”意即“太极”是产生万物的本源，含有至高、至极、绝对、唯一之意，以此来解释拳理，故名太极拳。从形式上看，太极拳属于武术的一个拳系，具有技击的特点；从其主旨来说，则属于养生保健类的体育项目，其创编目的在于“益寿延年不老春”，是我国古代导引术发展的结晶。

太极拳流派较多，拳式风格特点各有不同，其中流传较广的有陈式、杨式、吴式、武式、孙式太极拳等。为了便于普及和推广太极拳运动，国家体育总局武术运动管理中心先后编写出版了二十四式、四十二式等竞赛套路，对太极拳的竞赛、健身、交流都起到了巨大的推动作用。下面介绍简单易学、便于推广的十三式太极拳。

1. 起势（分脚·下按）

两肩下沉，两肘松垂，两脚开立，与肩同宽，脚尖向前；两臂慢慢向前提起，与肩同高，掌心向下；屈膝下蹲，同时两掌轻轻下按；两臂下落和身体下蹲的动作要协调一致（见图12—18）。

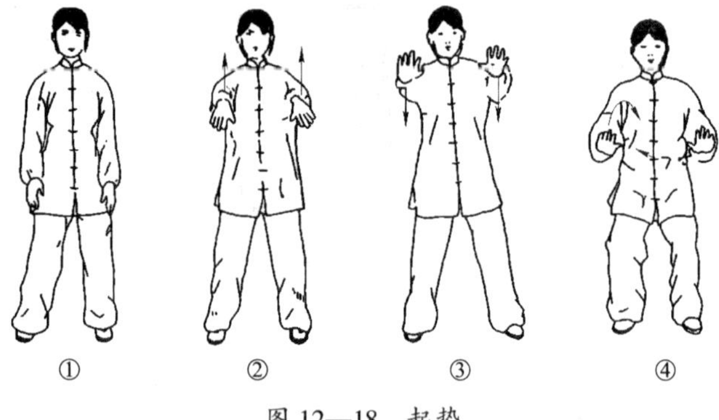

图12—18 起势

2. 左右野马分鬃（右抱球·左分手·左抱球·右分手·右抱球·左分手）

移动时上体不可前俯后仰，两臂分开时要保持弧形，左手臂与胸同高，掌手向胸，右手按于髋关节外侧；身体转动以腰为轴，弓步动作与分手的速度要均匀一致；做弓步时，迈出的脚先以脚跟着地，然后再慢慢踏实，膝盖不要超过脚尖，后腿自然伸直；前后脚横向距离10~30厘米（见图12—19）。

图12—19 左右野马分鬃

3. 白鹤亮翅（正抱球・虚步分手）

右脚跟半步，重心后坐，两手慢慢右上左下分开，右手停于右额前，左手落于左胯侧；左脚稍向前移，脚尖点地。完成姿势时，胸部不要挺出，身体重心后移、右手上提和左手下按三个动作要协调一致（见图 12—20）。

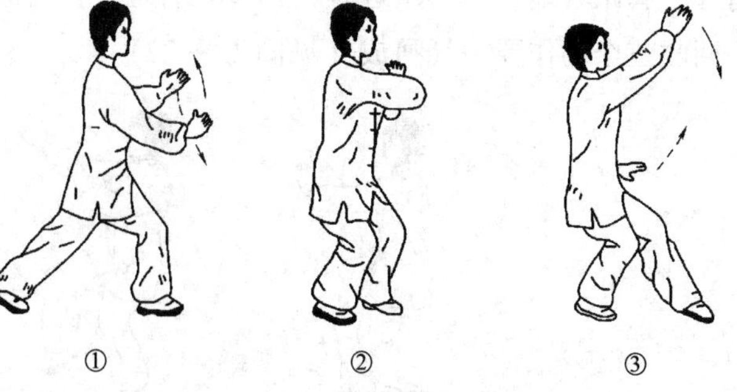

图 12—20　白鹤亮翅

4. 左右搂膝拗步（左按掌・右推掌・右按掌・左推掌・左按掌・右推掌）

右手从体前下落划弧至右肩外侧，同时，左手由左下向上、向右下方划弧至右胸前；上体微左转，左脚向前迈步左手搂膝至胯侧，右手由耳侧向前推出。整个动作过程中身体不可前俯后仰，推掌时要沉肩垂肘、坐腕舒掌（见图 12—21）。

图 12—21　左右搂膝拗步

5. 手挥琵琶（进半步·合掌）

右脚跟半步，上体后坐，左手由左下向上挑举，右手收回放于左臂肘部掌心向左，左脚稍前移，脚跟着地；右脚跟进时，脚掌先着地，再过渡到全脚掌。身体重心后移、左手挑起和右手回收三个动作要一气呵成（见图 12—22）。

图 12—22 手挥琵琶

6. 左揽雀尾（右抱球·掤·捋·挤·按）

掤出时，两臂前后均保持弧形；下捋时上体不可后仰，臀部不要凸出，两臂下捋时需随腰旋转；向前挤时，上体要正直，向前按时，两手走曲线，手腕部高于肩平，两肘微屈（见图 12—23）。

图 12—23 左揽雀尾

7. 单鞭（摆掌・勾手・推掌）

上体后坐，左脚尖内扣上体右转，两手划弧，左手至左侧成勾手，右手划弧停于左肩前，右转时慢慢翻掌向前推出（见图 12—24）。

①　②　③　④　⑤　⑥

图 12—24　单鞭

8. 云手（由左摆掌・右摆掌等动作组成）

身体转动时以腰为轴，两臂随腰的转动而运转，要自然圆活，速度缓慢而均匀。重心要水平移动，不可忽高忽低（见图 12—25）。

9. 单鞭（摆掌・推掌）

技术动作同上一单鞭（见图 12—26）。

10. 进步搬拦捶（搬・拦・捶）

上步同时右拳经胸前向前翻转撇出，拳心向上，左手落于左胯旁；左脚向前迈出一步，同时左手经左侧向前划弧拦出，右拳向右划弧收到右腰旁，拳心向上；左腿前弓成弓步，同时右拳打出，拳眼向上，高于胸，左手靠近右前臂内侧。整个过程拳不可握得太紧（见图12—27）。

11. 右揽雀尾（抱球・掤・捋・挤・按）

技术动作同左揽雀尾，方向相反（见图 12—28）。

12. 十字手（分掌・交叉手）

两手分开合抱时，上体不要前俯；两臂环抱时要圆满舒适，沉肩垂肘（见图 12—29）。

图 12—25　云手

图 12—26　单鞭

①　②　③　④

图 12—27　进步搬拦捶

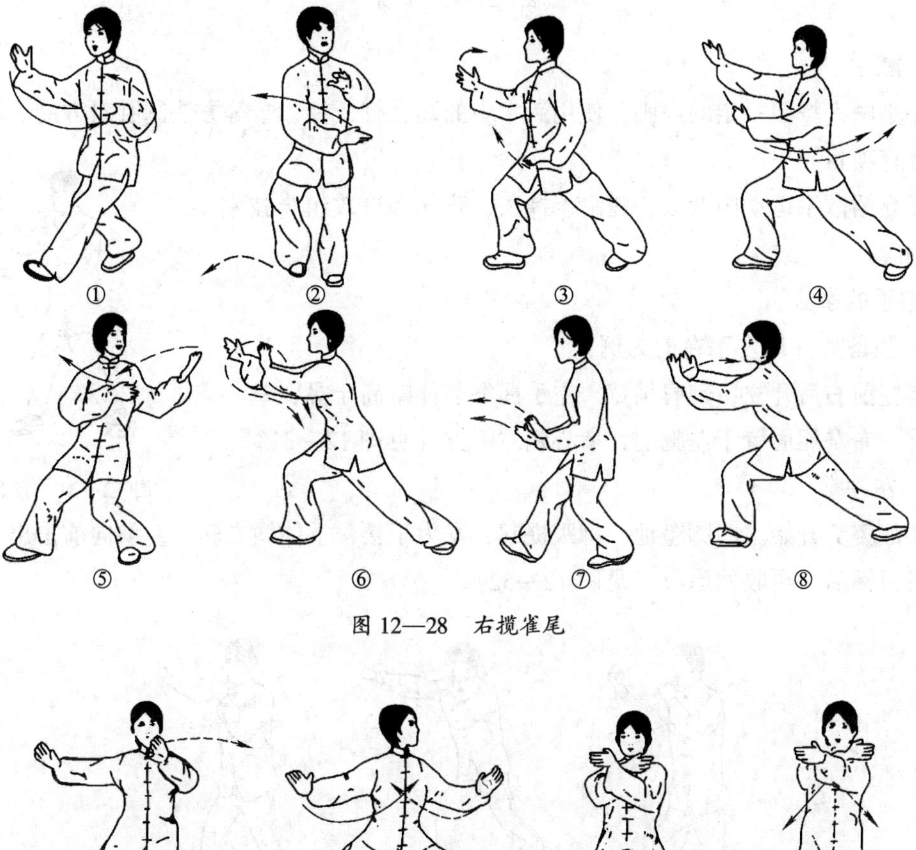

①　②　③　④

⑤　⑥　⑦　⑧

图 12—28　右揽雀尾

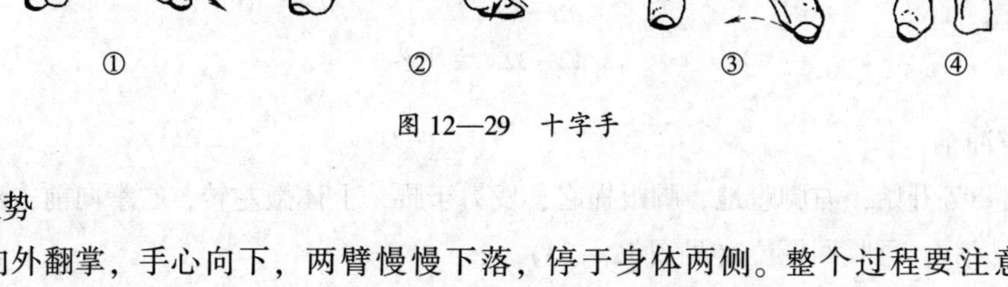

①　②　③　④

图 12—29　十字手

13. 收势

两手向外翻掌，手心向下，两臂慢慢下落，停于身体两侧。整个过程要注意全身放松

(见图12—30)。

①

②

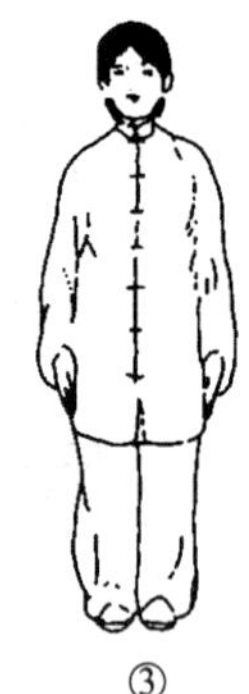
③

图12—30　收势

## 五、散手

散手是两人按照一定的规则，使用武术中的踢、打、摔、拿等方法制胜对方的一种实战性很强的体育项目。

下面介绍散手运动中拳法、腿法、摔法、防守和进攻组合技术的简要内容。

1. 散手的拳法

（1）预备势（以左手在前为例）

两脚左前右后开立，较肩稍宽，左手握拳前伸略高于鼻，拳心朝右下方，右拳屈肘置于左胸前，拳心朝左下方（见图12—31）。

图12—31　预备势

（2）左冲拳

由实战姿势开始，右脚蹬地，脚跟提起，发力于腰，上体微右转，左拳向前击出，力达拳面。击打目标后，再收回原位（见图12—32）。

①　②　③

图12—32　左冲拳

（3）右冲拳

由实战姿势开始，右脚蹬地，脚跟提起，发力于腰，上体微左转，右拳向前击出，力达拳面；击打目标后，再收回原位（见图12—33）。

①　②　③

图 12—33　右冲拳

（4）左摆拳

由实战姿势开始，左拳向外、向前、向内成平面半圆形横击，同时上体微向右转，腰部发力，力达拳面，拳心向下；击打目标后，左拳收回（见图 12—34）。

①　②　③

图 12—34　左摆拳

（5）右摆拳

由实战姿势开始，右拳向外、向前、向内成平面半圆形横击，同时上体微向左转，腰胯发力，力达拳面；击打目标后，右拳收回（见图 12—35）。

①　②　③

图 12—35　右摆拳

2. 散手的腿法

（1）左蹬腿

由实战姿势开始，左腿提膝抬起，勾脚，以脚跟领先向前蹬出，力达脚跟；也可脚掌下压，力达脚掌；击打目标后，左脚收回原位（见图 12—36）。

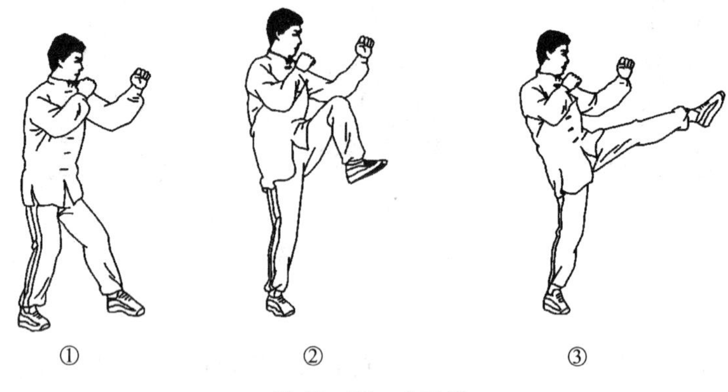


图 12—36　左蹬腿

（2）右蹬腿

动作方法参照左蹬脚（见图 12—37）。

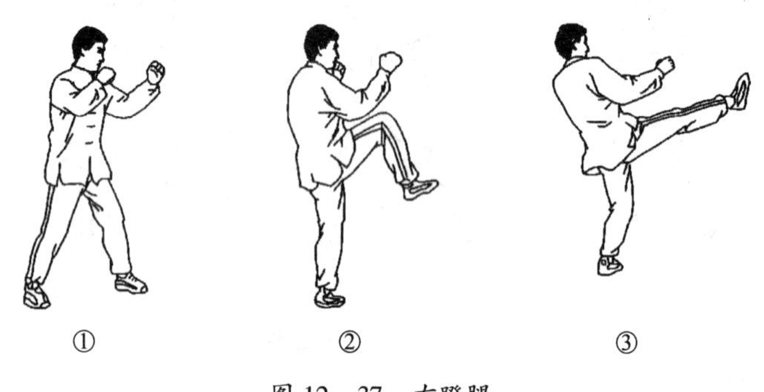


图 12—37　右蹬腿

（3）左踹腿

由实战姿势开始，右腿直立或稍屈支撑，左腿屈膝抬起，小腿外摆，脚尖勾起，脚掌正对攻击目标，展髋，展膝向前踹出，力达脚掌，上体可侧倾；击打目标后，左脚收回原位（见图 12—38）。

图 12—38　左踹腿

（4）右踹腿

动作方法参照左踹腿（见图 12—39）。

图 12—39 右踹腿

3. 散手的摔法

（1）抱腿前顶摔

双方由实战姿势开始，一方右脚蹬地，身体下潜上左步，然后两手抱对方双腿膝窝；同时左肩前顶，两手回拉将对方摔倒（见图 12—40）。

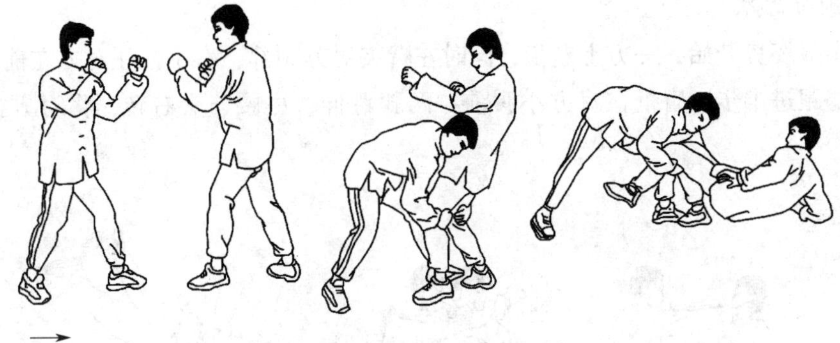

图 12—40 抱腿前顶摔

（2）旋压摔

双方由实战姿势开始，一方右脚蹬地，身体下潜上左步，重心移至左腿；左手抱抄对方前大腿，右手抓住对方前脚外踝，以左脚掌为轴，身体向右后方旋转，同时右手提，左肩压，将对方摔倒（见图 12—41）。

图 12—41 旋压摔

(3) 抱腿别腿摔

双方由实战姿势开始，一方右脚蹬地，身体下潜上左步，左手抱抄对方前大腿，右手抱抄其小腿于胸前，右脚跟半步，左腿插在对方的支撑腿后面，然后上体后转用胸下压对方前腿，将对方摔倒（见图 12—42）。

① ② ③

图 12—42 抱腿别腿摔

(4) 夹颈过背摔

双方由实战姿势开始，一方上左步，同时左臂夹对方颈部，右手抓住对方左前臂；然后身体右转，右腿跟进半步，臀抵在对方小腹前；两腿蹬伸、弓腰、头右转，将对方摔倒（见图 12—43）。

① ② ③

图 12—43 夹颈过背摔

4. 散手的防守技术

(1) 拍挡

由实战姿势开始，左右手以掌心或掌根为力点向里横向拍挡。完成动作后还原位（见图 12—44）。实战中常用于防守对方直线型拳法或横向型腿法对上盘的攻击。

(2) 挂挡

由实战姿势开始，左手（右手）屈臂向同侧头部或肩部挂挡。完成动作后还原（见图 12—45）。实战中常用于防守对方横向型的手法或腿法攻击上盘，如左右贯拳或左右横踢腿等。

（3）拍压

由实战姿势开始，左拳（右拳）变掌以掌心或掌根为力点，由上向下拍压。完成动作后还原（见图 12—46）。实战中常用于防守对方正面的手法或腿法攻击中盘，如撩拳及蹬踹腿等。

图 12—44　拍挡　　图 12—45　挂挡　　图 12—46　拍压

5. 散手的进攻组合技术

（1）左冲拳——左踹腿

双方由实战姿势开始，一方疾步以左冲拳击打对方面部，随后垫步以左踹腿踢击对方腹部。出拳要快，拳腿衔接要协调；拳打是虚，脚踢是实（见图 12—47）。

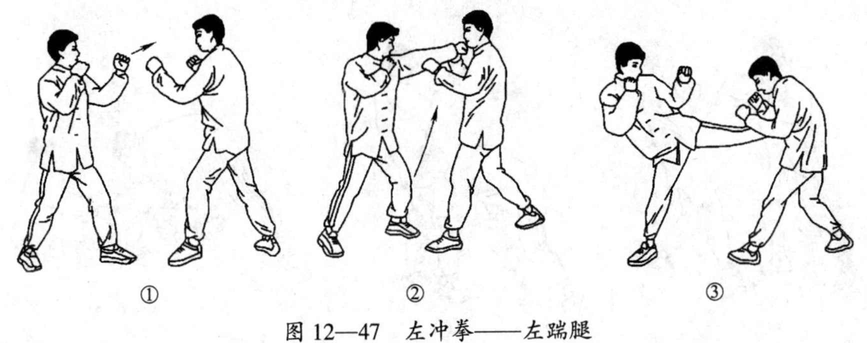

①　②　③

图 12—47　左冲拳——左踹腿

（2）左踹腿——右踹腿

双方由实战姿势开始，一方滑步以左踹腿踢击对方腹部，随后左脚落地，直接以右踹腿踢击对方的胸、头部。第一腿踹完后，身体重心快速向左转移，以便启动右踹腿（见图 12—48）。

①　②　③

图 12—48　左踹腿——右踹腿

（3）左侧弹腿——左右冲拳——左踹腿

双方由实战姿势开始，一方垫步以左弹腿踢击对方腿部，随后直接以左右冲拳，连击对方面部，然后垫步以左踹腿踢击对方胸、头部。前三个进攻动作主要是打点，不一定力度很大，主要以左踹腿打击对方（见图12—49）。

图12—49　左侧弹腿——左右冲拳——左踹腿

（4）左冲拳——抱腿前顶摔

双方由实战姿势开始，一方疾步以左冲拳击打对方面部，随后进步抱住对方双腿，以抱腿前顶摔将对方摔倒。出拳要快；进步抱腿时，身体下潜要快（见图12—50）。

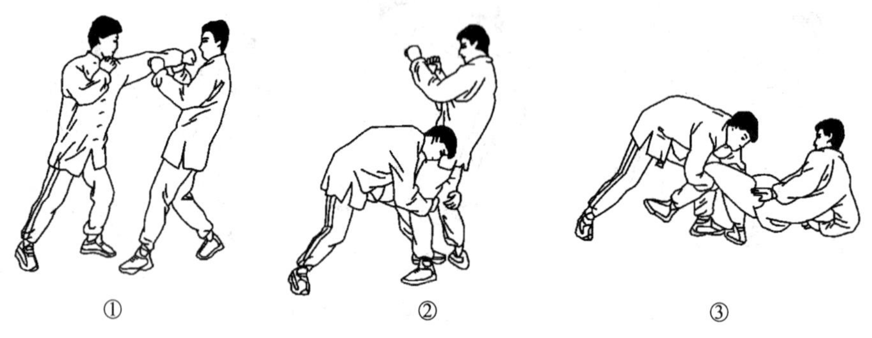


图12—50　左冲拳——抱腿前顶摔

## 六、女子防身术

女子防身术是根据传统的中国武术中以柔克刚、以巧制胜、变化多端的方法，结合女子身体纤弱的生理特点，精心设计的动作简单、攻防巧妙、效果显著的技击术。女子防身术，要用最简单的方式，集中力量打击对方最薄弱的要害部位，其最终目的是在遭受不法侵害时迅速摆脱或暂时制敌以达到脱险的效果。

1. 女子防身术的技术特点

（1）简练实用。

（2）一招制敌。

（3）以柔克刚。

（4）反击突然。

（5）随机应变。

2. 女子防身术的使用原则

（1）临危不乱，头脑清醒。

（2）审时度势，避实击虚。

（3）有胆有识，机智应变。

（4）把握尺度，防卫恰当。

3. 女子防身制敌的有效部位

眼睛、裆部、颈侧、咽喉、腹肋、腋下、手指。

4. 实用女子防身术

实用女子防身术技术动作（见图 12—51）：

图 12—51　实用女子防身术

## 第二节 跳　绳

### 一、跳绳运动概述

跳绳运动是我国的传统体育项目，因其需要的场地、器材简单，锻炼效果好的特点，一直广受喜爱。

跳绳运动在我国已有一两千年的历史。据史料记载，隋唐时期跳绳称作“透索”，明代称“跳白索”，清代人们形象地把跳绳称为“绳飞”。至今我国相当多的地区仍然把跳绳中的单摇跳、双摇跳称为“单飞”“双飞”。

近年来，跳绳运动在国内外迅速发展，很多国家和地区都成立了全国性和地区性的跳绳运动组织，将跳绳列为运动会的正式比赛项目，并定期举办全国性的跳绳单项比赛。20世纪90年代，国际跳绳联盟成立，标志着跳绳运动已经成为一项世界性的健身、竞技运动项目。国内外重大赛事有：全国跳绳锦标赛、全国跳绳冠军赛和中国国际公开赛、亚洲跳绳锦标赛、世界跳绳锦标赛等。

**·知识窗**

**国际跳绳联盟（International Rope Skipping Federation）**

国际跳绳联盟成立于1996年，是一个世界性的体育单项组织，世界跳绳锦标赛由该组织负责，每两年举行一次。2016年7月，中国跳绳队50余人参加在瑞典举行的世界跳绳锦标赛，获得5金3银的好成绩，打破11项世界纪录。

### 二、跳绳运动分类

按绳子的长度，可将跳绳分为跳长绳和跳短绳。跳长绳可以分为单长绳、交互绳和网绳三类；跳短绳可分为单人跳、带人跳和两人及两人以上跳等。不管是长绳还是短绳，都可以竞速跳和花样跳。将长绳和短绳结合，则形成观赏性极强的绳中绳跳。

按跳绳表现形式可分为：花式跳绳、竞技跳绳、艺术跳绳。

按跳绳参与人数可分为：单人、双人、多人、集体等。

跳绳规则中规定的竞赛项目分为：计数赛、花样赛和表演赛。

### 三、跳绳运动价值

1. 提高身体素质

跳绳是一项全身运动，在跳绳过程中，通过速度、时间、方式的变化可有效提高速度、耐力、灵敏、力量等身体素质。短时竞速练习可以有效提高动作速度，如30秒、1分钟快速跳。长时间中慢速练习，可以有效提高耐力素质，如3~5分钟中速单摇、5分钟长绳“8”围绕跳等。抬腿跳、双摇跳等可以提高下肢力量素质。

2. 增强心肺功能

跳绳对心肺功能有良好的促进作用。跳绳运动可以加快血液的循环速度、增强心脏泵血功能、提高肺活量、增强肺的摄氧及交换气体能力，进而提升血液循环系统携带氧气至全身各部位以及肌肉使用这些氧气的效率，达到全面提高心肺功能的效果。

3. 促进减脂塑身

跳绳动用全身上下的主要肌肉，在跳绳的过程中燃烧脂肪，可达到减脂塑身效果。跳绳过程中，身体不停地跳起和落下，大、小腿肌群等都在不停地运动，能够燃烧下肢多余的脂肪，对于瘦小腿和大腿有一定的作用。跳绳时，人体的腹直肌、腹横肌、腹内外斜肌等腹部肌群联合作用，可以让腹部向内收缩，对于腹部减肥有一定的效果。在跳绳过程中，人体上半身的肩部、背部、手臂的肌肉在不停运动，因而对上肢减脂也有一定的作用。

4. 提高神经系统机能

跳绳时身体、手臂左右上下协调运动会增强脑细胞的活力，提高大脑的思维灵敏度和判断力，有助于人的左脑和右脑平衡、协调，达到健脑强脑的作用。

5. 增强骨密度

有研究表明，对骨骼施加一定量的冲击力活动，有助于增加骨密度。而跳绳运动正是有规律持续地对骨骼形成一定冲击力的运动，单脚或双脚落地后，身体自重对骨骼有一定的压力，从而能刺激骨质增强，有效增强骨密度。

## 四、跳绳运动注意事项

1. 选择一双避震效果好的运动鞋。选择软硬适中的草坪、木质地板和泥土地进行练习，以减缓对膝盖或脚踝的冲击，防止损伤关节或引起头昏。如果在硬地上跳，必须穿厚的软底鞋。

2. 身体比较肥胖者宜采用双脚同时起落的跳法，以免关节负重而受伤。过度肥胖的人不太适合跳绳减肥，因为在跳跃时，体重很容易会对腿部关节造成过大的压力，导致运动损伤。

3. 跳绳前做好准备活动，要循序渐进，不可操之过急，刚开始跳的速度不要太快，待身体适应了再加速。跳绳的速度和时间长度应根据个人情况来定，跳绳后做好放松，可做一些拉伸运动。

4. 饭前 30 分钟及饭后 1 个小时内，不宜跳绳。饭前运动让消化系统处于兴奋状态，饭后剧烈运动会影响食物消化，长期易引起胃部疾病。

5. 早上刚起床及晚上睡觉前不宜跳绳，正确运动时间应该是在起床 30 分钟后，以及睡觉前两个小时运动。人体活动状态最好的时段应该是下午 3 点到晚上 8 点，因此，可以选择这个时间内去跳绳。

## 五、跳绳运动技术

跳绳运动基本技术包括握绳、摇绳与停绳。

握绳：双手分别握住绳两端或把手。通常情况下以一脚踩住绳子中间，两臂屈肘将小臂抬平，绳子被拉直即为合适的长度。随着跳绳水平的提高，绳子的长度可以适当调短。

摇绳：向前摇时，大臂靠近身体两侧，肘稍外展，小臂近于水平，以手腕发力为主，两手在体侧做画圆动作；向后摇时，以肘关节为中心在体侧做画圆动作。

停绳：向前摇时，一脚伸出，脚跟着地，前脚掌离地，使绳停在脚掌下；向后摇时，则一脚后出，脚跟离地，脚掌着地，使绳停在脚底。

以下介绍几种实用的跳绳方法：

1. 短绳单人跳

（1）并脚跳

并脚跳比较简单，对于初学者建立良好的绳感非常有效。动作开始时，两手腕同时用力并配合小臂发力，将绳由体后摇至体前，当绳触地时，双脚及时起跳，绳通过脚下，双脚落地。双脚起跳一次，绳子过脚一次，双手摇绳节奏与起跳的节奏一致。摇绳时手臂放松，手腕发力（见图 12—52）。

（2）双脚交替跳

其动作方法类似于并脚跳。只是左右脚轮流交换跳，每一次跳起，绳子过脚一次，如同原地踏步一样，摇绳节奏与起跳节奏一致。双脚交替跳练习有利于提高摇跳的速度，增强手脚协调配合，提高反应能力（见图 12—53）。

图 12—52　并脚跳

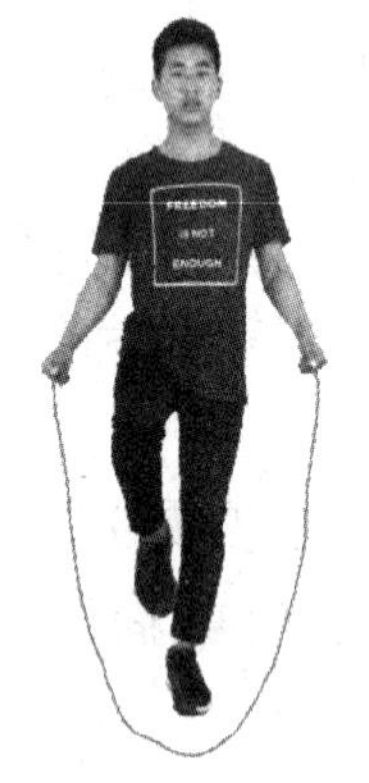

图 12—53　双脚交替跳

（3）扭动跳

扭动跳从并脚跳开始，当绳子第一次过脚时，双脚并拢跳起向左转髋，落地时双脚脚尖指向左前方；当绳子第二次过脚时，双脚并拢跳起向右转髋，落地时双脚脚尖指向右前方。左右扭动，交替进行（见图 12—54）。

（4）开合跳

开合跳类似于并脚跳，只是腾空后双脚落地的动作不同。从并脚跳开始，当绳子第一次过脚时双脚并拢起跳过绳，当绳子第二次过脚时双脚向两侧跳跃分开过绳，如此连续完成开合跳（见图 12—55）。

图 12—54　扭动跳

图 12—55　开合跳

（5）开合交叉跳

开合交叉跳与开合跳类似。双脚以一开一交叉的节奏过绳，交叉时可右脚交叉于左脚之前，也可左脚交叉于右脚之前（见图 12—56）。

图 12—56　开合交叉跳

（6）侧点跳

侧点跳从并脚跳开始，过绳时，一脚原地，另一脚向侧点地，轮流进行（见图 12—57）。

（7）钟摆跳

钟摆跳从并脚跳开始，过绳时一脚原地落下，另一脚犹如钟表的摆动向同侧摆出，左右脚交换轮流进行（见图 12—58）。

（8）提膝跳

提膝跳从并脚跳开始，过绳时，左右腿依次轮流提膝（见图 12—59）。

（9）跑步跳

跑步跳从双脚跳开始，如同原地跑步动作一样过绳。当绳子第一次过脚时，单脚支撑起跳，同时另一只脚屈膝后踢；当绳子第二次过脚时，换一只脚起跳，另一只脚屈膝后踢，双脚交替后踢过绳，双手摇绳节奏与跑步的节奏一致（见图12—60）。

（10）前摇编花跳

前摇编花跳开始时双手在体侧打开于腰间位置，绳子放在腿后。跳跃时做一个正常摇绳动作，当绳子从体后摇至头顶前上方时，双臂在腹前交叉并保持向前摇绳的动作；当绳子再次从体后摇至头顶前上方时，双臂打开于腰间成向前摇（见图12—61）。

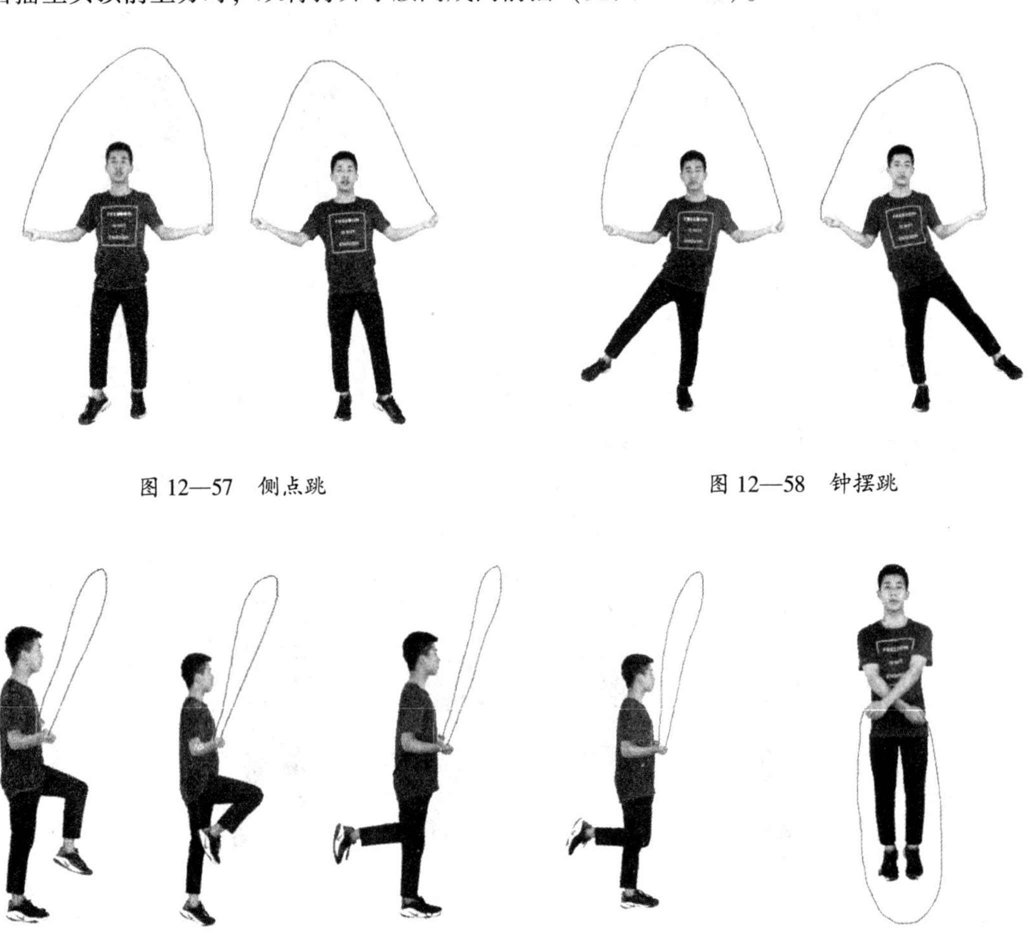

图12—57　侧点跳

图12—58　钟摆跳

图12—59　提膝跳

图12—60　跑步跳

图12—61　前摇编花跳

（11）正（反）双摇跳

起跳时摇绳动作加快，起跳一次绳子绕过身体两周。双摇跳各种变化动作的学习都是由这个动作开始的，摇绳要注意时机，在跳跃腾空的时候加速摇绳。反双摇跳动做类似正双摇，摇绳方向相反。

同学们通过填写表12—1督促自己练习。也可根据自己的实际情况，选择一两种跳绳方式，寻找一位水平相当的同伴，比一比。

表 12—1　　记录自己的跳绳成绩

| 种　类 | 目前成绩 | 目标成绩 | 完成时间 |
|---|---|---|---|
| 1 分钟单摇跳 | | | |
| 1 分钟双摇跳 | | | |
| 3 分钟耐力单摇跳 | | | |
| … | … | … | … |

2. 短绳双人跳

（1）正向一带一跳

一人持绳，两人面向而立，持绳者向前或向后摇绳，两人配合同时跳起，使绳同时通过两人身体一周；可变换为从外进入跳（见图 12—62）。

（2）反向一带一跳

动作同正向一带一，摇绳方向向反；可变换为从外进入跳（见图 12—63）。

（3）双人单绳并排单摇跳

两名跳绳者各握绳子一端，同时摇绳，同时过绳（见图 12—64）。

图 12—62　正向一带一跳

图 12—63　反向一带一跳

图 12—64　双人单绳并排单摇跳

（4）双人单绳依次单摇跳

两人各持绳子一端（用外侧手摇绳），甲把绳端摇向乙体侧，使之完成一次单摇跳，接着乙将绳子摇向甲体侧，甲跳跃过绳，完成双人依次单摇跳（见图 12—65）。

3. 长绳单（多）人跳

（1）长绳单（多）人跳

两名持绳者相对站立，当绳子在摇至上方时，跳绳者随摇绳节奏跳起；跳绳者也可站在摇绳者任意一侧，做好进绳准备，随着摇绳节奏，连续跳或跳进、跳出长绳（见图 12—66）。

（2）长绳“8”字跳

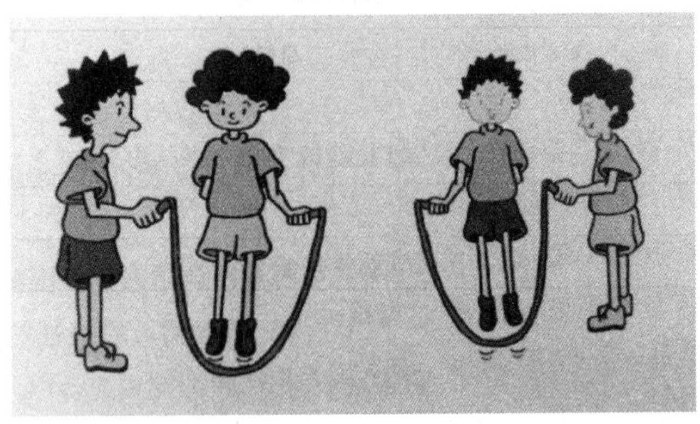

图 12—65 双人单绳依次单摇跳

图 12—66 长绳单（多）人跳

两人摇绳，跳绳者依次跑入绳中跳过长绳一次，再跑出长绳，可单人、多人绕“8”字，鱼贯进出（见图 12—67）。可在班级中组织多人练习、比赛并填写表 12—2。

图 12—67 长绳“8”字跳

表 12—2 班级纪录：多人长绳“8”字跳（3~5 分钟）

| 项 目 | 内 容 |
|---|---|
| 个数 | |
| 创造时间 | |
| 参与人员 | |

（3）绳中绳跳

长绳中跳短绳：摇绳者两人相对站立摇起手中的绳子，跳绳者进入后，随长绳摇起节奏一起，在长绳中跳短绳（见图 12—68）。

图 12—68 绳中绳跳

## 第三节 踢 毽

### 一、踢毽运动概述

踢毽是我国一项历史悠久、流传广泛的民族传统体育运动。踢毽子对活动关节、加强韧带、发展灵敏性和平衡性等都有良好的作用。踢毽不仅是锻炼身体的有效手段，也是一种优美的艺术表演。

踢毽源于古时蹴鞠，是蹴鞠的一个分支。它起源于汉代，盛行于隋唐，已有两千多年历史。现代毽类运动起步于 20 世纪中期，在 20 世纪后期得到迅速普及，全国性和地方性毽球组织相继成立。与此同时，竞赛体制同步完善，全国锦标赛、职工赛、学生赛等竞赛制度相继建立并完善。进入 20 世纪 90 年代，毽类运动又先后出现在全国少数民族运动会、全国农民运动会和全国中学生运动会等大型综合性运动会上。同时，毽类运动跨出国门走向世界，先后在亚洲、欧洲、美洲的不少国家开展起来，并成立了国际组织，建立了世界锦标赛制度。现代毽类运动主要有花样踢毽和毽球两个项目。

花样踢毽简称花毽，主要是用脚采取不同的踢法，伴以头、胸、腹、背、肩、腿等身体各部分的动作变化，使毽子的踢法和花式丰富多彩。花毽比赛中分规定动作赛和自选动作赛两项。规定动作有盘踢、磕踢、落、上头、交踢等动作组成，自选动作则由运动员即兴发挥，花样更繁难度更高。

毽球从中国古老的民间踢毽子游戏演变而来，它在花毽的趣味性、观赏性、健身性基础上，增加了对抗性，集羽毛球的场地、排球的规则、足球的技术为一体，是一种隔网相争的体育项目。比赛场地采用羽毛场双打场地，中间挂网，团体赛每方各3人，每局15分。比赛时运动员用脚踢球，不得用手、臂触球，在本方场区内最多只能击球4次。

## 二、毽子的基本踢法

1. 脚内侧踢毽（盘踢）

盘踢是用脚内侧踢，又称正踢，是最基本的踢法。开始时两脚稍分开，自然站立，右手将毽置于胸前，掌心向上把毽轻轻抛起，等毽子下落至与膝同高时，右腿迅速抬起屈膝，小腿向里摆，用脚内侧将毽子踢起，然后右脚落地一次，左脚迅速随毽子移动一小步，再准备踢第二次。踢起的毽子高度稍高过腰部为宜（见图12—69）。

① ② ③

图12—69 脚内侧踢毽

2. 脚外侧踢毽（拐踢）

拐踢是用脚外侧踢，又称外拐。开始时两脚自然站立，上体略转向右侧，右手持毽放于胸前，将毽轻轻抛起，等毽子落至与膝盖高度相当时，右腿屈膝上抬，小腿迅速外侧摆起，脚稍向外翻，脚外侧端平，用脚外侧将毽子踢起。踢时身体略向右转，每踢完一次脚尖轻轻落地一次，左脚也可随毽子方向跟进一步（见图12—70）。

① ② ③

图12—70 脚外侧踢毽

3. 脚背屈踢毽

两脚自然分开，右手将毽向前上方抛起，左腿支撑，右腿屈膝，等毽子下落至膝盖部位时，用右脚背向上踢毽。等毽子下落至膝部前方时，再以同样的动作向上踢毽。踢时，两眼注视毽子的起落，上体稍前倾，脚背应与地面平行，垂直向上发力踢，右脚每踢一次，脚尖轻轻点地以保持身体平衡（见图 12—71）。

图 12—71　脚背屈踢毽

4. 脚背直踢毽（绷踢）

绷踢就是用脚正面踢。预备时两脚分开，自然站立。开始时，右脚前伸半步，左腿微屈，身体重心落在左脚上，当毽子下落至离右脚尖 30 厘米左右时，右脚稍抬起，脚五趾前伸，使脚面绷平，用小腿带动踝关节，脚尖快速用力将毽踢起，踢完后右脚落地一次（见图12—72）。

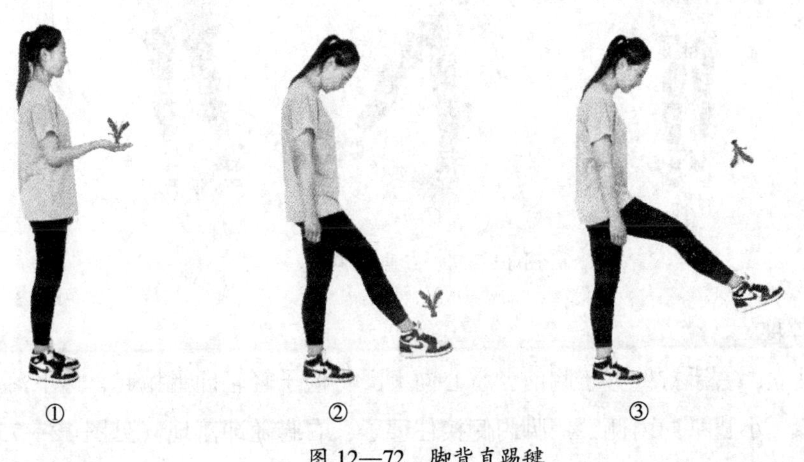

图 12—72　脚背直踢毽

5. 膝盖踢（磕踢）

预备时两脚分开，自然站立。右手胸前抛毽，当毽下落至与腰同高时，右腿迅速屈膝抬起，用膝盖处将毽子踢起。同时上体保持直立，大腿抬起应与上体呈 90°角，小腿与大腿也呈约 90°，脚尖朝下，两臂自然摆动，维持身体平衡。右脚踢完一次后落地一次，准备再踢第二次（见图 12—73）。

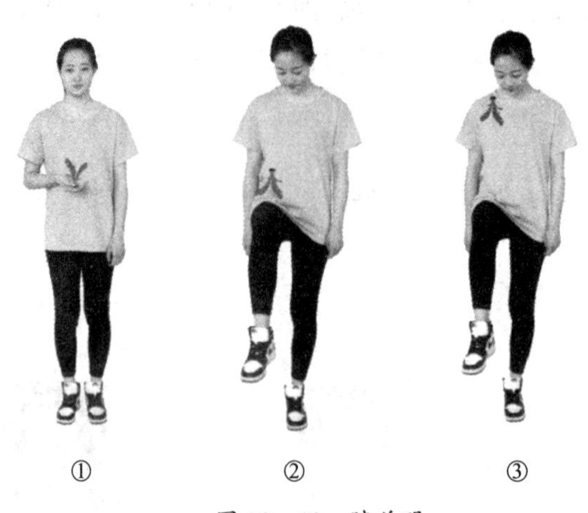

① ② ③

图 12—73 膝盖踢

6. 正脚背停毽

两脚自然开立，右手持毽，右肘弯曲，右手将毽置于胸前。右手将毽向上抛起，等毽子下落至膝部时，用右脚正脚背接住毽子。在毽子下落接触脚背的一刹那，右脚背要随毽子下落的惯性做缓冲动作。右脚再将毽子向上挑，反复练习或换脚练习（见图 12—74）。

① ② ③

图 12—74 正脚背停毽

7. 脚内侧停毽

两脚自然站立，右手持毽置于胸前，掌心向上，将毽子轻轻向上抛起，等下落至右膝内侧部时，右腿屈膝，小腿举向内侧，用脚内侧接住毽子，右脚随即落地（见图 12—75）。

8. 脚外侧停毽

两脚自然站立，右手持毽置于右侧，身体略向右侧，将毽子轻轻向上抛起，等下落至外侧膝部时，右腿外侧屈膝，用脚外侧接住毽子，右脚随即落地。在接触毽子的一刹那，脚外侧部要做迎毽缓冲动作（见图 12—76）。

图 12—75　脚内侧停毽

图 12—76　脚外侧停毽

9. 膝停毽

两脚自然站立，右手持毽置于右胸前方，将毽子轻轻向上抛起，等下落至腹部高度时，右腿立即屈膝抬起，大腿与地面平行，接住毽子。在接触毽子的一刹那，大腿要做迎毽缓冲动作（见图 12—77）。

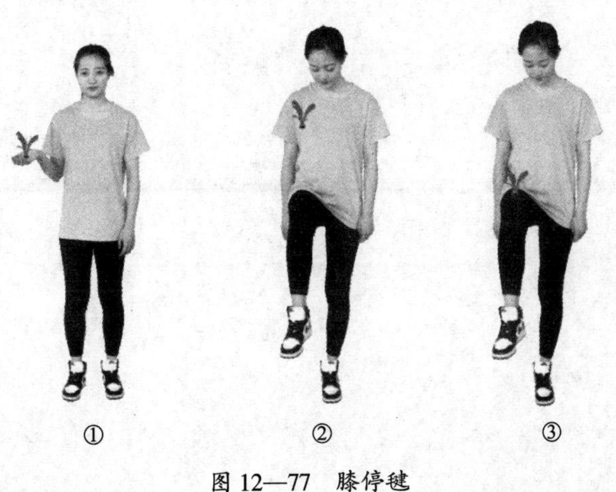

图 12—77　膝停毽

### 练一练：踢毽花样玩法

踢法1：一只脚着地，另一只脚踢。着地脚可以移动，也可以不准移动（俗称“定桩”）。踢的脚可以着地，也可以不着地（俗称“悬”）。参加者可以依次轮换踢，连续踢得多者或先完成任务者为胜方。

踢法2：双脚轮流踢（左脚踢一下，右脚踢一下），连续进行。

踢法3：“加宝塔”，即第一人踢一下，第二人踢两下……以依此类推，直到其中一人失败为止。

踢法4：多部位循环踢。例如，右脚内侧——左脚内侧——右脚脚背——左脚脚背——右膝——左膝——右脚内侧。

踢法5：两人及两人以上的多人传踢。

# 第十三章　游　　泳

你喜欢游泳吗？ 你是否知道毛主席畅游长江后写的“万里长江横渡，极目楚天舒。 不管风吹浪打，胜似闲庭信步”的诗句？ 你是否对《水浒传》中“浪里白条”张顺等梁山好汉的高超戏水技艺神往过?

通过本章的学习，你会了解游泳运动的基本知识和健身作用，掌握蛙泳、自由泳、仰泳和蝶泳的基本姿势和技术，知道一些学习游泳的方法和手段，在学练中培养克服困难、勇敢顽强的意志品质。

## 第一节　游泳运动概述

### 一、游泳的起源与分类

游泳的起源很早。远古时代，人类在布满江、河、湖、海的环境中生活，不可避免地要和水打交道。人们在生产劳动的过程中就学会了游泳，并不断创造和发展了游泳的多种技能和方法。现代游泳运动起源于 17 世纪的英国，1896 年游泳被列为第一届奥运会比赛项目，目前，奥运会游泳比赛共设 34 个项目，金牌总数仅次于田径运动。

游泳运动可分为竞技游泳和实用游泳两大类。竞技游泳的项目见表 13—1（以 2016 年里约奥运会为例）。实用游泳通常包括侧泳、踩水、潜泳、自由泳、蛙泳、水上救护、武装泅渡等。

表 13—1　竞技游泳项目

| 泳式 | | 男子 | 女子 |
|---|---|---|---|
| 自由泳 | | 50 米、100 米、200 米、400 米、1 500 米 | 50 米、100 米、200 米、400 米、800 米 |
| 蛙泳 | | 50 米、100 米、200 米 | 50 米、100 米、200 米 |
| 仰泳 | | 50 米、100 米、200 米 | 50 米、100 米、200 米 |
| 蝶泳 | | 50 米、100 米、200 米 | 50 米、100 米、200 米 |
| 个人混合泳 | | 200 米、400 米 | 200 米、400 米 |
| 接力 | 自由泳 | 4×50 米、4×100 米、4×200 米 | 4×50 米、4×100 米、4×200 米 |
| | 混合泳 | 4×50 米、4×100 米 | 4×50 米、4×100 米 |
| 公开水域 | | 10 公里 | 10 公里 |

·知识窗

## 游泳安全常识

1. 选择正规的游泳场地。
2. 游泳前应做身体检查。
3. 下水前认真做好准备活动。
4. 下水前用水冲淋。
5. 饱食和饥饿时不宜游泳。
6. 游泳后用清水冲洗身体。
7. 如果耳朵进了水，可用侧头单脚跳的方法，使水流出。
8. 选择合适的泳衣和装备。

经常参加游泳运动，能有效促进身体全面、匀称、协调发展，能使肌肉发达、富有弹性，能增强呼吸系统功能，加大肺活量。水温的刺激和压力对心血管系统也提出了更高的要求。长期参加游泳锻炼的人，心肌发达，心脏收缩能力强，大大提高了心脏的工作效率。游泳时水对皮肤表层有按摩作用，可促进血液循环，使皮肤光洁。冬泳可提高皮肤血管的收缩扩张能力和中枢神经系统对体温的调节功能，从而提高机体对气温变化的适应能力，还能锻炼人的坚强意志。由于人在水中比陆地上运动消耗的热量要大得多，所以游泳被认为是一项减肥效果极佳的运动。

### 二、熟悉水性

不会游泳的人初次下水，往往会感到呼吸急促、心跳加快、站立不稳、行动困难，身不由己地漂起来。这是因为水有阻力、压力和浮力的缘故。开始学习游泳时，首先要熟悉水性。通过熟悉水性练习，掌握呼吸、漂浮和滑行等方法，为学习和掌握各种游泳技术打下初步基础。

1. 行走

在水中做各种方向行走或跳跃的练习，注意保持身体的平衡。水中行走应由浅入深，由慢到快。如一人行走有困难，可先多人手拉手行走。注意体会水的阻力、压力和浮力对人体的作用（见图13—1）。

图13—1　水中行走

2. 闭气

先深吸一口气，慢慢浸入水中，保持一段时间，然后再回到水面上，用口鼻一起呼气。闭气可在同伴的帮助下完成或独立完成。闭气的时间应逐渐延长（见图 13—2）。

图 13—2　闭气

3. 浮体

体会身体在水中的沉浮，注意控制身体平衡和浮体后的站立（见图 13—3）。

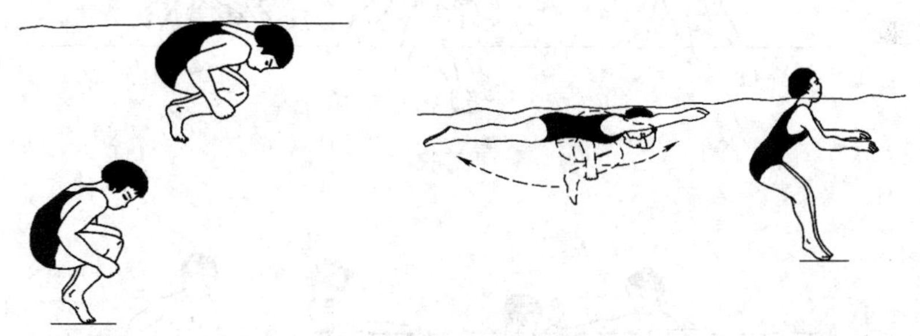

图 13—3　浮体

4. 滑行

深吸一口气，低头浸入水中，双脚蹬地，身体伸展向前。滑行时，挺胸、收腹，头夹在两臂中间，身体平直，保持背部肌肉有适度的紧张。可在他人帮助下完成（见图 13—4）。

图 13—4　滑行

5. 水中游戏

可在水中开展如下游戏：钻圈、摸石子、钻水洞、接龙跑比赛（见图 13—5）。

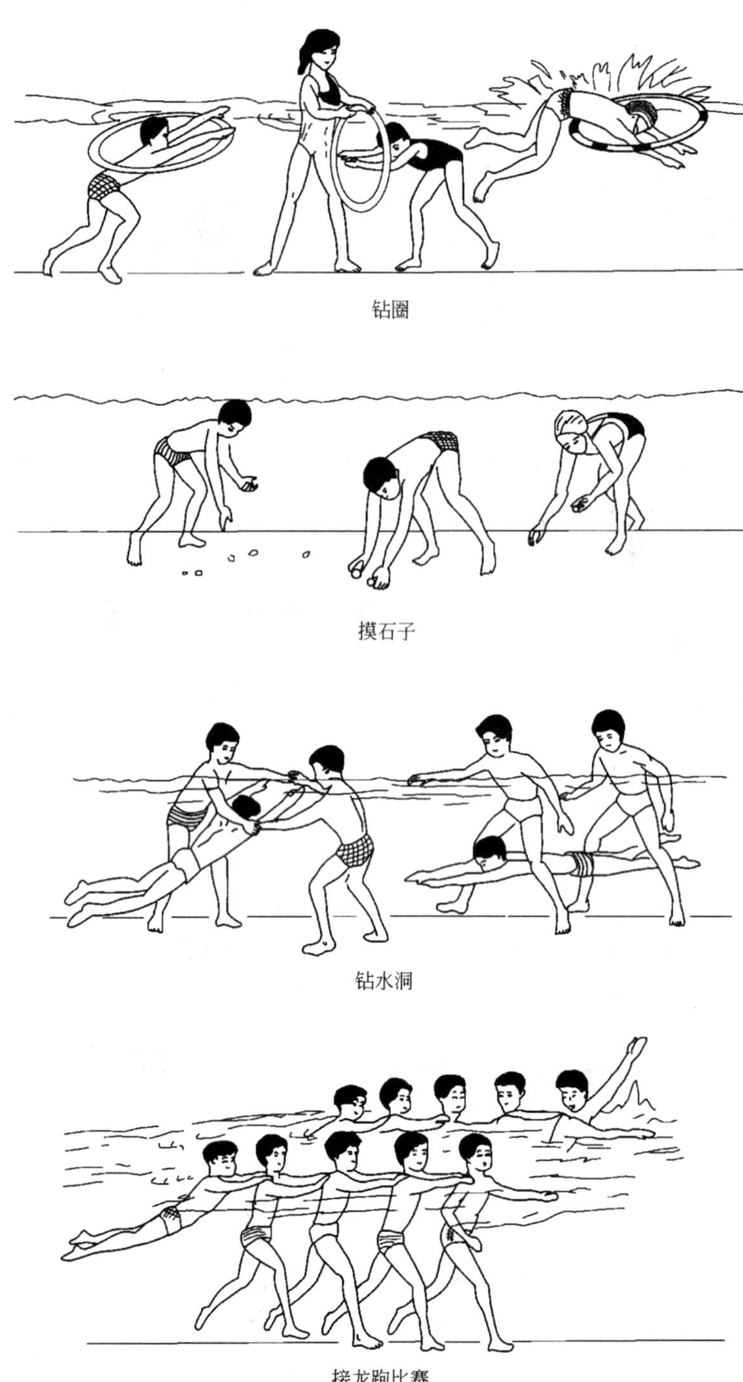

钻圈

摸石子

钻水洞

接龙跑比赛

图 13—5　水中游戏

### 三、游泳的呼吸

水中呼吸是掌握游泳技术的一个关键。游泳时呼吸掌握得好，能满足人体运动对氧气的需要，能游得轻松而持久（见图 13—6）。

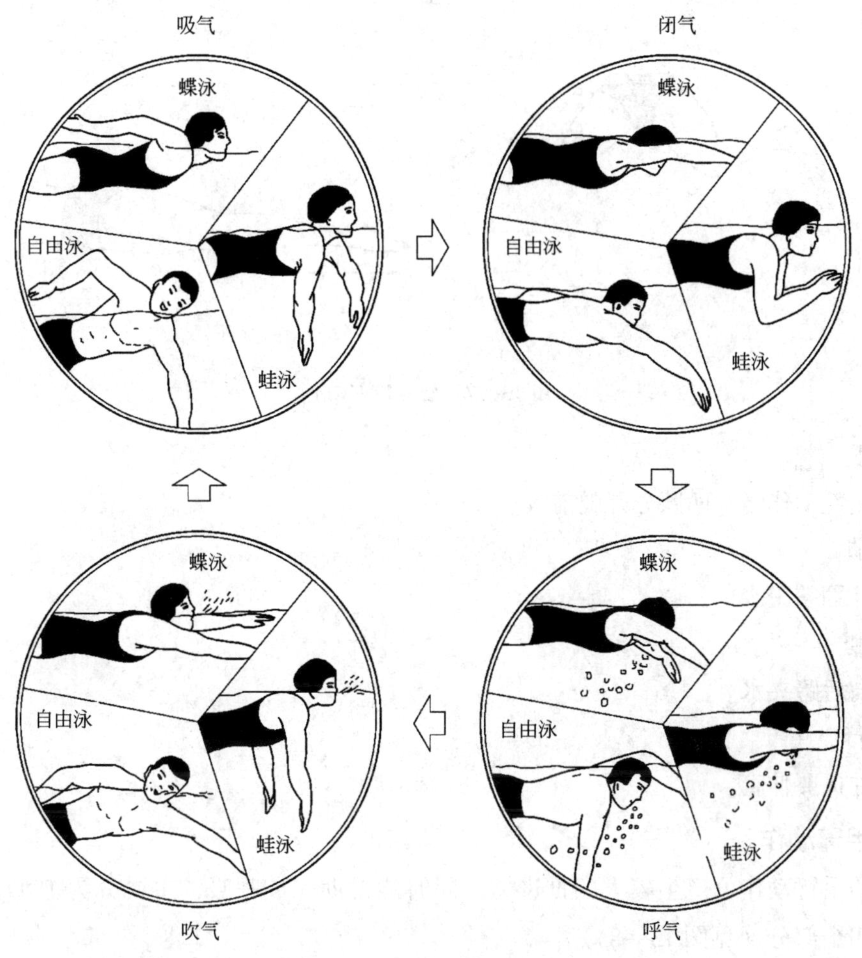


图 13—6 水中呼吸

## 第二节 蛙 泳

蛙泳是模仿青蛙游水的一种泳姿。蛙泳呼吸容易掌握，每个动作结束时都有一定的滑行放松时间，所以蛙泳容易学习，游得也较轻松。

### 一、腿部动作

蛙泳的腿部动作可产生较大的推进力，腿部动作由收腿、翻脚、蹬腿和滑行四个环节组成（见图 13—7）。

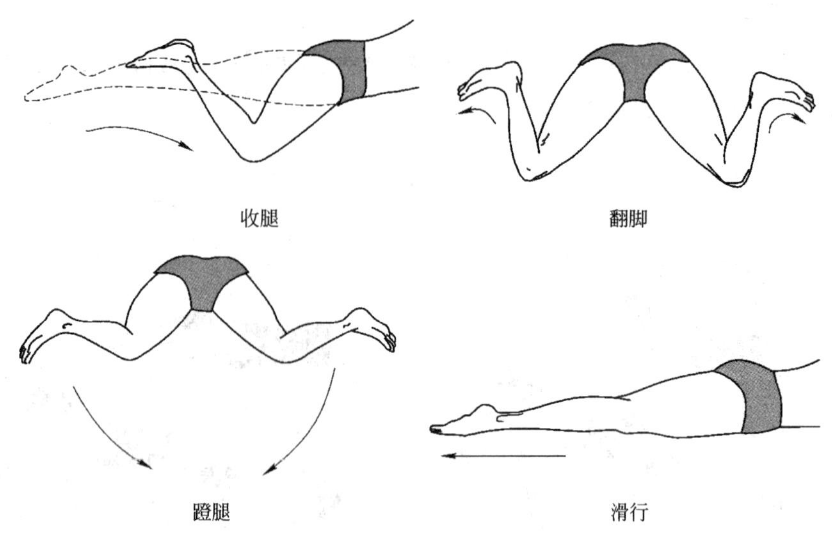


图 13—7 蛙泳腿部动作

1. 收腿

屈膝屈髋动作慢，两膝分开腿前收。

2. 翻脚

脚尖外翻掌蹬水。

3. 蹬腿

用力向后蹬夹水。

4. 滑行

两腿并拢要伸直。

## 二、手臂动作

蛙泳的手臂动作可产生较大的推进力，同时能帮助完成呼吸，主要分为抱水、划水、收手、前伸四个部分（见图 13—8）。

## 三、完整技术动作

1. 两臂前伸滑行（如图 13—9 所示）。

2. 掌心向外，手臂向两侧、向后划水，腿自然伸直（见图 13—10）。

3. 向内收手时，自然屈膝，同时抬头吸气（见图 13—11）。

4. 低头，肘关节伸展，两臂继续前伸，两脚收到靠近臀部（见图 13—12）。

5. 翻脚、夹腿，快速向后蹬夹水，两臂前伸（见图 13—13）。

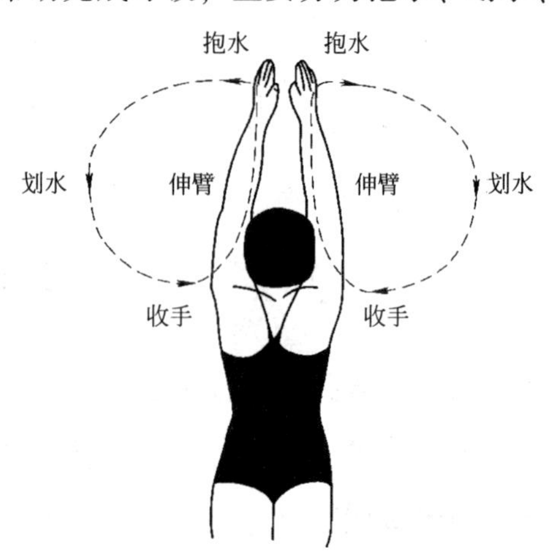


图 13—8 蛙泳手臂动作

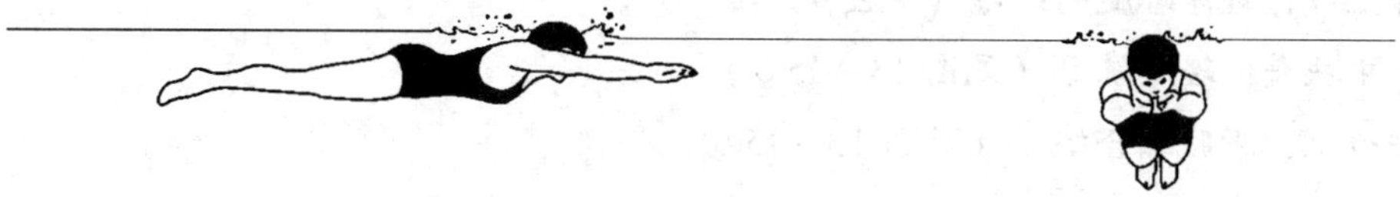

图 13—9 两臂前伸滑行

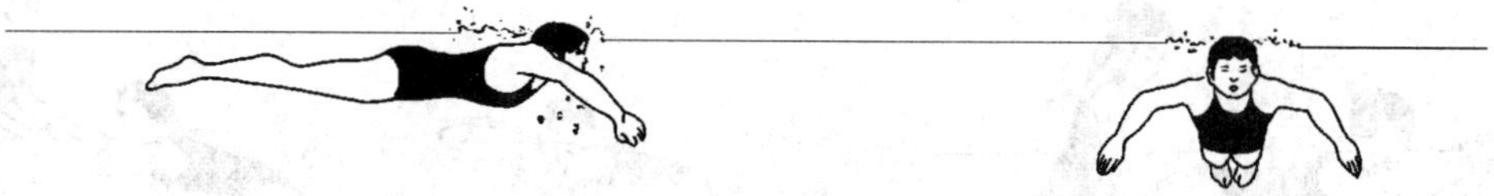

图 13—10 两臂划水

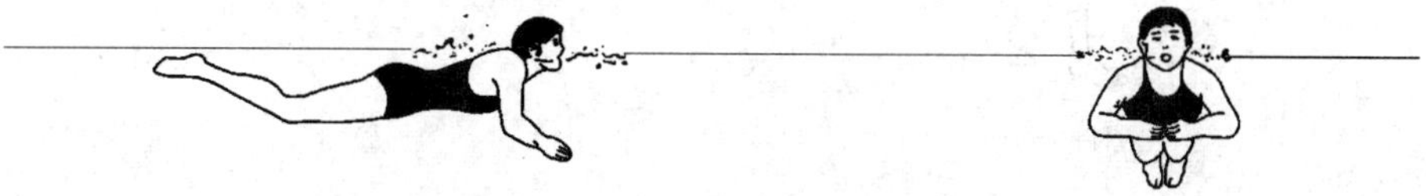

图 13—11 收手吸气

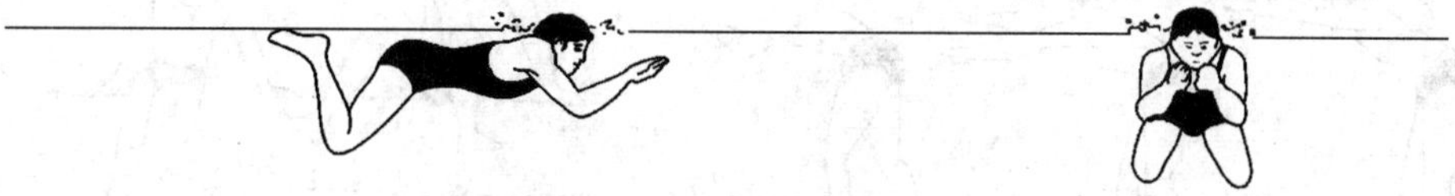

图 13—12 两臂前伸收腿

图 13—13 两腿蹬夹

6. 两臂完全伸直，两手稍低于肩，使身体伸直成水平，向前滑行（见图 13—14）。

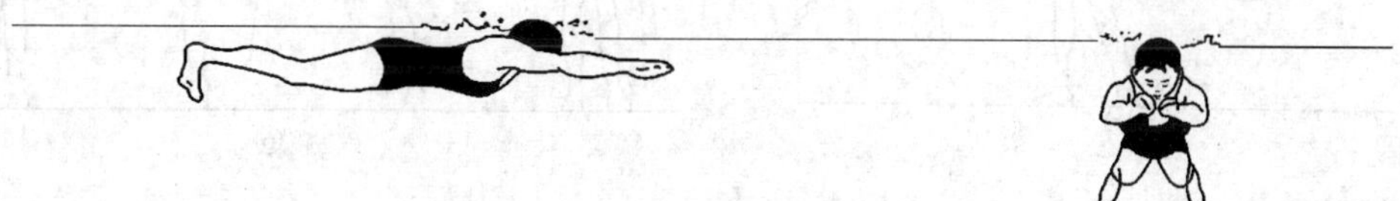

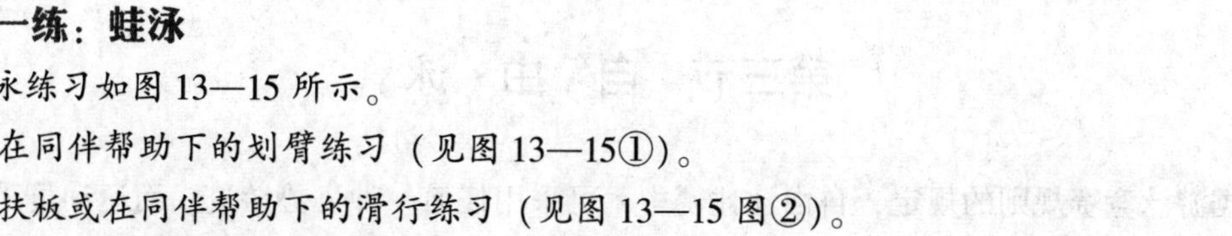

图 13—14 身体水平滑行

**练一练：蛙泳**

蛙泳练习如图 13—15 所示。

1. 在同伴帮助下的划臂练习（见图 13—15①）。
2. 扶板或在同伴帮助下的滑行练习（见图 13—15 图②）。
3. 水中站立或走步中的划臂练习（见图 13—15③）。

4. 岸上模仿蛙泳蹬腿的练习（见图 13—15④）。

5. 水中扶壁做蹬腿练习（见图 13—15⑤）。

6. 陆地上、下肢综合练习（见图 13—15⑥）。

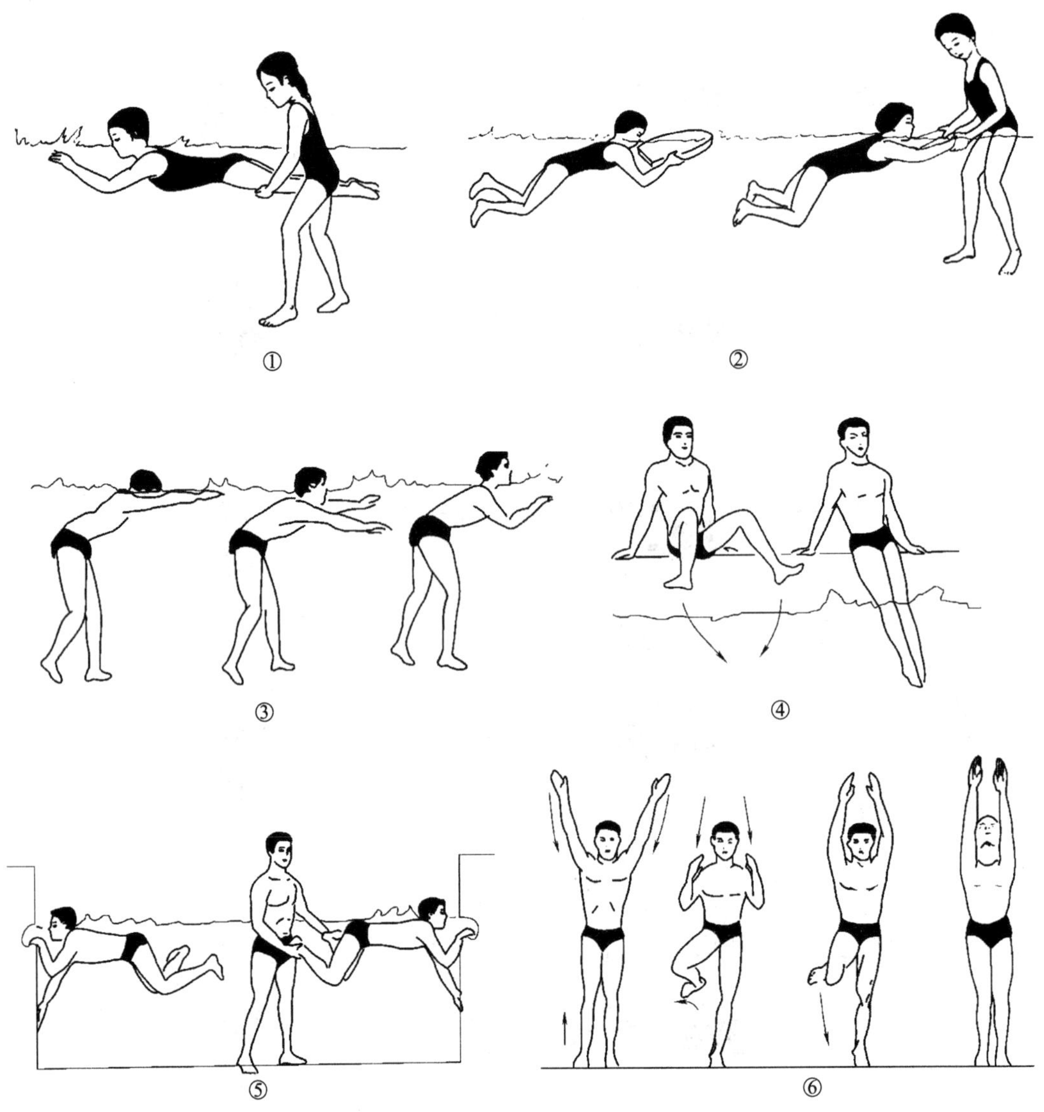


图 13—15 蛙泳练习

## 第三节 自 由 泳

根据游泳竞赛规则的规定，自由泳比赛中，可采用任何一种姿势游进。而运动员采用的一种叫“爬泳”的姿势，是游速最快的。久而久之，人们就把爬泳称为自由泳。

## 一、身体位置

自由泳时身体较平直地俯卧在水面上，身体纵轴与水平面约成3°~5°角。头部放平，后脑部分露出水面。游进时，两臂交替划水，在不影响划水力量和打水动作时，形成身体纵轴转动（见图13—16）。

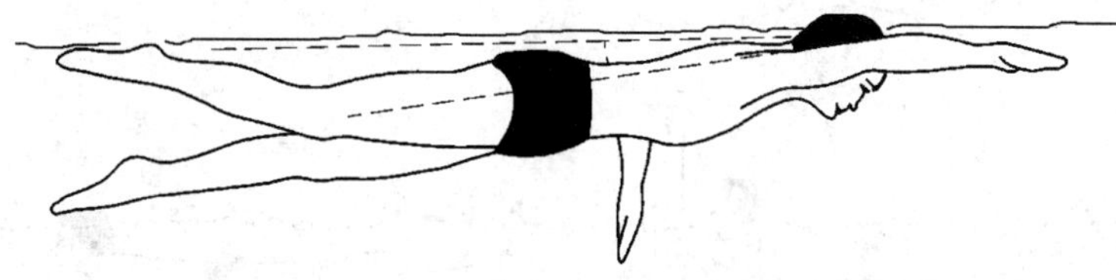

图13—16　自由游身体位置

## 二、腿部动作

自由泳的腿部动作主要是维持身体平衡，协调两臂划水，并起到一定的推进作用，腿部动作由向下打腿和向上打腿两个部分组成（见图13—17）。

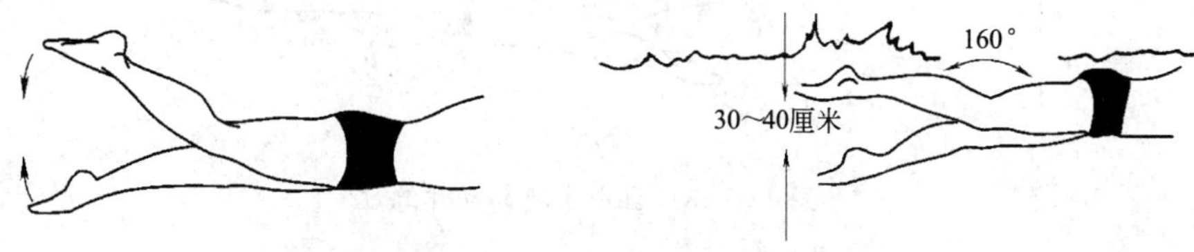


图13—17　自由游腿部动作

两腿和脚面自然伸直，脚尖稍内转。打水时，两腿的动作基本相同，以髋关节为轴，由大腿发力，带动小腿和脚，两腿上下交替向后下方作鞭打动作。两脚打水幅度约为30~40厘米，膝关节弯曲约为160°角。

### 练一练：自由泳腿部动作

自由游腿部动作如图13—18所示。

1. 陆地模仿练习（见图13—18①②）。
2. 水中练习（见图13—18③④）。
3. 蹬壁滑行练习（见图13—18⑤）。

## 三、臂部动作

臂部动作是自由泳推动身体前进的主要动力。两臂划水是轮流进行的，动作基本一致。臂的动作是由入水（①②）、抱水（②③）、划水（③④）、推水（④⑤）、出水（⑤⑥）、移臂（⑥）六个部分组成（见图13—19正面图），是连贯进行的（见图13—19侧面图）。

1. 入水

完成空中移臂后，肘高于手，屈臂掌心稍向外，入水时手指自然伸直并拢，手腕自然放松，手掌、前臂、上臂依次入水，切入点在肩的延长线上。

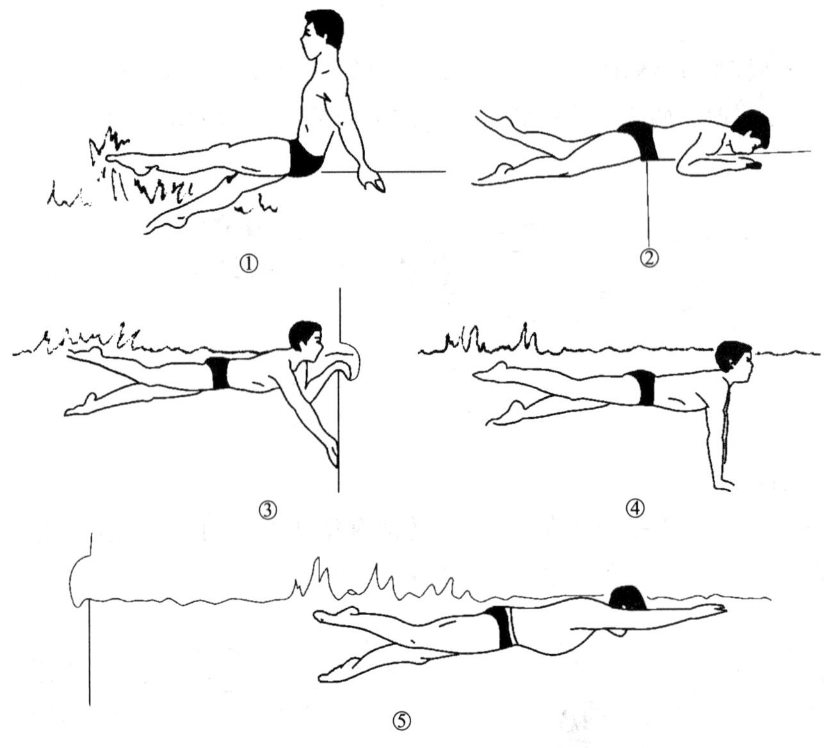


图 13—18　自由泳腿部动作练习

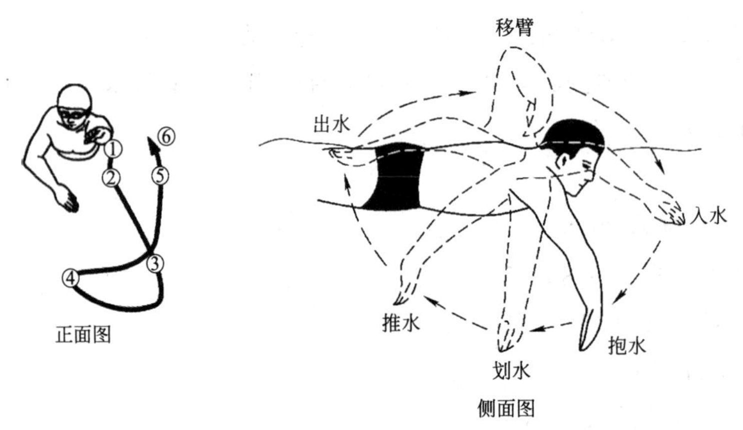


图 13—19　自由泳臂部动作

2. 抱水

完成入水后，在积极向前伸和向外划过程中，屈腕、臂内旋，使肘处于较高部位。整个手臂像抱个大圆球，肩带肌肉群充分伸展，为加速划水做准备。

3. 划水

划水是发挥最大推进作用的主要阶段。这个阶段是以肩垂直面为界，前为拉水阶段，后为推水阶段。从入水、抱水直到整个划水阶段，手在水中是加速的。

4. 出水

划水结束后，在肩的带动下将手臂提出水面。

5. 移臂

移臂要放松、自然，以肩带动臂，屈肘，肘高于肩，手沿水平面向前移动。

**练一练：自由泳臂部动作**

自由泳臂部动作如图 13—20 所示。

1. 岸上模仿练习（见图 13—20①）。
2. 水中站立练习（见图 13—20②）。
3. 在同伴帮助下的水中模仿练习（见图 13—20③）。

图 13—20　自由泳的臂部动作练习

## 四、自由泳完整技术

1. 右手切入水中，手掌向下，左臂完成一半划水动作（见图 13—21）。

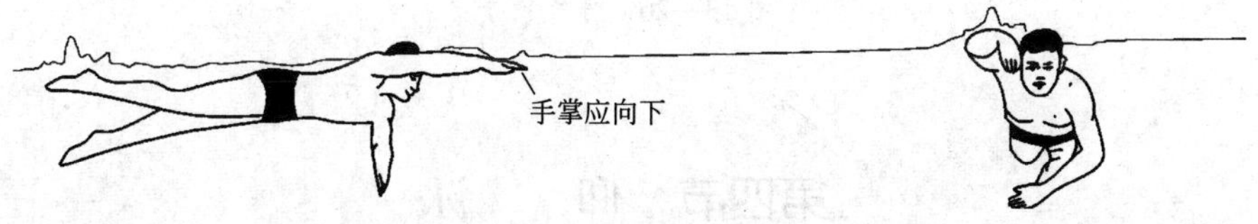


图 13—21　右手入水

2. 右手向下压时，开始屈臂（见图 13—22）。

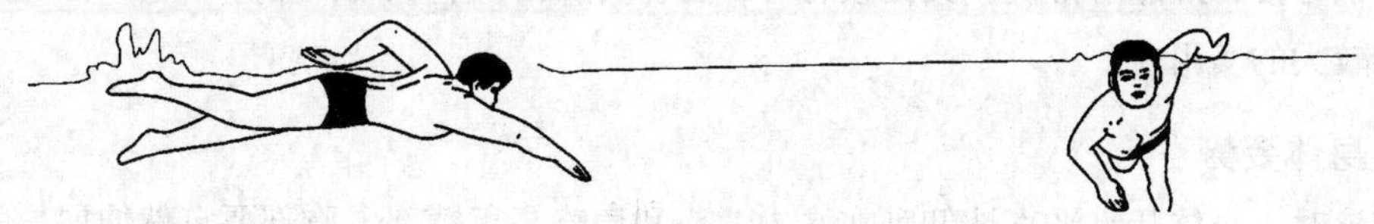

图 13—22　下压屈臂

3. 划水臂完成一半划水动作，手开始沿身体纵轴转动（见图 13—23）。
4. 划水手不是向正后方，而是保持前臂与水面约成 45°角（见图 13—24）。

图 13—23　划水转体

图 13—24　划水时前臂动作

5. 右臂向前摆时，右腿完成向下打水动作（见图 13—25）。

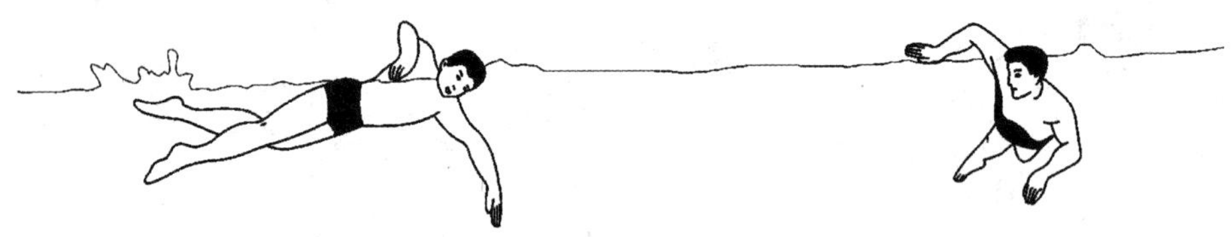

图 13—25　右臂与右腿配合

6. 脸完全浸入水中，开始呼气。左臂即将入水，划臂周期完成（见图 13—26）。

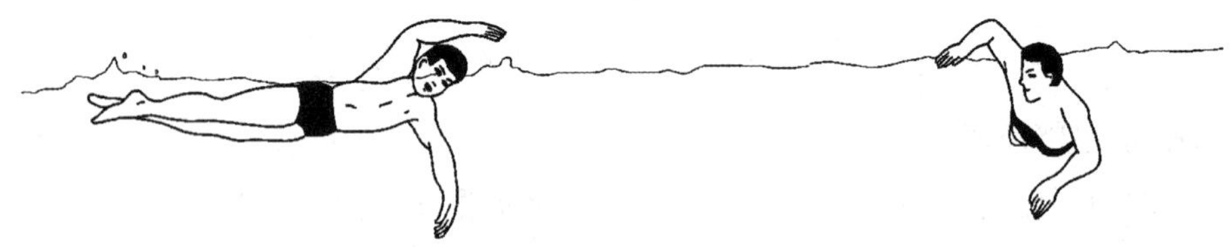

图 13—26　呼气换手

## 第四节　仰　　泳

仰泳是唯一采用身体仰卧在水面上游进的游泳姿势。游仰泳时，嘴鼻部都露在水面上，因此呼吸特别方便，既能游得快，又比较省力，可作为长时间、长距离游泳中调节体能的一种手段，具有较大的实用性。

### 一、身体姿势

游仰泳时，身体几乎平直地仰卧在水中，头和肩略高于臀部，胸部要自然伸展，腰腹和腿部保持水平，后脑浸入水中，脸部露出水面（见图 13—27）。

### 二、腿部动作

仰泳的腿部动作主要作用是维持身体平衡，同时有一定的推进作用和控制身体摇摆的作

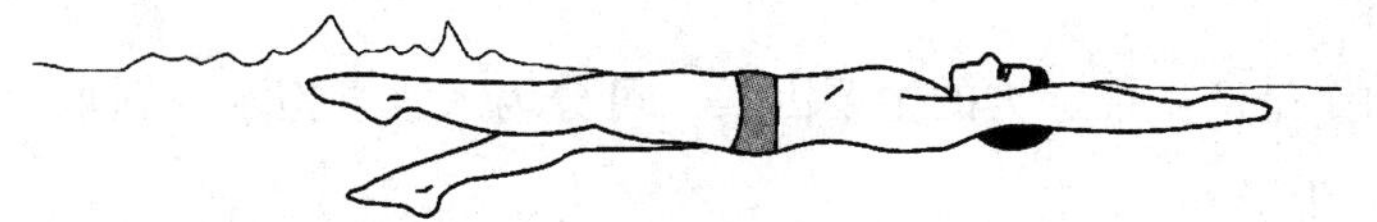

图 13—27 仰泳身体姿势

用。动作是以髋关节为轴，由大腿发力，带动小腿和脚，形成鞭打向后踢水动作（见图13—28）。

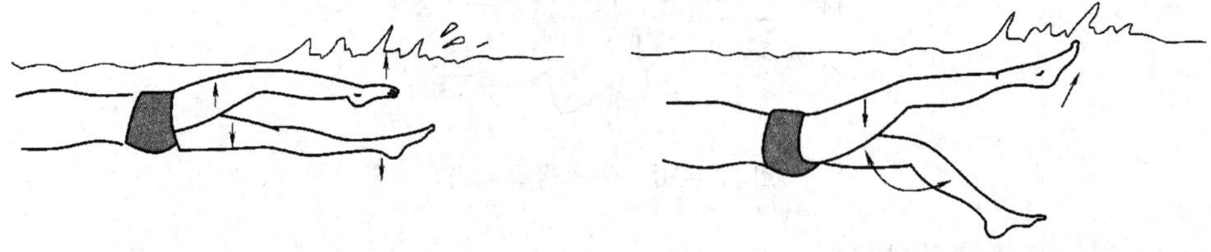

图 13—28 仰泳腿部动作

### 练一练：仰泳腿部动作

仰泳腿部动作如图 13—29 所示。

1. 坐池边打腿模仿练习（见图 13—29①）。
2. 反抓池槽打水练习（见图 13—29②）。
3. 手撑浅水打水练习（见图 13—29③）。
4. 同伴托扶打水练习（见图 13—29④）。

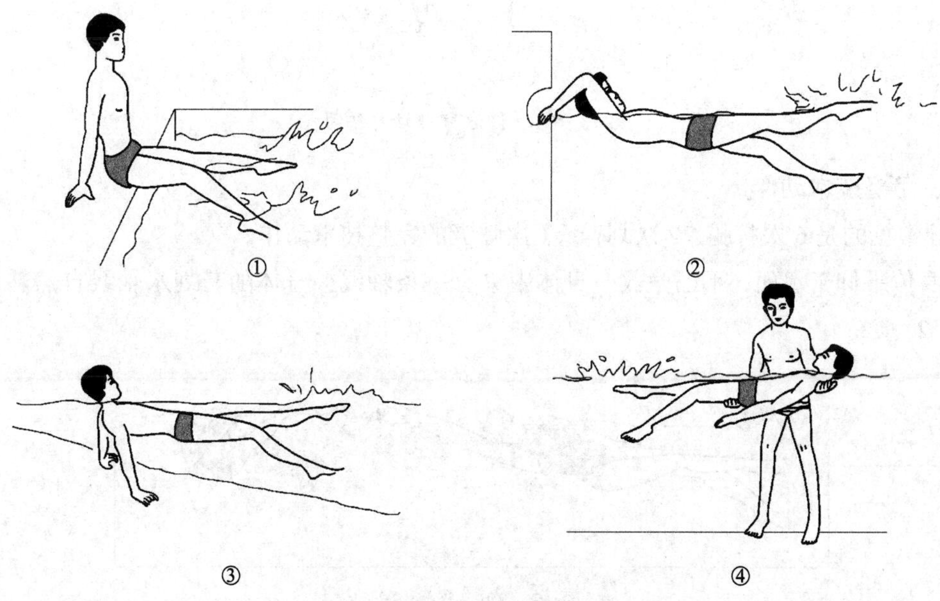


图 13—29 仰泳腿部动作练习

## 三、臂部动作

仰泳的臂部动作是产生推进力的主要因素，可分为入水、抱水、划水、出水和空中移臂几个部分（见图 13—30）。

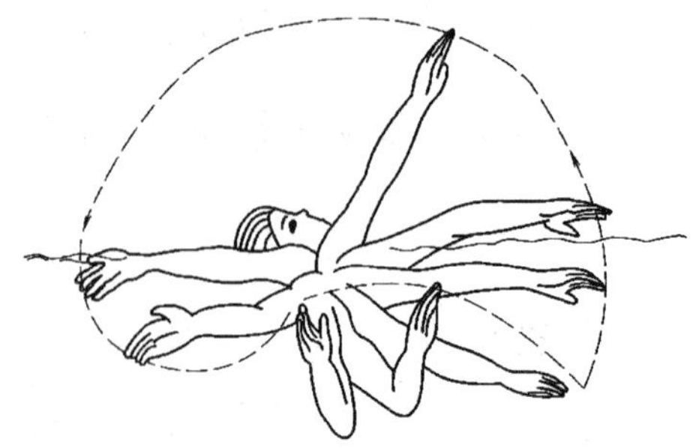

图 13—30 仰泳臂部动作

**练一练：仰泳臂部动作**

仰泳臂部动作如图 13—31 所示。

1. 陆地模仿练习（见图 13—31①）。
2. 在同伴帮助下的水中练习（见图 13—31②）。

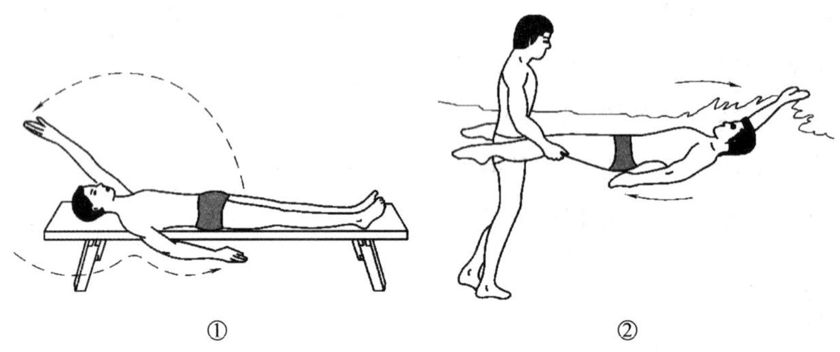

① ②

图 13—31 仰泳臂部动作练习

## 四、完整技术动作

仰泳常见的是 6 次打腿、2 次划臂、1 次呼吸的完整技术动作。

1. 身体平仰于水面，下巴微收，身体中央有一条轴线，身体随着划水轴线自然转动（见图 13—32）。

图 13—32 身体姿势

2. 以大腿带动小腿形成鞭打状踢水动作。手掌小指先入水，形成“抱水”动作，向后划水（见图 13—33）。

图 13—33　踢水与抱水

3. 手向后沿“S”形路线划水、推水，并逐渐靠近身体。打腿时不要过分屈膝，脚背要绷直，脚和膝不要露出水面（见图 13—34）。

图 13—34　划水与打腿

4. 保持腿不停地上下打水，一般打 6 次腿、划 2 次臂。移臂时肩部先出水，手随其后（见图 13—35）。

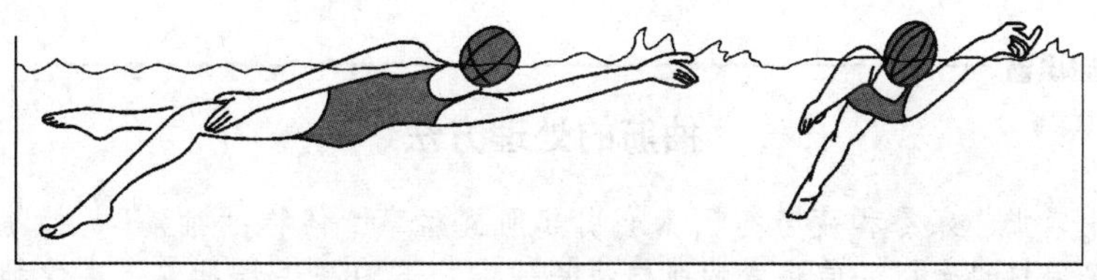

图 13—35　手臂与腿的配合

## 第五节　蝶　　泳

蝶泳是在蛙泳技术动作的基础上演变而成的，采用了两臂划水到大腿后提出水面，再从空中前移的技术，从外形上看，好像蝴蝶展翅飞舞，所以人们称为“蝶泳”，又称“海豚泳”。蝶泳技术动作（见图 13—36）相对复杂，游起来较费力，要求具有一定的身体素质基础。本节做简要介绍。

图 13—36 蝶泳技术动作

## 一、身体姿势

身体俯卧在水中，位置并不固定，随着躯干与腿有节奏地上下做鞭打动作，身体沿横轴上下摆动。

## 二、躯干和腿部动作

蝶泳时躯干和腿联合做鞭打动作，鞭打从腰部发力，带动脊柱、髋、膝、踝各关节相继屈伸。

## 三、臂部动作

蝶泳的臂部动作是推进游泳者前进的主要因素，它在各种姿势中所产生的推进力也是较大的。技术要领是两臂在头前入水，同时沿身体两侧作曲线向后划水，划水结束两臂经空中前移，再做第二次划水。

## 四、呼吸与臂腿动作的配合

蝶泳一般是臂划1次，做1次呼吸，打2次腿。

· 知识窗

### 抽筋的处理方法

在游泳中紧张、寒冷和疲劳等因素会引起肌肉痉挛，俗称“抽筋”。抽筋后，一定不要紧张，可采用自我牵引法使痉挛的肌肉拉长伸展。下图是手指抽筋、手掌抽筋、小腿抽筋的自我缓解方法。

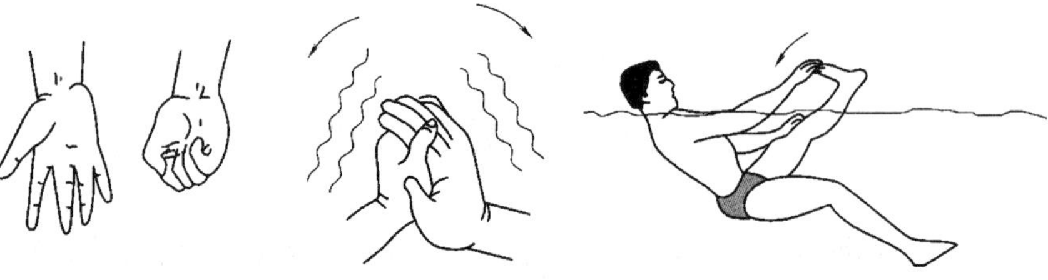

# 第十四章　休 闲 体 育

近年来，休闲体育在校园悄然兴起。集娱乐与健身于一体的休闲体育在丰富体育内容和方式的同时，也以其自由性、多样性、个性化、趣味性等特点，吸引着众多学生的目光，丰富着同学们的校园生活。

形体训练与轮滑运动是深受同学们喜爱的休闲体育项目。通过本章的学习，你将了解和掌握诸多形体训练的方式方法，只要坚持锻炼，定能助你拥有健康、动人、完美的形体！你还将了解轮滑运动的基本知识，掌握轮滑运动基本技术。同学们，让我们穿上轮滑鞋，积极投入低碳、环保、健康向上的轮滑运动吧！

## 第一节　形 体 训 练

### 一、形体训练概述

1. 形体训练的目的

（1）促进身体各器官系统良好发育，使体格健壮，体能全面发展，身体的适应能力增强。

（2）健美体型，养成正确的坐姿、立姿和行姿，形成良好习惯。

（3）使身体的柔韧、力量、灵敏、平衡等身体素质得到全面发展和提高，有效增强身体的协调性、灵活性和节奏感。

（4）通过形体训练实践，掌握一套较为系统的形体训练技术和方法，以适应课外自我锻炼以及未来自身发展的需要。

（5）提高锻炼的兴趣和爱好，陶冶情操，培养大方、自信、开朗的性格和朝气蓬勃的精神面貌。

2. 形体训练的主要内容

（1）形体基本姿态练习

形体基本姿势练习是形体训练的重要内容之一。人的基本姿态是指人体的坐、立、行等身体姿势。良好的身体姿态给人以端庄、挺拔、高雅的感觉，给人以赏心悦目的美感，从而留下好的印象。

身体姿态的练习内容主要包括坐姿、站姿和行姿基本动作及其控制性练习。通过一定的基本姿态的练习，可以有效塑造正确、规范的身体姿态。

（2）形体基本素质练习

形体基本素质练习是形体训练中的基础性练习，尤其是柔韧素质和力量素质。柔韧素质是保证形体舒展、动作协调的基础，只有保持良好的柔韧性，才可能体现出舒展、挺拔、柔和而富有曲线的身体美感。力量素质则使人体表现出良好的肌肉感和控制能力。

形体素质练习主要包括柔韧、力量和灵敏等素质练习。形体素质练习主要采用单人练习和双人练习两种形式，并针对人体的肩、胸、腰、腹、腿等部位进行练习，从而提高人体的综合身体素质，为塑造优美形体打下基础。

（3）健身健美练习

健身健美练习主要包括器械健美练习和健身健美操的练习。器械健美练习是指手持一定重量的器械或在专门健美器械上进行各种有针对性的发展力量和健美肌肉的练习。此部分练习大多是针对发展某一部位的肌肉力量和肌肉块而实施的，主要包括发展胸大肌、背阔肌、三角肌、肩带肌、腰腹肌以及臀大肌和腿部肌群的各种器械练习。而健身健美操练习内容则主要借鉴了健美操中的一些基本动作和基本步伐，在音乐伴奏下，以组合的形式有效发展练习者的协调性、灵活性、节奏感，并通过较大运动量的健身操运动，使体内多余热量得以消耗，达到减脂健美的目的。

**·知识窗**

**形体健美的标准**

1. 骨骼发育正常，身体各部位的比例适当，呈匀称感。
2. 皮下脂肪适度，男子肌肉均衡发达，女子体态丰满而无肥胖臃肿感。
3. 五官端正，与头部的比例协调。
4. 双肩对称，男子结实、挺拔、宽厚；女子丰满圆润，无耸肩和垂肩感。
5. 脊柱背视成直线，侧视具有正常的生理曲线。
6. 男子胸廓宽阔厚实，胸肌隆起，腰以上躯干成“V”形，给人以健壮和魁梧感；女子侧视有女性特有的曲线美感。
7. 女子腰细有力，腹部扁平，无明显脂肪堆积，男子腹部有肌肉块隐现。
8. 男子臀部鼓实，稍上翘；女子臀部圆满，不显下坠。
9. 男子下肢强壮，双腿矫健；女子下肢修长，线条柔和，两腿并拢时，正视侧视均无弯曲感。
10. 整体看无粗笨、虚胖、瘦弱、纤细、歪斜、畸形、重心不稳、比例失调等形态异常现象。

## 二、形体基本姿态训练

1. 基本站立姿态

站立姿态是人体最基本的一种静态姿势，它的美感主要体现在人体站立时身体各个部位的协调、自然、挺拔与舒展。立姿的基本要求是收腹、立腰、展胸、立颈。

两腿并拢伸直，臀部内收夹紧，同时收腹、立腰、展胸，肩平展并放松下沉，头颈正直，眼平视前方，躯干形成“三直”即腿直、背直、颈直的舒展挺拔的状态。两臂自然下垂，放于体侧，掌心向内（见图14—1）。

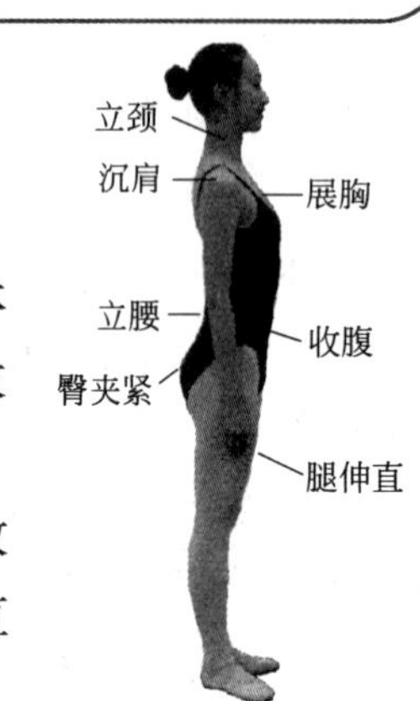

图14—1　基本站立姿态

站立时，身体要达到上述要求，需掌握准确的用力和控制要领：

（1）躯干挺直的发力点应在腰部，背肌收缩用力，向上顶直躯干。

（2）展胸动作不是两肩后展，而是后背发力前顶，使胸部展开。

（3）做夹臀动作时，需两腿外展，用力协调自如，使臀大肌收缩夹紧。

日常生活中的站姿可稍放松，根据习惯，两腿可成稍息姿势，也可成两腿开立的站姿，两臂可置于腹前或做相应的手势。身体姿态随时应有一定的控制感和自然的舒展挺拔感（见图 14—2），过于放松、随便会显得懈怠无精神。

图 14—2　日常生活中的站立姿态

**练一练：基本手位和脚位**

1. 基本手位

形体训练中的基本手位主要是借鉴芭蕾手位，在动作要领和要求上经过改造而成。芭蕾手位要求手臂成较大的弧形，圆背稍含胸，体现古典、含蓄而典雅的形态气质；现代形体手位要求手臂舒展，肩胸充分展开，躯干挺拔，显现现代人的自信、朝气与活力。形体基本手位包括以下七个手位（见图 14—3）。七个手位可在音乐伴奏下，以动作组合的形式进行练习，从而发展身体站立姿态的控制感和美感。

2. 基本脚位

形体训练中的基本脚位也是借鉴芭蕾中的基本脚位。形体训练中最常用的有 4 种基本脚位（见图 14—4）。

3. 坐姿

腰背要挺直，肩放松，挺胸、收腹，脊椎与臀部成一条直线，微收下颌，目视前方。女子要求两膝并拢，端庄、文雅；男子两膝可稍分开，略窄于双肩。

（1）正坐

抬头、挺胸、收腹，沉肩立颈，双臂自然下垂，目光前视，面带微笑。双腿垂直于地面，双膝夹紧（男士可同肩宽）（见图 14—5）。

（2）几种变化

几种适合于女性的坐姿变化如图 14—6 所示。

一位 二位 三位 四位

五位 六位 七位

图 14—3 基本手位

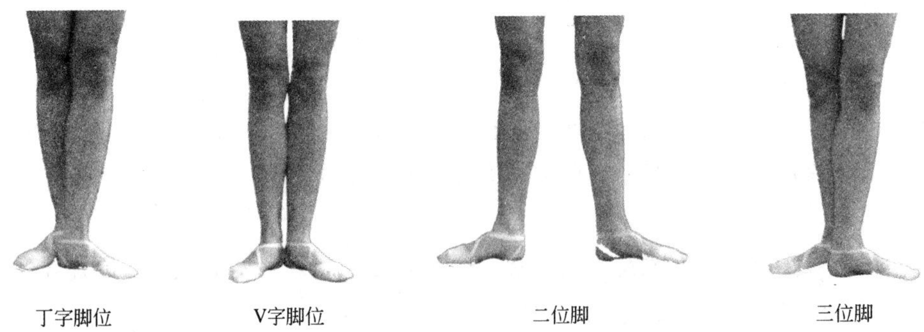

丁字脚位 V字脚位 二位脚 三位脚

图 14—4 基本脚位

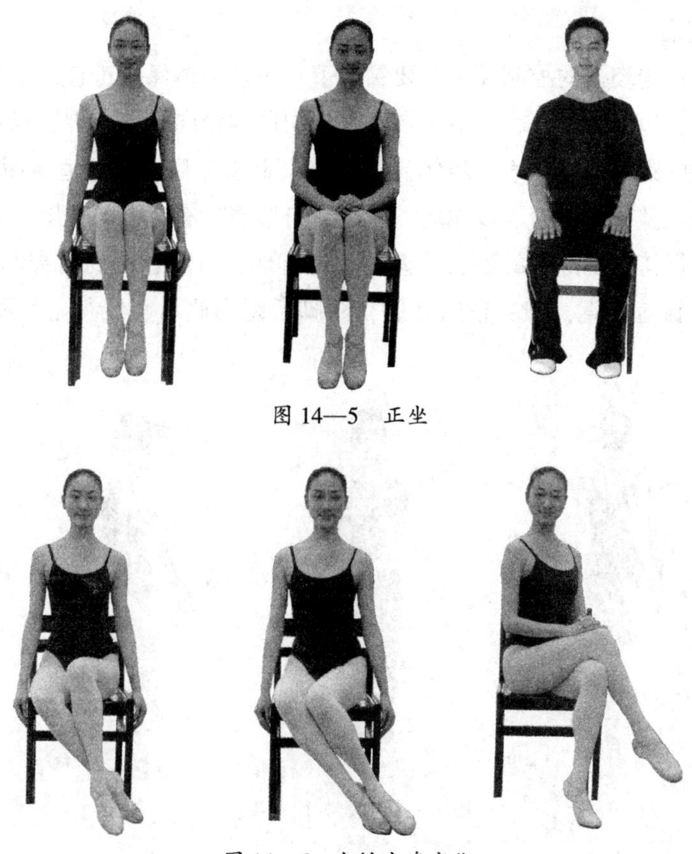

图 14—5　正坐

图 14—6　女性坐姿变化

①脚掌交叠坐姿

一脚前掌轻点于地面，另一脚后交叉，并前脚掌着地（两脚交叉），双膝并拢（在公共汽车上或办公室桌边采用最佳，轻松、自然）。

②双脚斜放坐姿

两脚双膝完全并拢，成折扇形，双脚尖着地。坐低矮椅子的姿势：腿、膝、小腿、脚掌都必须同一方向，小腿之间不能有空隙。

③双腿交叠坐姿

将左腿微向右倾，右大腿放在左大腿上，脚尖朝向地面（切忌右脚尖朝天或抖动）。

·知识窗

## 不良坐姿

1. 伸腿坐姿。双腿直伸出去，不仅可能有碍他人，而且也十分不雅。

2. 跷腿分膝坐姿。一条小腿架在另一条大腿上，所谓的“架二郎腿”。

3. 腿部抖动摇晃。反反复复地抖动或摇晃自己的腿部，不仅会令人心烦意乱，而且也会给人极不安稳的印象。

4. 手夹在腿间。将双手夹在两腿之间，或坐在腿下，会给人以胆怯或害羞的感觉。

2. 基本行走姿态

形体训练中，行走姿态的控制要求和要领如下：头及上体保持正直，收腹展胸，下巴稍仰起，双眼平视前方；迈腿方向正，小腿前带，脚尖向前并稍向外展，脚后跟先落地再过渡到前脚掌，注意脚落地的瞬间膝盖伸直；步伐节奏清楚，重心平稳，步幅适中而均匀。肩臂放松，两臂前后自然摆动。整体上应给人以端庄、挺拔、有节奏、有活力的美感。

自然行走时应保持正确舒展的姿态，脚后跟先落地，自然过渡到前脚掌，重心随之前移。注意脚落地的瞬间膝盖伸直，脚尖稍向外展，两脚后跟内侧沿直线行走，两臂前后自然摆动（见图 14—7）。

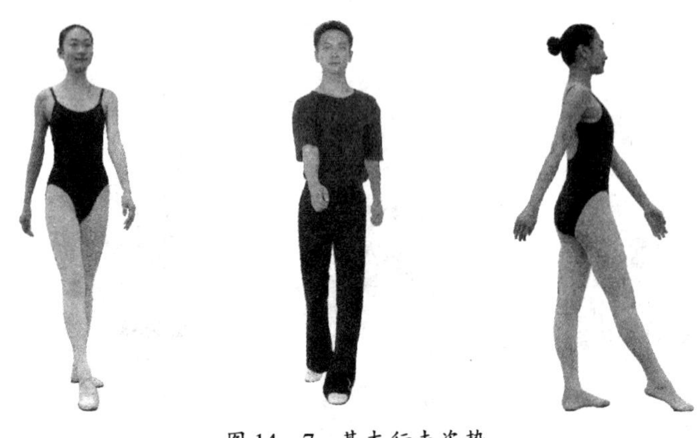

图 14—7　基本行走姿势

**练一练：基本步伐**

1. 柔软步

从自然站立开始，左（右）腿伸直外展向前迈步，脚尖先触地过渡到全脚掌，重心随之前移，两腿交替沿直线行进，一步一拍（见图 14—8）。迈步时绷脚面，脚尖至全脚迅速过渡，同时重心前移，立腰提髋，两臂前后自然摆动。步伐应柔和、自然，上体正直。柔软步可配合手臂动作完成。

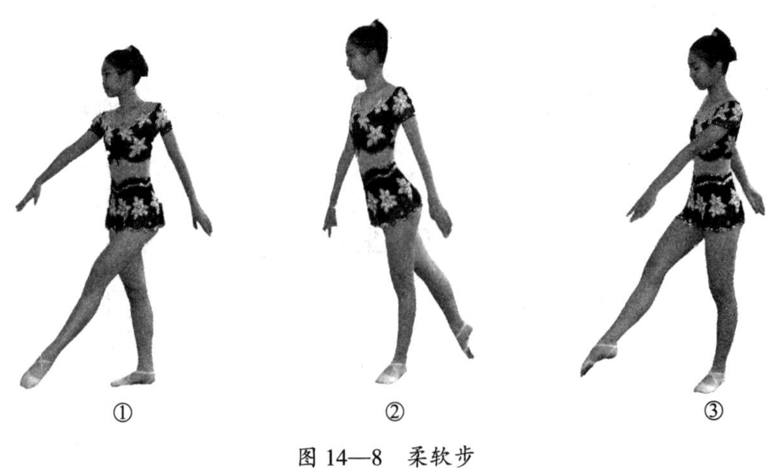


图 14—8　柔软步

2. 滚动步

左腿支撑站立，右腿屈膝，足尖点地，脚面和小腿与地面垂直；右腿足尖下压至前脚掌时经双腿提踵并立过渡，重心移至右腿伸直支撑，左腿成开始姿势，两腿交替行进，两手叉腰，上体稍向左转，一拍一动。完成滚动步时收腹、立腰、提髋，腿有控制地屈伸（见图14—9）。要求滚动柔和，髋部固定，上体正直。滚动步可配合手臂动作或变换节奏的形式完成。

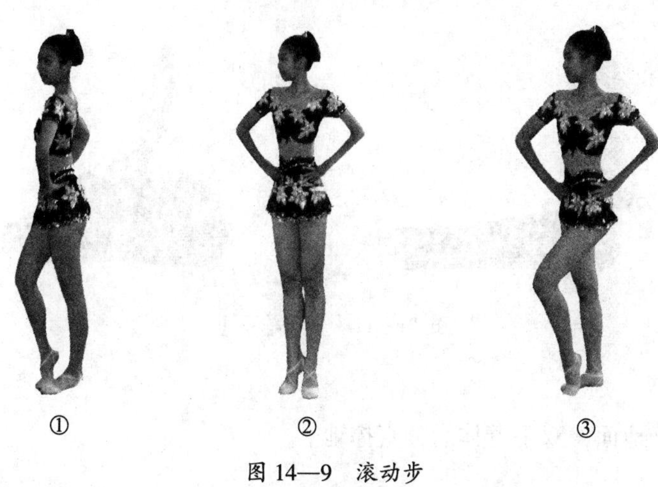

①　②　③

图14—9　滚动步

3. 足尖步

双脚提踵并立，左（右）腿伸直外展向前迈步，脚尖着地过渡到前脚掌，重心随之前移，另一腿自然跟上，两腿交替沿直线进行，两臂伸展前后自然摆动，一拍一步。行走时踝、髋关节绷紧、控制稳定，重心随腿前移（见图14—10）。要求提踵高、步幅小、重心平稳，上体保持正直。足尖步可向前、向后不同方向配合手臂动作或转体完成。

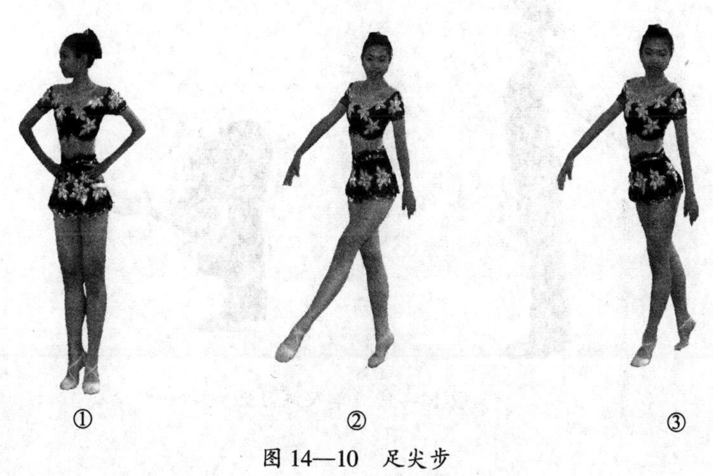

①　②　③

图14—10　足尖步

## 三、形体基本素质训练

1. 柔韧素质练习

柔韧素质主要是指人体各个关节活动的幅度以及肌肉和韧带的伸展能力，是重要的形体基本素质之一。发展柔韧素质的方法较简单，就是对某部位反复做伸展性和牵拉性动作练习。

(1) 肩、胸柔韧练习

①单人练习

• 单人练习1（见图14—11）

图14—11　单人练习1

【预备姿势】

练习者直角坐于地面，双手臂体后伸直撑地。

【动作方法】

双手握好后抬至最大限度，体前屈。双臂继续后举，静拉15秒。

【动作要点】

练习者应控制挺胸、抬头、立腰的形态，双臂体后伸直，再做体前屈。

• 单人练习2（见图14—12）

图14—12　单人练习2

【预备姿势】

练习者站立，双臂向后伸直，双手互握。

【动作方法】

双手握好后体前屈，最大限度后抬手保持不动。

【动作要点】

练习者应控制挺胸、抬头、立腰的形态，双臂伸直体后，再做体前屈。

• 单人练习 3（见图 14—13）

图 14—13　单人练习 3

【预备姿势】

双腿并拢跪撑，双手臂垂直撑地。

【动作方法】

重心后移，屈臂，从头至胸接近地面，双臂撑直成腹撑，反复练习。

【动作要点】

练习者屈臂应从头经胸至腹依次贴近地面。撑直臂时用力抬头、挺胸，上体后仰成最大反背弓。

②双人练习

• 双人练习 1（见图 14—14）

【预备姿势】

练习者面对把杆，双脚开立，上体前倾，双手臂伸直双手扶杆。同伴站其侧面，双手扶练习者肩背部。

【动作方法】

一拍一压，反复练习，压至最大限度，静拉 15 秒。

【动作要点】

练习者压肩时应挺胸、塌腰、双臂伸直，充分拉伸肩关节韧带。

• 双人练习 2（见图 14—15）

【预备姿势】

练习者俯卧地面，双手向前伸直。

【动作方法】

同伴两脚分开坐于练习者后部，两手抓住其肘关节，向上微微拉起，同时用膝关节顶于其肩胛骨中间，双手与膝反方向用力。

【动作要点】

练习者的头部尽量向下低，尽量不屈肘。

• 双人练习 3（见图 14—16）

图 14—14 单人练习 1

图 14—15 单人练习 2

图 14—16 单人练习 3

【预备姿势】

练习者双腿并拢直角坐于地面，膝盖伸直，两手向上举。

【动作方法】

同伴抓住对方腕关节处，膝盖顶住对方肩胛骨中间。反方向有弹性用力，静拉 15 秒。

【动作要点】

练习者坐立时要塌腰、挺胸，稍低头。

（2）腰部柔韧练习

①单人练习

• 单人练习 1（见图 14—17）

【预备姿势】

分腿坐于地面，上体正直，双手于头后交叉抱头。

【动作方法】

上体侧屈，肘关节触膝。

【动作要点】

做动作时，挺胸、立腰，最大限度侧屈，两肘关节打开成一平面。

图 14—17 单人练习 1

• 单人练习 2（见图 14—18）

图 14—18 单人练习 2

【预备姿势】

两腿跪立于地面，两臂上举，掌心向前。

【动作方法】

身体由右开始，向前、向左、向后绕环一周。然后反方向练习。

【动作要点】

练习时要以腰为轴，最大幅度做绕环。

• 单人练习 3（见图 14—19）

【预备姿势】

两腿跪立于地面，两臂前平举。

【动作方法】

上体向左拧转腰部，然后向右拧转，每次停四拍，反复练习。

【动作要点】

做转体拧腰时以最大转体幅度为限，保持抬头、挺胸、立腰、立背。

②双人练习

• 双人练习 1（见图 14—20）

【预备姿势】

练习者俯卧在地面，双腿并拢，伸直、绷脚面、双手臂向后伸出。同伴两脚在练习者膝关节两侧，双手伸直与练习者双臂相互拉紧。

【动作方法】

同伴用力向后拉练习者，使练习者上体离开地面成最大反背弓。有弹性地反复做，静拉 15 秒。

【动作要点】

练习者要挺胸抬头。

图 14—19 单人练习 3

图 14—20 双人练习 1

• 双人练习 2（见图 14—21）

【预备姿势】

练习者侧卧身体成一直线，右手臂向上伸直，手心向下，左手臂侧平举。同伴面对练习者在右侧站立，双手拉住练习者右手腕。

【动作方法】

同伴用力拉练习者的右臂，使其上体成最大的右侧屈形态，练习者左手侧举，有弹性地静拉。

【动作要点】

练习者应保持立腰、立背的形态。

• 双人练习 3（见图 14—22）

图 14—21 双人练习 2

图 14—22 双人练习 3

【预备姿势】

练习者跪于地面，同伴面对面站立，扶于对方腰部。

【动作方法】

练习者向后甩腰，两手扶于脚尖。

【动作要点】

练习者首先要向后抬头，肩胸向后下方卷，手臂尽量伸直。

(3) 髋、腿柔韧练习

①单人练习

• 单人练习 1（见图 14—23）

【预备姿势】

练习者双腿并拢坐于地面。

【动作方法】

上体前压贴于双腿，稍抬头，向前下方施力并震颤，静拉 15 秒。

【动作要点】

练习者双膝紧贴地面，身体尽力伸展。

• 单人练习 2（见图 14—24）

图 14—23　单人练习 1

图 14—24　单人练习 2

【预备姿势】

练习者上体直立，双膝侧屈，脚心相对，坐于地面，双手扶膝关节。

【动作方法】

双手用力下压两膝关节，下压至最大限度。

【动作要点】

练习者应控制好上体形态，大小腿折叠，尽量靠近身体，双膝用力向下震颤。

• 单人练习 3（见图 14—25）

【预备姿势】

练习者上体直立，双膝侧屈、脚心相对坐于地面。

图 14—25　单人练习 3

【动作方法】

上体挺胸抬头前压，头贴近双脚，可静拉不动。

【动作要点】

练习者上体前压时保持挺胸、立腰、立背形态，使腹部尽量贴近地面。含胸卷头下压时，下颌贴胸骨，头顶部贴近双脚，使颈椎和脊柱充分拉开。

②双人练习

• 双人练习 1（见图 14—26）

图 14—26 双人练习 1

【预备姿势】

练习者平躺于地面，左腿举起，绷脚背。

【动作方法】

同伴一腿跪于地面，一手顶住对方膝盖，另一方压住对方脚腕，向下震颤至最大限度，停住 15 秒。

【动作要点】

练习者两腿尽量伸直，保持放松，施力者要柔和用力。

• 双人练习 2（见图 14—27）

【预备姿势】

练习者侧卧地面，绷脚。

【动作方法】

同伴搬起左腿靠近头部，向上震颤，静拉 15 秒。

【动作要点】

练习者两腿尽量伸直，保持放松，膝盖脚背方向要正。

• 双人练习 3（见图 14—28）

【预备姿势】

练习者跪撑于地面。

【动作方法】

练习者右腿放于同伴的肩上，同时双手从后面压住同伴的髋部，使练习者腿尽量向上抬起，向上震颤，静拉 15 秒。

【动作要点】

练习者保持挺胸、直膝、绷脚，支撑腿的大腿始终与地面保持垂直。

图 14—27　双人练习 2

图 14—28　双人练习 3

2. 力量素质练习

力量素质也是形体训练的重要素质之一。力量素质是指身体或身体某部位肌肉工作时克服阻力的能力。一般来讲，力量素质的练习分为两大类：一类是克服外部阻力的练习，如器械负重练习以及双人对抗性练习；另一类是克服自身体重的练习，如俯卧撑，各种跑跳练习等。

（1）手臂、肩背力量练习

①单人练习

• 单人练习 1（见图 14—29）

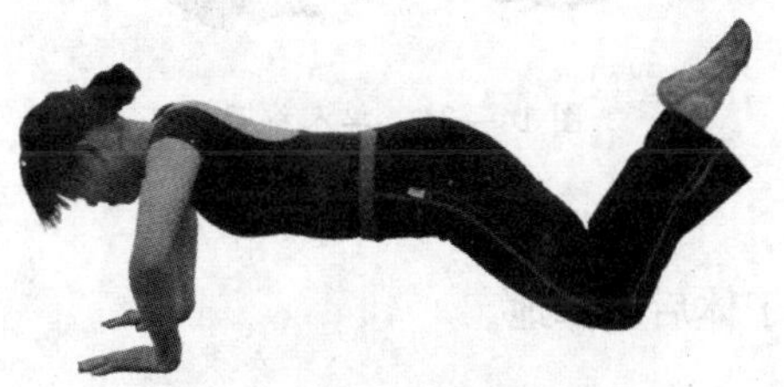

图 14—29　单人练习 1

【预备姿势】

练习者俯卧，双手直臂撑地，双膝并拢撑地，双小腿并拢后举。

【动作方法】

屈双臂，然后撑直双臂，反复练习。

【动作要点】

练习者双手臂应垂直撑地。屈臂时，腹部尽量贴近地面。立腰、立背时，要控制好上体姿态，使头至撑地点成一直线。如有困难可以从上身与地面平行练起，降低难度男生可用五指着地，女生用手掌着地。

• 单人练习 2（见图 14—30）

图 14—30 单人练习 2

【预备姿势】

俯卧地面放松，两臂前举。

【动作方法】

双臂连同上体抬起，抬头，同时双腿上抬，然后还原放松，反复练习。

【动作要点】

上下肢要同时抬起。

• 单人练习 3（见图 14—31）

图 14—31 单人练习 3

【预备姿势】

分腿坐于地面，两臂置于体后侧撑地。

【动作方法】

身体重心先移至右臂，右臂用力支撑全身，挺髋挺胸，使脊柱成反弓形，左臂上举，慢慢还原，身体重心移至左臂做相同动作。

【动作要点】

当单臂支撑时，臀肌要收紧，向前上方挺髋、脚面绷直。

②双人练习

• 双人练习 1（见图 14—32）

【预备姿势】

俯卧于地面，两臂后伸两手互握，两腿并拢伸直，同伴两脚分立站在练习者膝关节两侧。

图 14—32 双人练习 1

【动作方法】

练习者尽量梗脖、挺胸，背肌用力，同伴紧握练习者手腕，有弹性地逐渐向上拉振。

【动作要点】

练习时，练习者髋部以下身体不要抬起，背肌应主动向后用力。

• 双人练习 2（见图 14—33）

图 14—33　双人练习 2

【预备姿势】

俯卧于地面，双手扶于头后，双腿并拢伸直，同伴面对练习者，双手压练习者双脚。

【动作方法】

练习者抬头、挺胸，上体用力后屈，控制 15 秒，反复练习。

【动作要点】

练习时，保持抬头，挺胸，背肌用力后屈。同伴用力按住双脚协助完成动作。

• 双人练习 3（见图 14—34）

【预备姿势】

双人面对面站立，上体前倾，双臂伸直相互搭肩，双脚开立。

【动作方法】

两人上体对抗下压，最大幅度拉伸肩部肌肉，发展其肌群力量。

【动作要点】

压肩时，两人双臂伸直，塌腰、挺胸，以便于将肩部肌群拉开。

（2）腰、腹力量

①单人练习

• 单人练习 1（见图 14—35）

【预备姿势】

俯卧于地面，双腿略分开，向上抬起，绷脚，双臂后上方抱住两脚。

【动作方法】

上体抬起和双腿两头翘，两臂离地后上举，静拉 15 秒，反复练习。

【动作要点】

上体和双腿尽量抬高成最大反背弓，并能较好地控制形态，提高腰部力量。

图 14—34　双人练习 3

图 14—35　单人练习 1

• 单人练习 2（见图 14—36）

【预备姿势】

仰卧，两手抱头，屈右腿，右踝放于左膝上。

【动作方法】

上体抬起右转，使左肘触碰右膝，还原，反复练习。反方向动作相同。

【动作要点】

上体抬起时转体要充分，肘尽量触膝，腰腹用力但颈部放松。

图 14—36　单人练习 2

• 单人练习 3（见图 14—37）

图 14—37　单人练习 3

【预备姿势】

屈腿仰卧，两臂侧平举。

【动作方法】

胸、腰部向上挺起，同时腿部伸直，肩部向外展开，两手撑地接着腹部挺起成仰撑姿势。

【动作要点】

肩外展，要尽量做到抬头挺胸，背部肌肉收紧，直膝，两脚尖绷紧。

②双人练习

• 双人练习 1（见图 14—38）

【预备姿势】

练习者仰卧于地面，双腿并拢，伸直绷脚，双手置于头后，同伴在练习者对面，双手按住练习者踝关节。

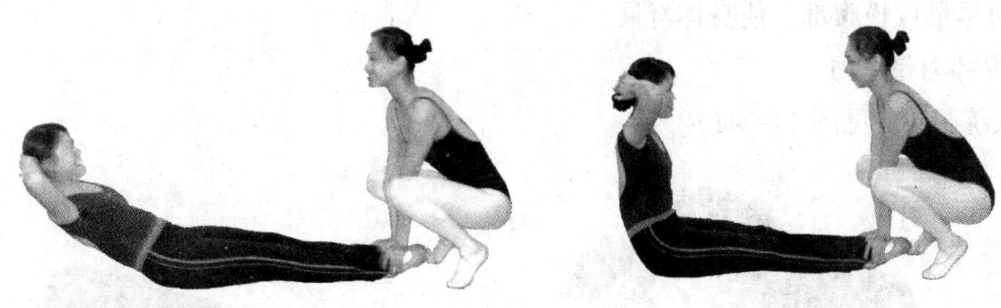

图 14—38　双人练习 1

【动作方法】

练习者抬上体成后倾 45 度，控制两拍，再成直角坐。反复练习。

【动作要点】

练习者保持挺胸、立腰、立背形态，利用腹肌力量控制上体动作。

• 双人练习 2（见图 14—39）

图 14—39　双人练习 2

【预备姿势】

练习者仰卧于地面，双腿并拢绷直。双手握住同伴踝关节。同伴直腿开立在练习者双肩处，双臂伸直前平举。

【动作方法】

练习者双腿双举触及同伴双手，轻轻落下。双腿伸直、并拢。

【动作要点】

练习者利用腹肌收缩的力量举腿，慢慢回落，加大练习者腹肌控制的难度。

• 双人练习 3（见图 14—40）

【预备姿势】

同伴仰卧屈膝，练习者坐其膝盖部，双手放于头上，同伴双手抓其小腿。

【动作方法】

练习者仰卧下腰，然后用力收腹抬上体。

【动作要点】

下腰时尽量放松腹部，使身体舒展。

(3) 臀部力量练习

• 单人练习1（见图14—41）

图14—40 双人练习3

图14—41 单人练习1

【预备姿势】

仰卧于地面，两腿屈膝，两脚分开与肩同宽，两臂自然放于体侧。

【动作方法】

两腿蹬伸，收紧臀部肌肉，再慢慢抬起臀部挺髋，直到仅由肩和两脚支撑身体，控制两拍，然后还原，反复练习。

【动作要点】

动作舒缓，呼吸均匀。

• 单人练习2（见图14—42）

图14—42 单人练习2

【预备姿势】

俯卧、两脚绷直，腿伸直并拢，两臂弯曲撑地。

【动作方法】

左腿伸直，紧臀，慢慢抬离地面20厘米，保持15秒，然后放下，换右腿，反复练习。

【动作要点】

整个过程臀部要始终保持用力。

• 单人练习3（见图14—43）

【预备姿势】

双腿跪地，双肘撑地，后背平直放松。

【动作方法】

左腿伸直上举，上体保持不动，上举腿保持15秒，反复练习，再换右腿练习。

【动作要点】

上举腿时，臀部要始终收紧，不能塌腰。

(4) 腿部力量练习

• 单人练习1（见图14—44）

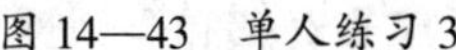

图 14—43　单人练习 3

图 14—44　单人练习 1

【预备姿势】

练习者身体侧卧，左臂屈肘撑地，右脚面右手心向下，手指朝前，左手臂屈臂体前扶地，双腿伸直绷脚，左脚面外翻向上。

【动作方法】

右腿伸直侧踢，下落时尽量控腿，速度缓慢。两拍一动，反复练习。

【动作要点】

侧踢腿时要迅速有力，整个动作要保持立腰、立背的姿态。

• 单人练习 2（见图 14—45）

【预备姿势】

坐于地面，上体微微后仰，双手微屈后撑于地面。

【动作方法】

双腿上举 90 度弯曲，控制两拍，再伸直腿，反复练习。

【动作要点】

注意控制弯曲腿的角度，保持上体姿势。

• 单人练习 3（见图 14—46）

图 14—45　单人练习 2

图 14—46　单人练习 3

【预备姿势】

坐于地面，上体微微后仰，双手伸直撑于身体后侧。

【动作方法】

双腿伸直，抬至30度角的位置，两腿做向内交叉摆动动作。一拍一动，反复练习。

【动作要点】

保持挺胸、立腰，控制腿与地面的夹角。

3. 协调性练习

形体训练中的协调性练习，主要是以操化组合的练习形式，采用各种不同形式的步伐和移动，以及上下肢的协调运动，来提高运动时身体各部位在空间上和时间上配合的一种综合练习。在音乐的伴奏下进行发展协调性的练习，可改善中枢神经系统对肌肉的支配能力，使运动时大脑神经支配肌肉的能力增强，运动更加协调一致，动作更富节奏感和灵敏性。

**练一练：协调组合练习**

预备姿势：基本站立姿势。

1. 一八拍（见图14—47）

1~2：右脚向前踏出一步，左臂屈肘前摆，右臂屈肘后摆，然后左脚向前并于右脚，两臂前后摆动。

3~4：右脚后退一步，右臂后摆，接左脚后退并右脚。

5~8：左脚向前踏出一步，同1~4拍反方向做。

2. 二八拍

同一八拍动作。

3. 三八拍（见图14—47）

1~2：右脚前踏一步，左臂屈肘前摆，右臂屈肘后摆，接左腿屈膝向前高抬腿90度，两臂前后摆动。

3~4：还原同1拍，然后右脚后退并左脚成正立，两臂屈肘于体侧。

5~8：左脚向前，同1~4拍反向做。

4. 四八拍

同三八拍动作。

5. 五八拍（见图14—47）

1~2：右脚前踏一步，左臂屈肘前摆，右臂屈肘后摆，左腿前踢90度，冲右拳，左手握拳左腰际。

3~4：同1拍，然后左脚落下并左脚成正立，两臂屈肘于体侧。

5~8：左脚前迈，同1~4拍反方向做。

6. 六八拍

同五八拍动作。

7. 七八拍（见图14—48）

一八拍 1~2　　三八拍 1~2　　五八拍 1~2

图 14—47　协调组合练习（一）

1~2：迈右脚左侧交叉，同时两手臂屈肘前摆，然后左脚左侧迈点地，两臂侧平举。

3~4：收左脚同 1 拍，还原成正立。

5~8：迈左脚右侧交叉反方向做。

8. 八八拍

同七八拍动作。

9. 九八拍（见图 14—48）

七八拍 1~2　　九八拍 1~2

图 14—48　协调组合练习（二）

1~2：右脚左侧交叉，两臂握拳直臂肩上举，左脚向左侧抬腿 90 度，两臂体侧屈肘。

3~4：还原成 1 拍，正立。

5~8：左脚右侧交叉，反方向重复 1~4 拍动作。

10. 十八拍

同九八拍动作。

11. 十一八拍（见图 14—49）

1~2：右脚左侧交叉，两臂右侧摆动，左腿侧踢 90 度，两臂左侧摆动。

3~4：还原成 1 拍，正立。

5~8：反方向重复 1~4 动作。

12. 十二八拍

同十一八拍动作。

13. 十三八拍（见图 14—49）

十一八拍 1~2

十三八拍 1~2

图 14—49 协调组合练习（三）

1~2：右脚向前踏一步，同时身体右转 45 度，左肩略高，两臂体前平屈肘，半握拳，左脚向右脚后屈腿点地，两臂成斜上、下举。

3~4：还原同 1 拍，正立。

5~8：左脚向前踏一步，反方向重复 1~4 动作。

14. 十四八拍

同十三八拍动作。

15. 十五八拍（见图 14—50）

1~2：右脚向前踏一步，同时身体右转 45 度，左肩略高，两臂体前平屈肘，半握拳，左腿向右后屈膝后踢腿，右腿支撑，两臂向侧后扩展。

3~4：还原同 1 拍，正立。

5~8：左脚向前一步，反方向同 1~4 做。

16. 十六八拍

同十五八拍动作。

17. 十七八拍（见图 14—50）

十五八拍 1~2

十七八拍 1~2

图 14—50 协调组合练习（四）

1~2：右脚向前踏一步，同时两手半握拳体前平屈，右脚向后踢腿，左腿支撑，两臂向侧打开扩胸。

3~4：还原同1拍，正立。

5~8：左脚向前踏一步，反方向同1~4做。

18. 十八八拍

同十七八拍动作。

在做协调组合练习时应注意以下两点：

第一，开始学做时，音乐节奏慢些，熟悉以后加快节奏，在变化中重复动作。

第二，踏步时要收腹、立腰，上步、吸腿、抬腿要有弹性且轻快，手臂动作要到位。

· 知识窗

**课外练习指导**

1. 日常生活中进行素质练习，可利用生活或学习的空间和物件，随时随地进行。如看书的时候，跪坐在脚后跟上，轻轻拉伸脚面；或手持两本书，做各种屈伸、摆动、绕环等负重动作。

2. 把全宿舍同学动员起来，在音乐伴奏下，以一定的节奏和顺序，完成各个部位的力量练习，平时枯燥的素质练习因此将变得轻松而有趣。

3. 根据自己的形态特征，配合课上练习，制定简易的练习计划。如消瘦体型的同学，每天做肩胸柔韧、上肢和背部肌肉力量的练习；较胖体型的同学可随着动感十足的音乐，每天做跑跳体操运动（坚持30分钟以上），并坚持发展腹部、背部、臀部和臂部肌力的练习，可有效达到减肥健美的目的。

4. 训练前应先做准备活动，训练中还应严格按循序渐进的原则，逐步增加活动强度。身体素质练习完成后，应做相应部位的放松练习。

# 第二节　轮　　滑

## 一、轮滑运动概述

轮滑是一项融健身、竞技、娱乐和休闲为一体的趣味性极高的体育运动项目，是体育与艺术的有机结合，吸引着众多学生的目光，深受青少年喜爱。

轮滑运动起源于18世纪的荷兰，是从滑冰运动发展而来。20世纪初，轮滑运动在欧美得到广泛开展，一些国家纷纷成立轮滑俱乐部，修建轮滑场。1924年，国际轮滑联盟正式成立，并于1938年在英国举行了首届速度轮滑世界锦标赛。1940年第43届国际奥委会正式承认轮滑项目的国际联合会，从而促进了轮滑运动在全世界的发展。20世纪30年代，轮滑运动传入我国，1985年我国举行了首届全国速度轮滑和花样轮滑锦标赛，并于同年参加了在日本举办的第一届亚洲轮滑锦标赛和在美国举办的世界速度轮滑锦标赛，这标志着我国的轮滑运动正式融入世界轮滑大家庭。

轮滑运动作为一项将人体速度、力量、耐力、灵敏与柔韧融为一体的运动项目，对于促进青少年身心健康发展有着十分积极和重要的作用。经常参加轮滑运动能够有效地改善和提高机体中枢神经系统的功能，提高呼吸系统、消化系统、血液循环系统等内脏器官的功能，能够使参与者头脑机智、反应灵敏、体魄健壮、精力充沛，对意志品质有也很好的锻炼效果。

·知识窗

### 轮滑运动起源

轮滑运动是一项历史悠久并具有国际性的体育运动。18世纪初期，荷兰一位滑冰运动员经常在冰面上进行练习，可是当冰融化了便不能进行练习了。他便冥思苦想、专心设计了另一种代替滑冰的方法：用4个大的木制线轴，安装在一双旧皮鞋上，然后穿着它在地面上进行滑行。这便是世界上第一双轮滑鞋。后来，比利时一位技工约瑟夫·默林手工制造了一双旱冰鞋，从此诞生了轮滑运动。

## 二、轮滑运动分类

轮滑运动按目的不同可分为休闲健身轮滑和竞技轮滑两大类；按项目特征不同可分为速度轮滑、花样轮滑、轮滑球、极限轮滑、自由式轮滑等。

速度轮滑是最能体现轮滑运动竞技性的项目。它与速度滑冰的运动性质相近，但相对于速度滑冰，其在场地要求和气候条件要求等方面具有一定优势。速度轮滑的比赛分为场地赛和公路赛两大类，比赛类型包括个人计时赛、团体计时赛、淘汰赛、接力赛、追逐赛等。

花样轮滑是最能体现轮滑运动艺术性和技巧性的项目。从运动性质上讲，它与花样滑冰相似，除使用的滑行器材和场地有区别外，从着装规定、技术要领到艺术表现力的要求几乎和花样滑冰完全一致。花样轮滑的正式比赛项目包括单人滑、双人滑、双人轮滑舞和集体舞等。

轮滑球项目除能很好地体现轮滑运动竞技性和技巧性以外，它的最大特点是激烈的对抗性。它与冰球运动相似。轮滑球比赛是在由护栏围起来的长方形场地上进行的（双排轮滑球标准场地的长宽为40米×20米，单排轮滑球标准场地的长宽为60米×30米)，每队上场五名运动员进行比赛，以进球多者为胜。

极限轮滑（含滑板）是轮滑运动中最为前卫、最富刺激性和观赏性的项目，滑手一般穿着宽大的牛仔裤和有着奇异图案的宽大T恤，戴有具另类象征意义的饰品，如戒指、耳环等，充分展示自我、张扬个性。场地最具代表性的是U形台或称U形池。滑手们在U形池内做出各种高难度的动作，上下翻飞，充分展示自己的技巧和身体素质。

自由式轮滑（也称平地花式轮滑）是轮滑运动中的最新成员，它最能体现轮滑运动休闲性和趣味性的一面，其入门容易，场地和器材要求简单，是目前轮滑运动各个单项中较适合在大众中普及和推广的。

·知识窗

### 轮滑注意事项

1. 练习轮滑前，应先做好准备活动，尤其是手腕和下肢各关节及韧带，要充分活动。
2. 应尽可能戴一些防护用具，如轮滑专用的护腕、护肘、护膝及头盔等。
3. 练习前要检查轮滑鞋的螺丝等紧固部件，以免滑行中因轮滑鞋出问题而受伤。

4. 初学者应在相对封闭的范围内练习，或尽可能在人少的地方练习，最好有滑行熟练的同伴或教练进行辅导。

5. 学习轮滑时摔跤是不可避免的，要学会在摔跤时做好自我保护。方法如下：当要向前或向侧摔倒时，要主动屈膝下蹲，用双手撑地缓冲，减小摔倒的力量；当要向后摔倒时，也要主动屈膝下蹲，降低重心，尽量让臀部先坐下，并注意保护好尾骨处，同时低头团身，避免头部后仰磕地；摔倒时应尽量避免直臂单手撑地，这样很容易损伤手腕。

6. 患有严重疾病的人（如有心脏病、高血压等）不宜参加激烈的轮滑活动。

## 三、轮滑基本技术

1. 模仿练习

模仿练习是在不穿轮滑鞋的情况下，在地面上模仿轮滑姿势和技术动作的练习。

（1）静蹲

【动作方法】

两脚平行开立，稍屈膝下蹲，上体前倾，含胸收腹，目视前下方，两臂自然下垂或放在腰后，重心在两腿之间（见图 14—51）。

图 14—51　静蹲

（2）单腿支撑练习

【动作方法】

由原地基本姿势开始，将一腿后引，另一腿按原姿势支撑身体，收回后引腿成原姿势，再换另一腿做。两脚交替进行，注意保持重心稳定（见图 14—52）。

图 14—52　单腿支撑

（3）蹬腿收腿练习

【动作方法】

在静蹲姿势的基础上，进行左右腿轮流蹬地侧出和收腿的练习，在此基础上，可以加上手臂摆动的动作，两臂前后摆动，前臂自然弯曲，后臂伸直（见图 14—53）。蹬腿收腿是轮滑最常见的动作之一。只有学会蹬腿和收腿，才能获得前进的动力。

图 14—53　蹬地收腿

2. 基础入门

（1）基本站立姿势见表 14—1。

**表 14—1**　　**基本站立姿势**

| 丁字站立 | 八字站立 | 平行站立 |
| --- | --- | --- |
| 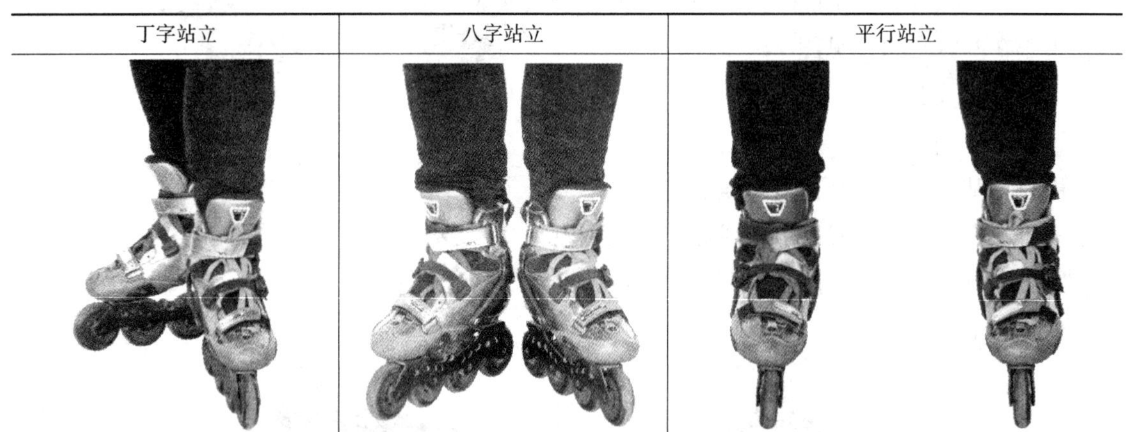 | | |
| 两脚丁字站立，前脚跟靠住后脚的脚弓处，两膝微屈，身体重心主要在后脚上 | 两脚脚尖分开，两脚跟靠近，两膝微屈，身体重心在两脚上 | 两脚分开，与肩同宽，两膝微屈，身体重心在两脚之间 |

（2）基础平衡

【动作方法】

从原地基本站立姿势开始，做静蹲、蹲起、抬脚、慢走等动作（见图 14—54）。反复练习，体会控制重心，保持身体平衡。

（3）原地移重心

【动作方法】

双脚平行站立，呈静蹲姿势，上体前倾，两臂自然背于腰后，含胸收腹，腰背部放松，眼看前方，重心在两腿之间。逐渐将身体重心移至左脚，右脚慢慢抬起向左侧收回，帮助维持身

图 14—54　静蹲、蹲起、抬脚、慢走等基础平衡练习

体平衡，保持 2 秒左右；右脚恢复静蹲姿势，身体重心移至两脚中心。逐渐将身体重心移至右脚，左脚慢慢抬起向右侧收回，帮助维持平衡，保持 2 秒左右；恢复两脚平行站立姿势（见图 14—55）。

①　②　③　④

图 14—55　原地移重心

3. 滑行技术

（1）双脚向前滑行

【动作方法】

双脚平行站立，全身自然放松；右脚用内侧轮向外蹬地，身体重心移至左脚，双臂自然张开，维持平衡；左脚向前滑出，右脚抬起并向内侧收回，靠近左脚；右脚落地，双脚向前滑行，身体重心落在两脚之间，膝关节放松，上体稍向前倾；当滑行将要停止时，用左脚内侧轮向外蹬地，后续动作同前，方向相反（见图14—56）。

①　②　③　④　⑤

图14—56　双脚向前滑行

（2）单脚向前滑行

【动作方法】

两脚平行站立，全身自然放松；左脚轮向侧后蹬地，右腿稍屈膝，身体重心移至右脚，双臂自然张开；左脚蹬离地面，上体放松，保持身体平衡，右脚向前滑行；单腿滑行将要停止时，收回左腿，两脚平行滑行，然后换右脚蹬地滑行（见图14—57）。

①　②　③　④

图14—57　单脚向前滑行

（3）双脚弧步向前滑行

【动作方法】

原地双脚平行站立；两脚尖外展并以内侧轮蹬地，两脚尖向外侧滑出，两腿屈膝，两臂自然张开维持身体平衡；两脚向前外滑，并滑出适当弧线时（两脚稍宽于肩），膝关节渐直并平行滑出；两脚尖同时内扣，并用轮外侧向前滑行，两膝弯曲，身体稍前倾；两脚靠拢至 15 厘米左右时，重复上述动作，连续滑行（见图 14—58）。

①　②　③　④　⑤

图 14—58　双脚弧步向前滑行

（4）双脚弧步向后滑行

【动作方法】

原地双脚平行站立；脚尖稍向内，两腿弯曲，用两轮内侧向前蹬地，同时两脚跟向两侧分开。两臂自然张开，目视向右后方；两脚外滑至适当弧线时（两脚稍宽于肩），两脚后跟用力回收，大腿向内夹，膝关节渐直并平行滑出。两脚跟同时内扣，并用轮外侧向前滑行，两膝弯曲，身体稍前倾；两脚靠拢至 15 厘米左右时恢复至原来姿势，重复上述动作，连续滑行（见图 14—59）。

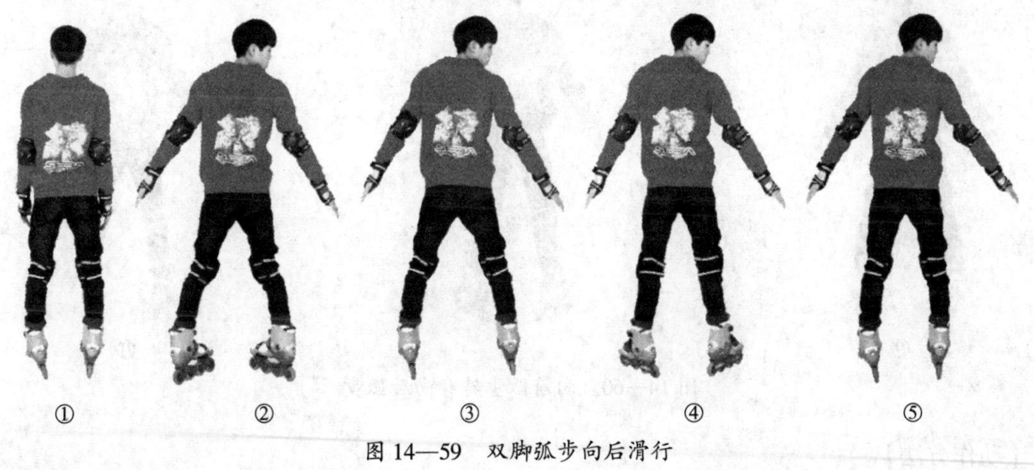

①　②　③　④　⑤

图 14—59　双脚弧步向后滑行

（5）向前弧步转身向后弧步

【动作方法】

弧步基本动作同上，转身动作方法如下：双脚脚跟抬起，脚尖点地，两腿弯曲，两臂自然张开，保持平衡。以脚尖为圆心向后转 180 度，两腿屈膝，重心在两脚尖的轮子上。两臂自然张开，脚跟着地，保持身体平衡（见图 14—60）。

（6）向后弧步转身向前弧步

图 14—60　向前弧步转身向后弧步

【动作方法】

弧步基本动作同上，转身动作方法如下：双脚脚尖提起，脚跟着地，两腿弯曲，两臂自然张开，保持平衡。以脚跟为圆心向后转 180 度，脚尖着地，保持平衡（见图 14—61）。

（7）向前交叉步滑行

【动作方法】

以双脚平行向前滑行开始；身体重心向左倾，两臂自然张开，两腿稍弯曲。右腿蹬地结束后，用大腿带动小腿，右脚向前提至左脚前，成两腿交叉状。同时，右脚轮内侧落地，并向左

①　②　③　④

⑤　⑥　⑦　⑧

⑨　⑩　⑪

图 14—61　向后弧步转身向前弧步

前方滑出，左脚用力以轮外侧向右侧后方蹬地。左腿以大腿带动小腿，左脚由后提至右脚左前方，左脚以轮外侧落地并向左前方滑出，两脚交替滑行（见图 14—62）。

（8）向后交叉步滑行

【动作方法】

以双脚平行向后滑行开始；两臂自然分开；左脚向右前方蹬地后迅速收回，并以大腿带动小腿向右脚的右侧前方迈出，身体重心随之跟上；在左脚短暂滑行之后，右脚以大腿带动小腿迅速从左腿后方收回，脚尖内扣落地，同时，右脚向左前方蹬地，左脚向右后方滑行（见图

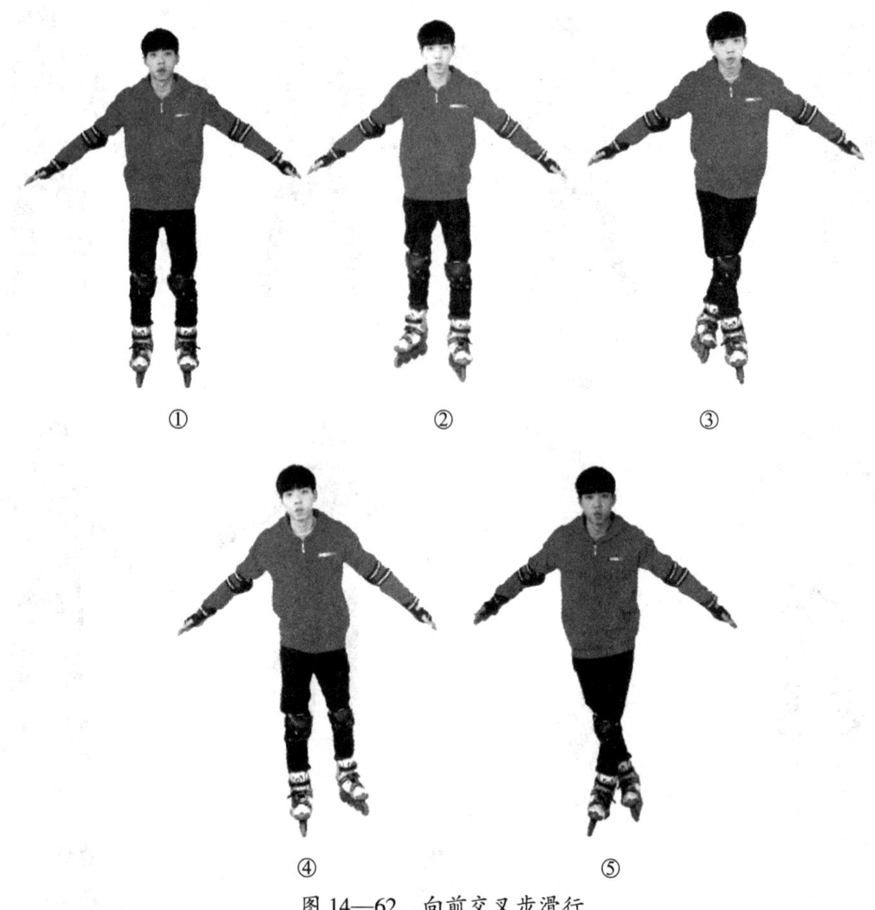

① ② ③

④ ⑤

图 14—62 向前交叉步滑行

14—63)。重复上述动作，继续交叉步向前滑行。

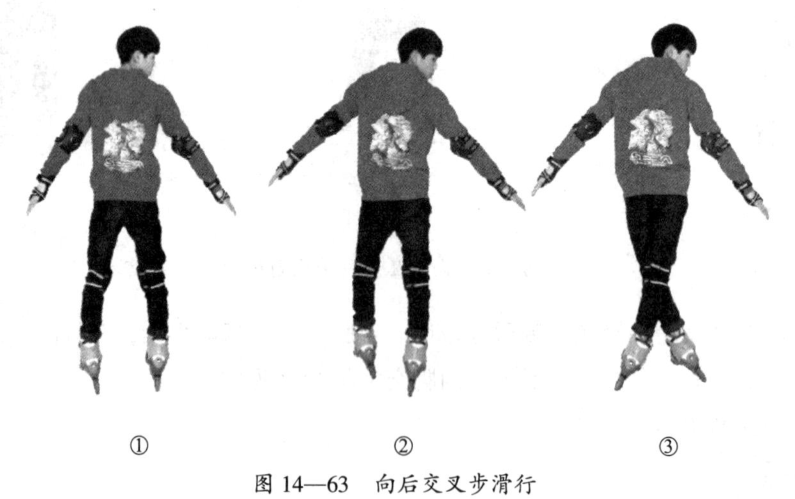

① ② ③

图 14—63 向后交叉步滑行

4. 停止练习

(1) 犁形停止

【动作方法】

以双脚向前平行滑行开始，滑行过程中，以右脚内刃向右前侧擦地，左脚鞋轮保持直立，利用右脚内刃擦地过程中所产生的摩擦力以达到减速并停止。双臂自然张开保持身体平衡（见图 14—64）。

① ② ③

图 14—64 犁形停止

（2）T 形停止

【动作方法】

以双脚向前平行滑行开始，将重心放在右脚上，左膝微屈，同时抬起右脚，右脚尖外转；右脚横放在左脚后成“T”形，并以右脚的轮子内侧摩擦地面，减缓滑行速度至停止（见图 14—65）。

（3）八形停止

【动作方法】

双脚向前平行滑行开始，两脚以轮子的内侧着地，与地面形成摩擦；两脚尖内扣成“八”形，重心落在两脚中间，脚跟用力向外张，利用轮子的内侧与地面摩擦来起减速制动的作用（见图 14—66）。

图 14—65 T 形停止

图 14—66 八形停止

5. 花样过桩

(1) 双脚向前过桩

【动作方法】

两脚平行站立，起滑时身体稍前倾，两膝弯曲用力。两脚以内刃蹬地，两臂左右伸开维持身体平衡；双脚向前外滑，划大致与肩同宽的弧线，两脚尖内收靠拢，两膝弯曲用力，两脚用外刃蹬地；两脚靠拢，右脚在前，左脚在后，重心在两腿之间，成两腿交叉向前滑行；两脚迅速由内刃向前滑行变为外刃向前滑行至两腿交叉的最大幅度，使标志从两腿中间穿过。两脚尖内收合拢。两脚靠拢，右脚在前，左脚在后，重心在两腿之间。双脚尖外展成“V”形，以内刃蹬地，向前滑行（见图14—67）。两脚恢复平行滑行。可继续做同样的过桩动作。

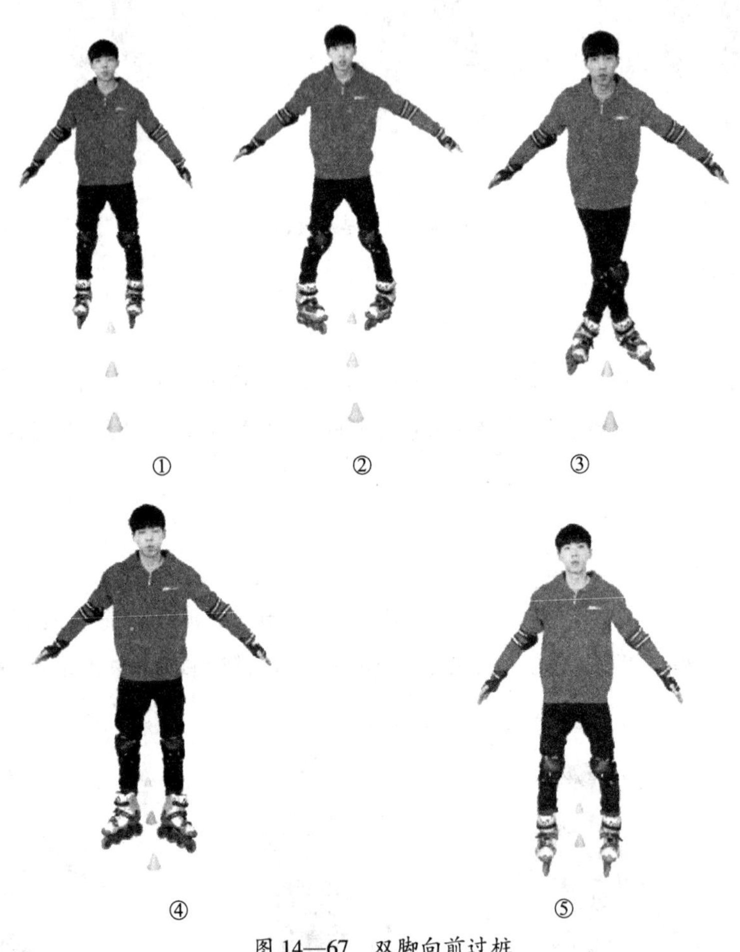

图14—67　双脚向前过桩

(2) 双脚向后过桩

【动作方法】

双脚平行站立，背对标志；两脚尖内扣，脚跟外展成“A”形，起滑时身体稍后仰，两膝弯曲用力。两脚以内刃蹬地，两臂左右伸开帮助维持身体平衡，眼睛看向右后下方；双脚向后外滑，直至与肩同宽的弧线，两脚平行。两脚脚跟内收靠拢，两膝弯曲，两脚用力向外蹬地；

两脚靠拢，右脚在前，左脚在后，重心在两腿之间；继续向对侧腿“挤推”，成两腿交叉向后滑行。并且，两腿迅速由内刃向前滑行变为外刃向前滑行至两腿交叉的最大幅度，标志从两腿中间穿过；两脚尖内收靠拢，左脚在前，右脚在后，重心在两腿之间；双脚跟外展成“A”形，以内刃蹬地，向后滑行；两脚恢复平行向后滑行（见图 14—68）。

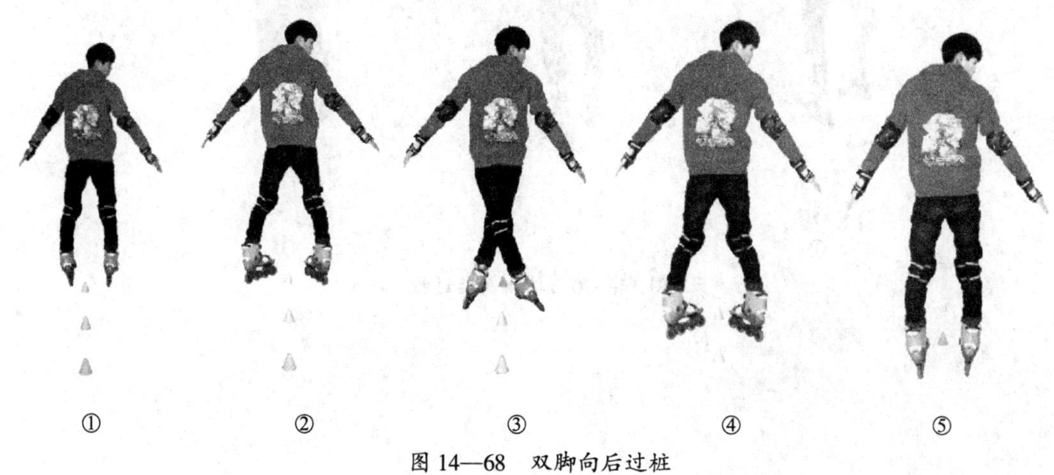


图 14—68　双脚向后过桩

（3）单脚向前过桩

【动作方法】

双脚平行向前滑行，至标志 1 米左右时，抬起左脚，两手自然展开，以右脚前外刃滑行绕开标志；然后，在脚尖的带动下，右脚成左前内刃滑行，再绕开第二个标志；右脚由内刃滑行，同样动作再绕后续标志（见图 14—69）。绕完桩后，两脚恢复平行向后滑行。

图 14—69　单脚向前过桩

（4）单脚向后过桩

【动作方法】

双脚平行向后滑行，至标志 1 米左右时，抬起左脚，以右脚前内刃滑行绕开标志，扭转右脚跟，成右后外刃滑行，绕开第二个标志；右脚由外刃滑行，同样动作，再绕后续标志（见图 14—70）。绕完桩后，两脚恢复平行向后滑行。

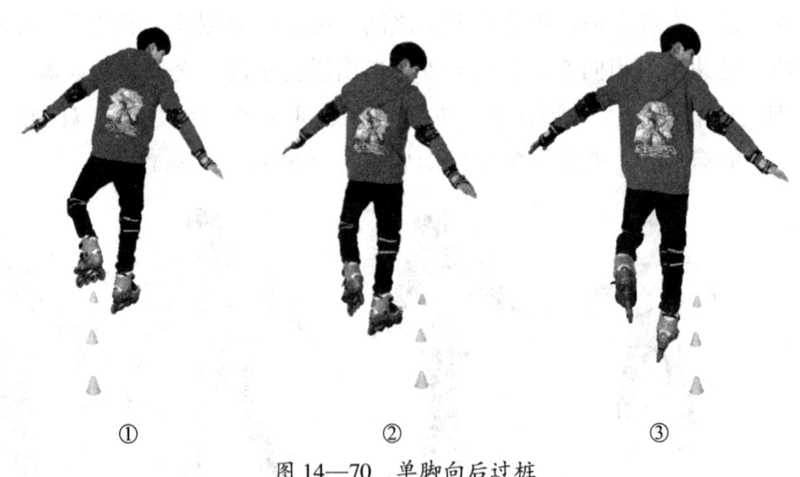

① ② ③

图 14—70 单脚向后过桩

# 第十五章　职业体能训练

职业体能是保证身体健康和提高工作效率的基础，是同学们在未来职场打拼，取得成功和收获幸福的基础。你了解目前所学专业和工种对体能的要求吗？你的体能能够适应未来职业的需要吗？你知道如何提高你的职业体能吗？

通过本章的学习，你将明白在校学习期间除了发展一般身体素质外，还应根据自己所学专业的特点，增强身体素质和职业体能；掌握提高职业体能的有针对性的训练方法，为走向职场打下良好的身体基础。

## 第一节　职业体能概述

### 一、职业体能概述

从广义上讲，体能是指人体适应外界环境的能力，是有机体在先天因素的基础上，通过后天训练而获得的身体和心理方面的综合能力。一般包括与运动有关的运动体能和与健康有关的健康体能。运动体能是指为了提高运动技术水平和创造优异运动成绩所需的体能。健康体能是指为了促进健康、预防疾病和提高日常生活工作效率所需的体能。

职业体能是在健康体能的基础上派生出来的一个概念，是指与职业劳动者从事专项工作有关的身体素质和心理素质以及对工作环境和工作方式的耐受力和适应能力。职业体能是维护职业健康和提高工作效率的基础和保障，发展和提高职业体能的主要手段是运动训练。

### 二、职业体能主要指标

1. 身体形态

身体形态是影响职业体能的重要因素之一。相比较而言，体重正常和体重较轻者职业体能相对于肥胖者要好。体重超标，肺活量、力量、柔韧、速度、灵敏、耐力等素质相对下降。另外，体内囤积过多的脂肪，易导致一些慢性疾病发生，如糖尿病、高血压、动脉硬化及心肌梗死等。因此，保持理想身体形态对维持良好的职业体能有着十分重要的意义。

2. 肌肉力量

肌肉力量是一块肌肉或一组肌肉群一次竭尽全力从事抵抗阻力的活动能力。诸多工种和职业劳动者工作中需要绝对的肌肉力量去完成相应的工作。肌肉强壮有助于提高工作效率，同时可以预防关节的扭伤、肌肉的疼痛和身体的疲劳等。

3. 肌肉耐力

肌肉耐力是指一块肌肉或一组肌肉群在一段时间内重复进行肌肉收缩的能力，与肌肉力量密切相关。肌力是肌肉收缩过程中所能产生的最大力量，肌耐力是肌力持续收缩的能力。良好的肌力与肌耐力可以维持正确的姿势，提高工作效率。肌力和肌耐力不好的人较容易产生肌肉疲劳与酸疼。

4. 柔韧素质

柔韧素质是指人体各个关节的活动幅度以及肌肉、肌腱和韧带等软组织的伸展能力。关节柔韧度不好、姿势不正确易导致下背部疼及肩颈疼痛等。具有良好柔韧素质的人，工作中肢体的活动范围较大，动作协调，肌肉不容易拉伤，关节也不容易扭伤。

5. 心肺功能

心肺功能是指人体的心、肺、血管、血液等组织的功能，与氧气和营养物质的输送以及代谢物的清除有关。心肺功能是体质测量中很重要的一项，是反映全身性运动持久能力的指标。心肺耐力良好的人，能更有效地完成日常工作，而不容易感到劳累。

6. 灵敏素质

灵敏性素质是指精确而协调地完成复杂动作的能力，是速度、力量和柔韧等各种身体素质在特定条件下的综合反映。灵敏素质良好的人，在面对纷繁复杂的局面时，能保持冷静的头脑、清晰的思维，高效地完成工作。

7. 心理素质

心理素质是指个体在心理活动等方面所具有的基本特征和品质。随着社会变革的深入，生活节奏的加快以及竞争的日益激烈，每个人都必须面对现实，也必然要承受一定的心理压力。心理素质良好的人，能保持平和的心态，能清楚地认识自我，正确地评价自我，能积极地总结失败的原因，并从中吸取教训。

### 三、职业体能的分类

按照职业岗位工作时的主要身体姿态，职业体能可分为四类：静坐姿态类，主要包括会计、文秘、行政办事员、IT 行业等；静站姿态类，主要包括营业员、礼仪接待、安保站岗等；流动变姿类，主要包括营销员、导游、记者等；操作姿态类，主要包括机械、生产线操作工等。

不同类型的职业工作有其不同于其他职业的工作特点，同时对从业人员职业体能的需求也有所不同。

## 第二节　静坐姿态类职业体能训练

### 一、静坐姿态类职业的工作特点

静坐姿态类职业如计算机、文秘、会计等，此类专业的学生毕业后所从事的工作多是以静

坐为主。此类工作需要长时间保持坐姿、伏案、低头含胸、精神高度集中等，身体得不到足够的活动，长时间用眼容易引起视觉疲劳，长时间敲击键盘，重复单一动作，部分神经、肌肉组织呈紧张状态。此类工作需要相当大的静态支持力。

·知识窗

**长时间静坐的健康隐患**

1. 血液循环流通差

人体内的细胞要靠血液循环运动来完成其新陈代谢功能。久坐者，血液循环减慢，体内静脉回流受阻，血液淤积后，易引起肌肉酸痛、关节僵硬、力量下降等，长此以往，易致使静脉曲张、患痔疮等。

2. 颈椎问题麻烦大

人体骨骼中，各关节连接处通过运动会产生一种黏液，以防止骨骼间相互磨损。而久坐者的骨连接处无法产生这种黏液而变得干燥，继而引发关节病变。久坐不动不仅易引起颈椎僵硬，影响颈椎动脉对头部的供血，导致颈部关节的灵活性下降，甚至影响颈椎正常生理弯曲度，引发颈椎病。

3. 心脑血管隐患多

久坐少动者，热量消耗减少，人体对心脏工作量的需求随之减少，由此引起血液循环减慢，心脏功能减退，而大脑会因身体活动少，引起供血不足，出现头昏眼花、倦怠乏力、手脚麻木等不适之症，易患动脉硬化、高血压、冠心病、慢性眩晕等心脑血管疾病。

4. 消化系统易紊乱

久坐不动者每日正常摄入的食物，易聚积于胃肠，使胃肠负荷加重，可引发胃肠系统功能紊乱及病变。而运动能够加强胃肠道蠕动，促进消化液的分泌，增强胃肠的消化和吸收功能，从而有效提高消化系统的功能。

## 二、静坐姿态类职业体能训练

1. 力量训练

坐姿时腰背部肌肉是主要的受力肌。力量训练可以增强肌肉弹性，改善组织血液循环，增强新陈代谢，防止或降低组织疲劳。针对坐姿类岗位所需身体素质的要求，应主要发展臂部、躯干部、颈肩部等肌群的力量耐力素质。

（1）臂部练习

①胸前、颈后臂屈伸

【主要作用】

发展上臂、躯干肌群力量。

【动作方法】

坐于长凳上，双手持杠铃片置于胸前；小臂伸直上举直至手臂伸直举过头顶，再以肘关节为轴上臂下降，将杠铃片置于脑后，重复练习（见图 15—1）。

【动作要点】

手臂下降时注意控制力量，以免杠铃片砸到头背部。

图 15—1　胸前、颈后臂屈伸

②体前单臂屈伸

【主要作用】

发展上臂肌群力量。

【动作方法】

坐于长凳上，上体保持正直，双手持哑铃，以肘关节为轴，左右轮流向上屈伸，反复练习（见图 15—2）。

【动作要点】

腰背部挺直。

图 15—2　体前单臂屈伸

③直臂双侧展收

【主要作用】

发展上臂肌肉群力量。

【动作方法】

直体站立，两脚分开与肩同宽，手心相对持哑铃，以肩关节为轴，双臂伸直外展至侧平举，再缓速下收回归原位，重复练习（见图 15—3）。

【动作要点】

身体直立，外展下收匀速进行。

图 15—3　直臂双侧展收

（2）肩部练习

①杠铃片前平举

【主要作用】

发展肩部、躯干部肌群力量。

【动作方法】

分腿微屈膝跨立，双手握杠铃片于体前，身体正直；两腿下蹲，双臂前举，杠铃片与地面平行；还原起始动作。重复练习（见图 15—4）。

图 15—4　杠铃片前平举

【动作要点】

保持躯干正直，平举时手臂伸直。

②负重上举

【主要作用】

发展肩部、躯干部肌群力量。

【动作方法】

坐于长凳，上举杠铃，循环练习（见图 15—5）。

【动作要点】

直臂，腰背部挺直。

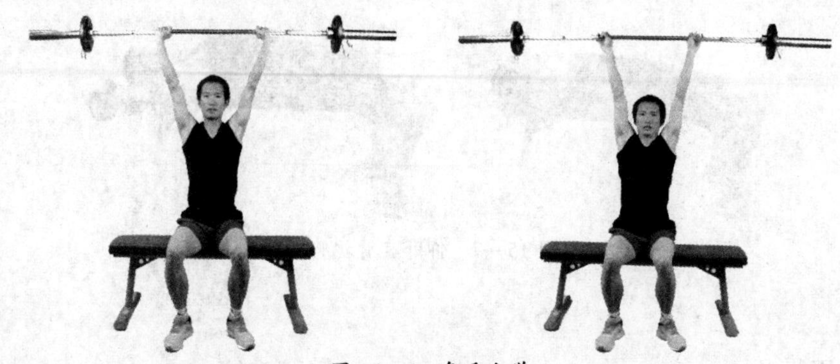

图 15—5　负重上举

(3) 胸部练习

①仰卧推举

【主要作用】

发展胸部、上肢肌群力量。

【动作方法】

仰卧于长凳上，双臂屈肘，握哑铃（或杠铃片）于胸前，双臂向上推举至双臂完全伸直，缓慢下降至胸前，反复练习（见图15—6）。

【动作要点】

哑铃（或杠铃片）推举至眼睛的垂直上方。

图15—6 仰卧推举

②仰卧直臂扩胸

【主要作用】

发展胸部、上肢肌群力量。

【动作方法】

仰卧于长凳上，持哑铃直臂举于胸前；双臂向两侧打开，至自己能够控制的动作幅度，再回收至胸前上举位，重复练习（见图15—7）。

【动作要点】

保持躯干伸直，达到最大动作幅度时停顿2~3秒。

图15—7 仰卧直臂扩胸

③前推

【主要作用】

发展胸部、上肢肌肉群力量。

【动作方法】

坐于训练器械椅上，两手握横把；双臂用力推动横把至双臂伸直；缓慢还原成开始姿势，重复练习（见图 15—8）。

【动作要点】

抬头平视、腰背挺直。

图 15—8　前推

2. 柔韧训练

柔韧性练习对于需要长久静坐的人尤为重要。例如，汽车驾驶员进行伸展性练习有助于提高关节的灵活性，使其头部转动自如，能够转过肩部观察到一些盲点。从事以坐姿为主的人群，应该针对颈部、肩部以及腰背部的肌群进行静力拉伸和环绕等为主的练习，使长时间僵持的肌肉获得放松。

（1）腕部练习

①拉伸压腕

【主要作用】

拉伸腕部。

【动作方法】

站立或跪撑，做不同角度的压腕拉伸练习，用力压到最大动作幅度。两手交替进行，重复练习（见图 15—9）。

【动作要点】

动作幅度尽量大，动作保持 3~5 秒。

②旋腕

【主要作用】

提高腕部柔韧素质。

【动作方法】

图 15—9　拉伸压腕

两脚开立，略宽于肩，双臂伸直，手指交叉；顺时针或逆时针旋转手腕。两手交替重复练习（见图 15—10）。

【动作要点】

在内、外旋过程身体正直，两臂伸直，动作幅度尽量大。

图 15—10　内外旋腕

（2）肩部练习

①压肩

【主要作用】

拉伸肩部。

【动作方法】

面对器械（桌、椅或肋木等），两臂伸直放于器械上，向下压肩，重复练习（见图 15—11）。

【动作要点】

尽量下压，可由同伴帮助向下按压肩背部，以加大动作难度。

②颈后拉肩

【主要作用】

拉伸上臂后部和肩部。

【动作方法】

左臂头后屈肘上举，左手下垂至肩胛处，右手在头后部抓住左臂肘关节，两臂交替重复练习（见图 15—12）。

【动作要点】

动作幅度尽量大。

图 15—11　压肩　　　　图 15—12　颈后拉肩

3. 平衡训练

（1）仰卧推杠铃（片）和左右单抬腿

【主要作用】

发展胸部、肩部肌肉群力量以及身体支撑和稳定能力。

【动作方法】

仰卧于瑞士球上，腰挺直，双手屈肘正握轻杠铃片于胸前；向上推举杠铃片，停顿 3～5 秒；放下杠铃片，双手撑地，左右依次抬腿。重复练习（见图 15—13）。

图 15—13　仰卧推杠铃（片）和左右单抬腿

【动作要点】

双脚间距减小可加大难度。

（2）仰卧瑞士球体前屈

【主要作用】

锻炼骨盆、腹部和肩部深层肌群，提高髋腿部前后肌群的控制能力。

【动作方法】

双手抱头仰卧于瑞士球上，腰伸直；腹部肌肉发力缓慢把身体向上拉起成屈体姿势，缓慢躺下成起始姿势。重复练习（见图 15—14）。

【动作要点】

双脚间距减小可加大难度。

图 15—14　仰卧瑞士球体前屈

（3）单球俯卧撑

【主要作用】

发展胸部、腰背部、肩部肌肉群力量，提高身体平衡、支撑和稳定能力。

【动作方法】

俯卧双手撑于瑞士球上，双臂伸直，双脚分开；屈肘做俯卧撑并在屈肘时静止 3~5 秒；还原成起始姿势，重复练习（见图15—15）。

图 15—15　单球俯卧撑

【动作要点】

身体保持伸直姿势。

4. 协调与灵敏训练

（1）技巧运动中滚翻动作练习

滚翻动作包括前滚翻、后滚翻、鱼跃前滚翻等。

【主要作用】

提高手、头、背、腰、臀部间的相互协调能力和前庭器官空间感觉。

【动作方法】

参照第十一章第三节的技巧运动。

(2) 模仿做对侧动作

【主要作用】

提高练习者四肢的协调能力。

【动作方法】

两人面对站立，一人做一系列徒手动作，另一人模仿做与之方向相反的动作。双方轮流交换练习。

【动作要点】

练习者在练习中逐渐增加动作难度和组合变化来提高协调能力。

(3) 听或看信号完成动作

【主要作用】

提高动作反应速度和协调灵敏素质。

【动作方法】

两人或多人一组。事先商定好信号与动作的对应。比如：听到“1”做下蹲、“2”跳一下、“3”鼓掌、“4”右手上举等。一人发信号，其他人按信号做动作。

(4) 腿部组合练习

【主要作用】

提高腿部动作灵活性。

【动作方法】

单、双腿跳障碍物——前后分腿跳——并步前踢跳——左、右分腿跳——后屈膝跳——前抬膝跳。每次一个动作，循环跳动。

(5) 多种跑的练习

【主要作用】

提高身体的灵活性。

【动作方法】

可采用曲线跑、倒退跑、穿梭跑和追逐跑等进行练习。

**·知识窗**

### 长时间静坐者注意事项

1. 每周保持一定的运动量

根据自身实际情况，每周保持一定的运动量。

2. 适当放松自己

静坐一小时左右站起来伸伸腰、转转脖、走动走动，用适当的力度拍一拍、敲一敲腿部、臀部，放松一下再投入到工作中去，劳逸结合才能更好地提高工作效率。

3. 多饮茶多吃水果

茶叶中含有茶碱等多种对人体有益的物质，可以提神明目。水果中含有大量的维生素，可以保护皮肤，常用电脑的人可多吃水果。

## 第三节　静站姿态类职业体能训练

### 一、静站姿态类职业的工作特点

静站姿态类岗位工作，需长时间站立，体位改变少。比如：车工、铣工、迎宾、前厅接待、售货员、厨师、模特等职业，均需要在工作期间长时间站立，此类职业对工作者下肢、腰部力量、耐力素质以及对血液循环系统的要求较高。

由于长时间站立，在重力的作用下，下肢血液不易回流，会引起静脉血液回流障碍。肌肉节律性地收缩对于分布于其间的静脉管起着挤压作用，使血液循环沿静脉瓣的开启方向流回心脏，长时间站立工作，缺乏肌肉收缩和舒张的交替性活动，下肢静脉中的血液不易回流。故站立时间较长，容易出现静脉曲张、脚背浮肿等现象。

另外，人体的肌肉会保持一定的张力以维持一定的身体姿势。站立时，腿部、腰背部、臀部的肌肉保持了相对较高的紧张性，比坐姿时有更多的肌纤维参与静力性工作。因此，长时间的静态站姿很容易产生腰背部和下肢疲劳。

### 二、静站姿态类职业体能训练

1. 力量训练

从事静站姿态类职业的人员，身体常处于站立状态，对下肢的力量与耐力要求较高，因此，应着重发展下肢和腰腹部肌群的力量。

（1）下肢力量练习

①下蹲起立

【主要作用】

发展大腿部肌肉群力量。

【动作方法】

双脚开立，间距约为肩宽，两手体侧持杠铃片或将杠铃片平置于胸前，做深蹲、起立，反复练习（见图 15—16）。

【动作要点】

身体直立，挺胸、收腰，避免弓背。

②小腿屈伸

【主要作用】

发展小腿部肌肉群力量。

【动作方法】

坐位或俯撑位，负重用力屈伸小腿，至极限位置时保持 3 ~ 5 秒；缓慢还原成开始姿势，重复练习（见图 15—17）。

【动作要点】

图 15—16　下蹲起立

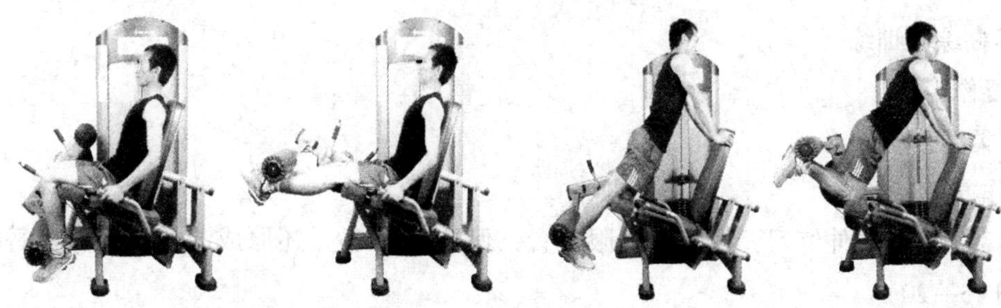

图 15—17　小腿屈伸

身体紧贴靠板，尽量用小腿肌群发力，不用其他部位借力。

③直腿展收

【主要作用】

发展腿部肌肉群力量。

【动作方法】

站或坐位，做腿部内收或外展练习，至极限位置保持 3~5 秒（见图 15—18）。

图 15—18　直腿展收

【动作要点】

缓速收展或快展慢收。

④提踵

【主要作用】

发展小腿部肌肉群力量。

【动作方法】

站或坐姿位，负重做提踵练习。脚后跟提到最高处时停顿 2~3 秒；还原成起始姿势，反复练习（见图 15—19）。

【动作要点】

站位时膝关节、坐位时腰背部挺直。

图 15—19　提踵

2. 柔韧综合训练

【主要作用】

提高柔韧素质。

【动作方法】

做多种形式的拉伸练习，拉伸至极限位置，保持 5~8 秒。还原成起始姿势，交替重复练习（见图 15—20）。

【动作要点】

循序渐进，量力而行。

图 15—20　柔韧综合训练

3. 平衡综合训练

【主要作用】

锻炼躯干深层肌群，提高腹背部、臂部和腿部肌群的控制能力。

【动作方法】

练习者仰或侧卧于瑞士球上，做多种控制平衡动作练习，完成单个动作后，保持 5~8 秒静止；还原成起始姿势；重复交替练习（见图 15—21）。

【动作要点】

整个动作过程，稳定身体的平衡。

图 15—21　平衡综合训练

4. 协调与灵敏训练

（1）跳绳练习

【主要作用】

提高练习者上肢和下肢及身体平衡协调能力。

【动作方法】

做多种形式跳绳练习，如单人（单摇、双摇、交叉、正反摇等），双人（单人摇前后站位、双人摇左右站位等），多人跳长绳（集体跳、鱼贯 8 字等）。

（2）跑的练习

【主要作用】

提高练习者的协调能力。

【动作方法】

做多种形式的跑步练习。例如，在正常跑步的基础上结合各种步伐、方向转换、踢腿、过障碍、追逐等方式的改变，练习身体各部位间的相互协调能力。

（3）跳的练习

【主要作用】

提高练习者的协调能力。

【动作方法】

做多种形式的跳的练习。例如，跳方格、跳障碍、跳竹竿、多方向跳等。

## 第四节　流动变姿类职业体能训练

### 一、流动变姿类职业的工作特点

流动变姿类职业是兼有伏案、站立特点的综合类型工作，如贸易、营销、导游、记者等，该类人员以坐、站、行走、乘车等姿势工作，静力性工作与动力性工作相互交替且没有一定的规律。该类职业人群没有固定的工作时间，不像办公室工作人员那样有规律，随时可能要应对突发或紧急事件，所以从事这类职业必须要具备充沛的体力、敏捷的反应能力、良好的心理素质以及在不利环境中保持持续工作的能力。

### 二、流动变姿类职业体能训练

1. 力量训练

（1）腹部力量训练

腹背肌是人体运动过程中承上启下的核心肌群，在流动变姿类职业体能训练中，腹背肌力量地训练应引起高度重视。

①斜板负重仰卧起坐

【主要作用】

发展腹部肌肉群力量。

【动作方法】

仰卧于斜板上（斜板角度一般在 15~45 度之间），两脚钩住套带或固定物，双手握小杠铃片抱头；抬上体至身体与大腿成垂直位置；缓慢还原成起始姿势，重复练习（见图 15—22）。

【动作要点】

保持快起慢落的节奏。

②仰卧侧起

【主要作用】

发展腹部肌肉群力量。

图 15—22　斜板负重仰卧起坐

【动作方法】

平躺于地上，膝盖微屈，双手抱头，做仰卧起坐的同时左肘触及右膝后还原，再右肘触及左膝后还原，循环重复练习（见图 15—23）。

【动作要点】

保持快起慢落的节奏。

图 15—23　仰卧侧起

③悬垂屈膝举腿

【主要作用】

发展腹部肌肉群力量。

【动作方法】

双臂伸直，身体悬垂于器械，双腿并拢伸直，双手正握杠；屈膝上举双腿至膝盖接近（或贴于）胸部，保持 2~3 秒钟；缓慢还原成起始姿势，重复练习（见图 15—24）。

【动作要点】

双臂不发力。

④负重体侧屈

【主要作用】

发展腹部肌肉群力量。

【动作方法】

双脚左右开立，双脚间距约为肩宽，右手放于体侧，左手持杠铃片或（哑铃）。身体向右侧屈至动作最大幅度，缓慢还原成起始姿势，两侧交换重复练习（见图 15—25）。

【动作要点】

保持身体在竖直面内侧屈。

图 15—24　悬垂屈膝举腿

图 15—25　负重体侧屈

（2）背部力量训练

①颈后引体向上

【主要作用】

发展背部、上臂肌肉群力量。

【动作方法】

双臂伸直身体悬垂于器械，双腿并拢伸直，双手正握杠；双臂上拉引体至颈后，可做短时间停留，然后身体缓慢下降，重复练习（见图 15—26）。

图 15—26　颈后引体向上

【动作要点】

上拉速度稍快些，缓慢下降。

②俯卧两头起

【主要作用】

发展背、臀部肌肉群力量。

【动作方法】

平趴在地上，双手、双腿前后伸直；以腰背部发力为主，腿部、颈肩部配合发力，将手、脚抬升至最高幅度后缓慢放下，重复练习（见图 15—27）。

【动作要点】

快起慢下。

③负重俯卧背屈伸

【主要作用】

发展背部肌肉群力量。

图 15—27　俯卧两头起

【动作方法】

身体俯卧于器械上，双手握轻质杠铃片抱头；向后屈至动作最大幅度，保持 2~3 秒钟；慢慢还原成起始姿势，重复练习（见图 15—28）。

【动作要点】

向后屈时腿不主动发力。

图 15—28　负重俯卧背屈伸

（3）臀部力量训练

①俯卧后举腿

【主要作用】

发展臀部肌肉群力量。

【动作方法】

俯卧于训练器械上，双腿并拢伸直，双手抓握套带或固定物，双腿上抬至动作最大幅度，保持 2~3 秒钟，重复练习（见图 15—29）。

【动作要点】

双腿并拢伸直，主动利用臀大肌收缩发力。

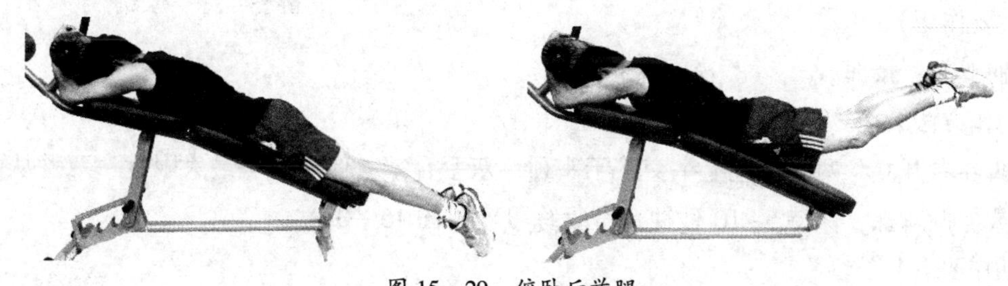

图 15—29　俯卧后举腿

②侧卧侧摆腿

【主要作用】

发展臀部肌肉群力量。

【动作方法】

侧卧于长凳上，双腿并拢伸直，双手扶长凳；外侧腿向上抬至动作最大幅度，保持2~3秒钟；慢慢还原成开始姿势，重复练习（见图15—30）。

【动作要点】

双腿伸直。

图15—30 侧卧侧摆腿

2. 柔韧训练

（1）跪立背弓

【主要作用】

拉伸腹部和大腿前部。

【动作方法】

跪立于垫上，脚尖向后，两手叉腰，身体正直；双手向后撑地，上体后仰形成背弓，臀部肌肉收缩送髋，头后仰，加大背弓。保持3~5秒，反复练习（见图15—31）。

【动作要点】

双腿并拢，动作幅度尽量大。

图15—31 跪立背弓

（2）体前屈

【主要作用】

拉伸腿部、腰部。

【动作方法】

双脚左右开立，两臂伸直上举交叉于头顶，双手合掌；体前屈至最大限度，双臂从两腿外侧后伸或抓握脚踝，保持5~10秒钟，重复练习（见图15—32）。

【动作要点】

拉伸幅度可逐渐增加。

（3）后仰甩腰

【主要作用】

拉伸腰部。

【动作方法】

背向器械，两脚分开站立，两脚间距离稍宽于肩，两臂伸直自然下垂于体侧，身体正直；向后甩腰，两臂经体前向上向后摆臂，两腿微屈，保持5~10秒钟。还原成起始姿势，重复练习（见图15—33）。

【动作要点】

向后甩腰时控制好摆臂速度。

图15—32　体前屈

图15—33　后仰甩腰

3. 平衡训练

（1）负重转体

【主要作用】

发展躯干斜肌肌群的力量。

【动作方法】

坐于瑞士球上，双手握哑铃，屈臂举于肩两侧，双脚稍宽于肩贴于地面；以腰部为轴左右转动上体，重复练习（见图15—34）。

【动作要点】

大臂平举，抬头挺胸、身体正直。

图15—34　负重转体

（2）俯撑两头单手单脚起

【主要作用】

发展躯干深层肌群，提高腰部伸展和骨盆伸髋肌群的控制能力。

【动作方法】

俯趴于瑞士球上，四肢伸直并撑地。左腿右臂同时起，右腿左臂同时起，两侧交替，重复练习（见图15—35）。

【动作要点】

保持身体在瑞士球上的平衡，幅度尽量做大。

图15—35 俯撑两头单手单脚起

（3）负重仰卧起坐

【主要作用】

发展腹部肌群力量。

【动作方法】

双手握轻质杠铃片抱头仰卧于瑞士球上，双脚略与肩同宽放于地面；向上快速抬上体并与大腿垂直，再慢躺成起始姿势，重复练习（见图15—36）。

【动作要点】

注意保持身体的平衡。

图15—36 负重仰卧起坐

4. 协调与灵敏训练

（1）协调训练

①单足跳与前摆

【主要作用】

主要提高练习者腿部的协调能力。

【动作方法】

练习者在单足跳的基础上，摆动腿积极向前做抬腿、摆腿练习，可在往返20米的距离内练习，两腿交替重复练习。

【动作要点】

跳起时要有滞空感。

②登山走

【主要作用】

提高练习者的协调能力。

【动作方法】

练习者在约 20 米的距离上往复做轻快地登山走（由脚尖过渡到脚跟），连续伸展左、右踝关节。

【动作要点】

做登山动作时，膝关节略微弯曲。

③肩绕环

【主要作用】

提高上肢协调能力。

【动作方法】

开立，两脚间距离与肩同宽，两臂伸直上举，掌心相对；两臂均以肩关节为轴，一臂向前绕环，一臂向后绕环，交替重复练习。

【动作要点】

绕环时两臂伸直。

（2）灵敏训练

①触摸练习

两人一组，在一定的范围内用手触摸对方肩部，可以利用步法移动躲闪。

②躲闪练习

三人或一组，躲闪者站在两名同伴中间，距离同伴各 5 米左右的位置，一名同伴手持软式排球投向躲闪者，躲闪者尽力避免被投中，再由另一名同伴投球，可重复交换练习。

③对墙掷接球练习

练习者持网球、乒乓球或弹性球，距墙壁 2 米站立，向墙壁投球，待球弹回时用手迅速接住，熟练后可做同时抛两球练习。

·知识窗

### 职业倦怠

职业倦怠是指一个人长期从事某种职业，在日复一日重复机械地工作中，对工作逐渐失去兴趣，对职业产生厌倦情绪，工作绩效明显降低，身体疲惫。长期的职业倦怠不仅影响工作效率，而且容易出现疲劳、头痛、失眠、记忆力减退、食欲下降、注意力不集中、烦躁易怒、抵抗力下降等状况。这些会影响到个体的身心健康、工作状态以及幸福感受。

下面介绍一些缓解职业倦怠的方法：

1. 运动调节：运动是减压的良方。当运动达到一定量时，身体产生多巴胺和内啡肽，不仅可以消除疲劳和疼痛感，还能让人感到舒爽和快乐。

2. 思维调节。换个角度，多元思考。学会欣赏自己，善待自己。遇挫折时，要善于多元思考，适时自我安慰，不要过度否定自己。

3. 休假调节。如果是因为工作太久缺少休息，就赶快休个假，让自己的身心得到放松。

4. 交流调节。多和同事、朋友、家人交流沟通，把自己工作中的不愉快通过交流释放出去，同时，可以听取他人的建议和意见。

## 第五节　操作姿态类职业体能训练

### 一、操作姿态类职业的工作特点

操作姿态类职业工种繁多，主要有以体力为主的职业和以灵巧为主的职业。前者主要包括机械操作人员、钢铁工人、物流、建筑工人、装修、工艺美术、工程设备安装人员等；后者主要包括各类修理工、电工、流水线操作工等。

操作姿态类职业人员的静力性工作与动力性工作时常交替进行，劳动时工作姿势的变化没有一定规律，有些工种（如园艺工作者）姿势变化频率快，肌肉交替休息，不易疲劳，而有些工种（如机械工）工作时需要承受紧张的静力负荷，肌肉一直处于紧张性收缩状态，容易造成肌肉紧张、僵硬。

操作姿态类职业有时需在高温、高湿、高寒、辐射和噪声等恶劣环境下工作，容易造成免疫力低下并产生烦躁情绪。此外，流水线上的装配工及机械工人，虽体力、脑力负荷都不大，但由于工作单调，久而久之也可能影响工作效率和身心健康。

随着现代化、工业化进程的推进，工厂操作类职业体力劳动的成分相应减少，而脑力劳动的成分相应增加。

### 二、操作姿态类职业体能训练

1. 力量练习

（1）掷实心球

【主要作用】

发展腹部和肩部深层肌群力量。

【动作方法】

双脚前后开立，间距约为肩宽，两手持实心球，向前或向后掷球（见图 15—37）。

【动作要点】

发力瞬间，全身用力。

（2）立卧撑接纵跳

图 15—37　掷实心球

【主要作用】

发展腰腹部和腿部肌群力量。

【动作方法】

俯撑于地面，双腿伸直，屈臂俯卧撑，撑起后收腹屈膝成蹲撑，然后迅速向上跳起，反复练习（见图 15—38）。

【动作要点】

收腹、屈膝、站立要快。

图 15—38　立卧撑接纵跳

（3）弓箭步蹲走

【主要作用】

发展腿部和臀部肌群力量。

【动作方法】

开立，双手放于体侧，身体正直；右脚向前跨出一步成弓箭步蹲，左腿膝盖几乎接近地面，双腿重复练习（见图 15—39）。

【动作要点】

弓箭步蹲时（见图 15—40）。

（4）杠铃片摆举

【主要作用】

发展腿部、腰部、臂部肌肉群力量。

【动作方法】

双手持杠铃片蹲立，双脚间距宽于肩，杠铃片置于双腿间，身体前倾；用力向上摆动杠铃片至头顶，然后还原成蹲立姿势，重复练习（见图 15—40）。

【动作要点】

控制好上摆速度与幅度。

图 15—39　弓箭步蹲走

图 15—40　杠铃片摆举

2. 柔韧训练

（1）拉伸踝关节

【主要作用】

拉伸踝关节，提高脚踝柔韧。

【动作方法】

坐位，右脚放于地面上，左腿屈膝放于膝盖上，右手握住左脚脚背，左手放于膝关节处，身体正直；右手向内拉伸左脚使踝关节有明显的被拉伸感觉，左手尽量按住膝关节，使其不离开右腿，保持 5~10 秒钟。还原成起始姿势，两脚交替重复练习（见图 15—41）。

图 15—41　拉伸踝关节

【动作要点】

身体正直，动作幅度尽量大。

（2）后拉伸练习

【主要作用】

拉伸踝、腰、颈等，提高综合柔韧。

【动作方法】

跪或立位，身体后仰至最大限度，保持5~10秒，还原成起始姿势，重复练习（见图15—42）。

【动作要点】

动作缓慢进行，动作幅度尽量大。

图15—42　后拉伸练习

（3）坐位压腿

【主要作用】

拉伸小腿、大腿后部和外侧。

【动作方法】

坐位，双腿分开或一屈一伸，做向前、向侧下压练习，至极限位置保持5~10秒，还原成起始姿势，重复练习（见图15—43）。

【动作要点】

缓慢进行，动作幅度尽量大。

图15—43　坐位压腿

3. 平衡训练

(1) 单腿支撑

【主要作用】

提高身体平衡、控制能力。

【动作方法】

站位，抬起一条腿并双手抱膝盖，保持稳定支撑3~5秒后再尝试闭眼保持3~5秒，交替重复练习（见图15—44）。

【动作要点】

身体保持正直，尽量不要晃动，支撑腿伸直。

图15—44　单腿支撑

(2) 仰卧转体

【主要作用】

发展腹部和躯干两侧肌群力量。

【动作方法】

仰卧在瑞士球上，双脚与肩同宽放于地面，双臂屈肘，双手持实心球抱于胸前，稍抬上体做左右转体至极限位置时保持5~10秒静止，重复练习（见图15—45）。

【动作要点】

以腹部和腰部发力转体，动作幅度尽量大。

图15—45　仰卧转体

(3) 俯卧背屈伸

【主要作用】

发展腰背部肌群力量，提高身体柔韧、平衡和控制的能力。

【动作方法】

俯卧于瑞士球上，双腿并拢离地，双手与肩同宽放于地面；腰背部肌肉发力向后背起成弓形，两腿与两臂伸直往上提至最大动作幅度，停顿2~3秒；还原成起始姿势，重复练习（见图15—46）。

【动作要点】

腹部压于球面上。

4. 协调与灵敏训练

(1) 协调训练

图 15—46　俯卧瑞士球背屈伸

①纵跳

【主要作用】

提高练习者的协调能力。

【动作方法】

双脚并拢，两臂上摆向上跳，连续跳跃。可结合前后跳、跳起后旋转、跳起后分腿、跳起后屈膝等。

【动作要点】

落地屈膝缓冲，连续完成动作。

②立卧撑跳起转体 360 度

【主要作用】

提高练习者的上肢、下肢和身体的协调能力。

【动作方法】

由俯卧撑姿势开始，双腿屈膝抬大腿，成全蹲。双脚蹬地全力、快速纵跳，双臂稍带力上摆，在空中转体 360 度。衔接下一个动作时要迅速屈膝下蹲，在双手即将撑地的时候，双脚向后伸蹬，成俯卧撑。连续进行。

【动作要点】

落地屈膝缓冲，连续完成动作。

③全身波浪起

【主要作用】

提高练习者上肢、下肢和身体间各大小肌群的协调能力。

【动作方法】

双腿开立，两脚间距离与肩同宽。先做直腿体前屈，然后依次向前顶膝、展髋、挺腹、挺胸、抬头的身体波浪，两臂在体侧绕环，重复练习。

【动作要点】

动作柔和、顺畅。

④反协调动作组合练习

【主要作用】

提高练习者上肢、下肢和身体的协调能力。

【动作方法】

练习者右脚上步的同时右手上举，左脚上步的同时左手上举，左脚后退时左手叉腰，右脚后退时右手叉腰，反复练习。

【动作要点】

熟练后可在协调与反协调间交互循环练习。

（2）灵敏训练

①障碍追逐跑练习

两人一组，在设定的各类障碍物中追逐跑，身体不得触碰障碍物，一定时间或被触碰后，交换练习。

②滚翻接加速跑练习

练习者左右间隔一米，听一声长哨做前滚翻，听一声短哨做后滚翻，然后按规定的方向加速跑。

③过长绳练习

两人摇绳，摇绳的节奏不定，练习者从绳子下跑过或跳过。

# 附录　国家学生体质健康标准（2014 年修订）

## 一、说明

1.《国家学生体质健康标准》（以下简称《标准》）是国家学校教育工作的基础性指导文件和教育质量基本标准，是评价学生综合素质、评估学校工作和衡量各地教育发展的重要依据，是《国家体育锻炼标准》在学校的具体实施，适用于全日制普通小学、初中、普通高中、中等职业学校、普通高等学校的学生。

2. 本标准的修订坚持健康第一，落实《国家中长期教育改革和发展规划纲要（2010—2020 年）》《国务院办公厅转发教育部等部门关于进一步加强学校体育工作若干意见的通知》（国办发〔2012〕53 号）和《教育部关于印发〈学生体质健康监测评价办法〉等三个文件的通知》（教体艺〔2014〕3 号）有关要求，着重提高《标准》应用的信度、效度和区分度，着重强化其教育激励、反馈调整和引导锻炼的功能，着重提高其教育监测和绩效评价的支撑能力。

3. 本标准从身体形态、身体机能和身体素质等方面综合评定学生的体质健康水平，是促进学生体质健康发展、激励学生积极进行身体锻炼的教育手段，是国家学生发展核心素养体系和学业质量标准的重要组成部分，是学生体质健康的个体评价标准。

4. 本标准将适用对象划分为以下组别：小学、初中、高中按每个年级为一组，其中小学为 6 组、初中为 3 组、高中为 3 组。大学一、二年级为一组，三、四年级为一组。

5. 小学、初中、高中、大学各组别的测试指标均为必测指标。其中，身体形态类中的身高、体重，身体机能类中的肺活量，以及身体素质类中的 50 米跑、坐位体前屈为各年级学生共性指标。

6. 本标准的学年总分由标准分与附加分之和构成，满分为 120 分。标准分由各单项指标得分与权重乘积之和组成，满分为 100 分。附加分根据实测成绩确定，即对成绩超过 100 分的加分指标进行加分，满分为 20 分；小学的加分指标为 1 分钟跳绳，加分幅度为 20 分；初中、高中和大学的加分指标为男生引体向上和 1 000 米跑，女生 1 分钟仰卧起坐和 800 米跑，各指标加分幅度均为 10 分。

7. 根据学生学年总分评定等级：90. 0 分及以上为优秀，80. 0~89. 9 分为良好，60. 0~79. 9 分为及格，59. 9 分及以下为不及格。

8. 每个学生每学年评定一次，记入《〈国家学生体质健康标准〉登记卡》（附表 9）。特殊学制的学校，在填写登记卡时可以按规定和需求相应地增减栏目。学生毕业时的成绩和等级，按毕业当年学年总分的 50%与其他学年总分平均得分的 50%之和进行评定。

9. 学生测试成绩评定达到良好及以上者，方可参加评优与评奖；成绩达到优秀者，方可获体育奖学分。测试成绩评定不及格者，在本学年度准予补测一次，补测仍不及格，则学年成绩评定为不及格。普通高中、中等职业学校和普通高等学校学生毕业时，《标准》测试的成绩达不到 50 分者按结业或肄业处理。

10. 学生因病或残疾可向学校提交暂缓或免予执行《标准》的申请，经医疗单位证明，体育教学部门核准，可暂缓或免予执行《标准》，并填写《免予执行〈国家学生体质健康标准〉申请表》（附表 10），存入学生档案。确实丧失运动能力、被免予执行《标准》的残疾学生，仍可参加评优与评奖，毕业时《标准》成绩需注明免测。

11. 各学校每学年开展覆盖本校各年级学生的《标准》测试工作，《标准》测试数据经当地教育行政部门按要求审核后，通过“中国学生体质健康网”上传至“国家学生体质健康标准数据管理系统”。测试和数据上传时间由教育行政部门确定。

12. 本标准由教育部负责解释。

## 二、单项指标与权重

| 测试对象 | 单项指标 | 权重（%） |
|---|---|---|
| 小学一年级至大学四年级 | 体重指数（BMI） | 15 |
| | 肺活量 | 15 |
| 小学一、二年级 | 50 米跑 | 20 |
| | 坐位体前屈 | 30 |
| | 1 分钟跳绳 | 20 |
| 小学三、四年级 | 50 米跑 | 20 |
| | 坐位体前屈 | 20 |
| | 1 分钟跳绳 | 20 |
| | 1 分钟仰卧起坐 | 10 |
| 小学五、六年级 | 50 米跑 | 20 |
| | 坐位体前屈 | 10 |
| | 1 分钟跳绳 | 10 |
| | 1 分钟仰卧起坐 | 20 |
| | 50 米×8 往返跑 | 10 |
| 初中、高中、大学各年级 | 50 米跑 | 20 |
| | 坐位体前屈 | 10 |
| | 立定跳远 | 10 |
| | 引体向上（男）/1 分钟仰卧起坐（女） | 10 |
| | 1 000 米跑（男）/800 米跑（女） | 20 |

注：体重指数（BMI）= 体重（千克）/ 身高$^2$（米$^2$）。

## 三、评分表

表 1　　体重指数（BMI）评分表（单位：千克/米²）

| 等级 | 得分 | 中职一年级 | | 中职二年级 | | 中职三年级 | |
|---|---|---|---|---|---|---|---|
| | | 男 | 女 | 男 | 女 | 男 | 女 |
| 正常 | 100 | 16.5~23.2 | 16.5~22.7 | 16.8~23.7 | 16.9~23.2 | 17.3~23.8 | 17.1~23.3 |
| 低体重 | 80 | ≤16.4 | ≤16.4 | ≤16.7 | ≤16.8 | ≤17.2 | ≤17.0 |
| 超重 | | 23.3~26.3 | 22.8~25.2 | 23.8~26.5 | 23.3~25.4 | 23.9~27.3 | 23.4~25.7 |
| 肥胖 | 60 | ≥26.4 | ≥25.3 | ≥26.6 | ≥25.5 | ≥27.4 | ≥25.8 |

注：体重指数（BMI）= 体重（千克）/身高²（米²）

表 2　　中职一年级男生评分表

| 等级 | 单项得分 | 肺活量（毫升） | 50 米（秒） | 坐位体前屈（厘米） | 立定跳远（厘米） | 引体向上（次） | 1 000 米（分．秒） |
|---|---|---|---|---|---|---|---|
| 优秀 | 100 | 4 540 | 7.1 | 23.6 | 260 | 16 | 3′30″ |
| | 95 | 4 420 | 7.2 | 21.5 | 255 | 15 | 3′35″ |
| | 90 | 4 300 | 7.3 | 19.4 | 250 | 14 | 3′40″ |
| 良好 | 85 | 4 050 | 7.4 | 17.2 | 243 | 13 | 3′47″ |
| | 80 | 3 800 | 7.5 | 15.0 | 235 | 12 | 3′55″ |
| 及格 | 78 | 3 680 | 7.7 | 13.6 | 231 | | 4′00″ |
| | 76 | 3 560 | 7.9 | 12.2 | 227 | 11 | 4′05″ |
| | 74 | 3 440 | 8.1 | 10.8 | 223 | | 4′10″ |
| | 72 | 3 320 | 8.3 | 9.4 | 219 | 10 | 4′15″ |
| | 70 | 3 200 | 8.5 | 8.0 | 215 | | 4′20″ |
| | 68 | 3 080 | 8.7 | 6.6 | 211 | 9 | 4′25″ |
| | 66 | 2 960 | 8.9 | 5.2 | 207 | | 4′30″ |
| | 64 | 2 840 | 9.1 | 3.8 | 203 | 8 | 4′35″ |
| | 62 | 2 720 | 9.3 | 2.4 | 199 | | 4′40″ |
| | 60 | 2 600 | 9.5 | 1.0 | 195 | 7 | 4′45″ |
| 不及格 | 50 | 2 470 | 9.7 | 0.0 | 190 | 6 | 5′05″ |
| | 40 | 2 340 | 9.9 | -1.0 | 185 | 5 | 5′25″ |
| | 30 | 2 210 | 10.1 | -2.0 | 180 | 4 | 5′45″ |
| | 20 | 2 080 | 10.3 | -3.0 | 175 | 3 | 6′05″ |
| | 10 | 1 950 | 10.5 | -4.0 | 170 | 2 | 6′25″ |

**表 3** 　　　　　　　　　　**中职一年级女生评分表**

| 等级 | 单项得分 | 肺活量（毫升） | 50 米（秒） | 坐位体前屈（厘米） | 立定跳远（厘米） | 1 分钟仰卧起坐（次） | 800 米（分．秒） |
|---|---|---|---|---|---|---|---|
| 优秀 | 100 | 3 150 | 7.8 | 24.2 | 204 | 53 | 3′24″ |
| | 95 | 3 100 | 7.9 | 22.5 | 198 | 51 | 3′30″ |
| | 90 | 3 050 | 8.0 | 20.8 | 192 | 49 | 3′36″ |
| 良好 | 85 | 2 900 | 8.3 | 19.1 | 185 | 46 | 3′43″ |
| | 80 | 2 750 | 8.6 | 17.4 | 178 | 43 | 3′50″ |
| 及格 | 78 | 2 650 | 8.8 | 16.1 | 175 | 41 | 3′55″ |
| | 76 | 2 550 | 9.0 | 14.8 | 172 | 39 | 4′00″ |
| 及格 | 74 | 2 450 | 9.2 | 13.5 | 169 | 37 | 4′05″ |
| | 72 | 2 350 | 9.4 | 12.2 | 166 | 35 | 4′10″ |
| | 70 | 2 250 | 9.6 | 10.9 | 163 | 33 | 4′15″ |
| | 68 | 2 150 | 9.8 | 9.6 | 160 | 31 | 4′20″ |
| | 66 | 2 050 | 10.0 | 8.3 | 157 | 29 | 4′25″ |
| | 64 | 1 950 | 10.2 | 7.0 | 154 | 27 | 4′30″ |
| | 62 | 1 850 | 10.4 | 5.7 | 151 | 25 | 4′35″ |
| | 60 | 1 750 | 10.6 | 4.4 | 148 | 23 | 4′40″ |
| 不及格 | 50 | 1 710 | 10.8 | 3.6 | 143 | 21 | 4′50″ |
| | 40 | 1 670 | 11.0 | 2.8 | 138 | 19 | 5′00″ |
| | 30 | 1 630 | 11.2 | 2.0 | 133 | 17 | 5′10″ |
| | 20 | 1 590 | 11.4 | 1.2 | 128 | 15 | 5′20″ |
| | 10 | 1 550 | 11.6 | 0.4 | 123 | 13 | 5′30″ |

**表 4** 　　　　　　　　　　**中职二年级男生评分表**

| 等级 | 单项得分 | 肺活量（毫升） | 50 米（秒） | 坐位体前屈（厘米） | 立定跳远（厘米） | 引体向上（次） | 1 000 米（分．秒） |
|---|---|---|---|---|---|---|---|
| 优秀 | 100 | 4 740 | 7.0 | 24.3 | 265 | 17 | 3′25″ |
| | 95 | 4 620 | 7.1 | 22.4 | 260 | 16 | 3′30″ |
| | 90 | 4 500 | 7.2 | 20.5 | 255 | 15 | 3′35″ |
| 良好 | 85 | 4 250 | 7.3 | 18.3 | 248 | 14 | 3′42″ |
| | 80 | 4 000 | 7.4 | 16.1 | 240 | 13 | 3′50″ |
| 及格 | 78 | 3 880 | 7.6 | 14.7 | 236 | 12 | 3′55″ |
| | 76 | 3 760 | 7.8 | 13.3 | 232 | | 4′00″ |
| | 74 | 3 640 | 8.0 | 11.9 | 228 | | 4′05″ |

续表

| 等级 | 单项得分 | 肺活量（毫升） | 50 米（秒） | 坐位体前屈（厘米） | 立定跳远（厘米） | 引体向上（次） | 1 000 米（分．秒） |
|---|---|---|---|---|---|---|---|
| 及格 | 72 | 3 520 | 8.2 | 10.5 | 224 | 11 | 4′10″ |
| | 70 | 3 400 | 8.4 | 9.1 | 220 | | 4′15″ |
| | 68 | 3 280 | 8.6 | 7.7 | 216 | 10 | 4′20″ |
| | 66 | 3 160 | 8.8 | 6.3 | 212 | | 4′25″ |
| | 64 | 3 040 | 9.0 | 4.9 | 208 | 9 | 4′30″ |
| | 62 | 2 920 | 9.2 | 3.5 | 204 | | 4′35″ |
| | 60 | 2 800 | 9.4 | 2.1 | 200 | 8 | 4′40″ |
| 不及格 | 50 | 2 660 | 9.6 | 1.1 | 195 | 7 | 5′00″ |
| | 40 | 2 520 | 9.8 | 0.1 | 190 | 6 | 5′20″ |
| | 30 | 2 380 | 10.0 | −0.9 | 185 | 5 | 5′40″ |
| | 20 | 2 240 | 10.2 | −1.9 | 180 | 4 | 6′00″ |
| | 10 | 2 100 | 10.4 | −2.9 | 175 | 3 | 6′20″ |

**表 5　　　　中职二年级女生评分表**

| 等级 | 单项得分 | 肺活量（毫升） | 50 米（秒） | 坐位体前屈（厘米） | 立定跳远（厘米） | 1 分钟仰卧起坐（次） | 800 米（分．秒） |
|---|---|---|---|---|---|---|---|
| 优秀 | 100 | 3 250 | 7.7 | 24.8 | 205 | 54 | 3′22″ |
| | 95 | 3 200 | 7.8 | 23.1 | 199 | 52 | 3′28″ |
| | 90 | 3 150 | 7.9 | 21.4 | 193 | 50 | 3′34″ |
| 良好 | 85 | 3 000 | 8.2 | 19.7 | 186 | 47 | 3′41″ |
| | 80 | 2 850 | 8.5 | 18.0 | 179 | 44 | 3′48″ |
| 及格 | 78 | 2 750 | 8.7 | 16.7 | 176 | 42 | 3′53″ |
| | 76 | 2 650 | 8.9 | 15.4 | 173 | 40 | 3′58″ |
| | 74 | 2 550 | 9.1 | 14.1 | 170 | 38 | 4′03″ |
| | 72 | 2 450 | 9.3 | 12.8 | 167 | 36 | 4′08″ |
| | 70 | 2 350 | 9.5 | 11.5 | 164 | 34 | 4′13″ |
| | 68 | 2 250 | 9.7 | 10.2 | 161 | 32 | 4′18″ |
| | 66 | 2 150 | 9.9 | 8.9 | 158 | 30 | 4′23″ |
| | 64 | 2 050 | 10.1 | 7.6 | 155 | 28 | 4′28″ |
| | 62 | 1 950 | 10.3 | 6.3 | 152 | 26 | 4′33″ |
| | 60 | 1 850 | 10.5 | 5.0 | 149 | 24 | 4′38″ |

续表

| 等级 | 单项得分 | 肺活量（毫升） | 50米（秒） | 坐位体前屈（厘米） | 立定跳远（厘米） | 1分钟仰卧起坐（次） | 800米（分.秒） |
|---|---|---|---|---|---|---|---|
| 不及格 | 50 | 1 810 | 10.7 | 4.2 | 144 | 22 | 4′48″ |
| | 40 | 1 770 | 10.9 | 3.4 | 139 | 20 | 4′58″ |
| | 30 | 1 730 | 11.1 | 2.6 | 134 | 18 | 5′08″ |
| | 20 | 1 690 | 11.3 | 1.8 | 129 | 16 | 5′18″ |
| | 10 | 1 650 | 11.5 | 1.0 | 124 | 14 | 5′28″ |

**表6** 中职三年级男生评分表

| 等级 | 单项得分 | 肺活量（毫升） | 50米（秒） | 坐位体前屈（厘米） | 立定跳远（厘米） | 引体向上（次） | 1 000米（分.秒） |
|---|---|---|---|---|---|---|---|
| 优秀 | 100 | 4 940 | 6.8 | 24.6 | 270 | 18 | 3′20″ |
| | 95 | 4 820 | 6.9 | 22.8 | 265 | 17 | 3′25″ |
| | 90 | 4 700 | 7.0 | 21.0 | 260 | 16 | 3′30″ |
| 良好 | 85 | 4 450 | 7.1 | 19.1 | 253 | 15 | 3′37″ |
| | 80 | 4 200 | 7.2 | 17.2 | 245 | 14 | 3′45″ |
| 及格 | 78 | 4 080 | 7.4 | 15.8 | 241 | | 3′50″ |
| | 76 | 3 960 | 7.6 | 14.4 | 237 | 13 | 3′55″ |
| | 74 | 3 840 | 7.8 | 13.0 | 233 | | 4′00″ |
| | 72 | 3 720 | 8.0 | 11.6 | 229 | 12 | 4′05″ |
| | 70 | 3 600 | 8.2 | 10.2 | 225 | | 4′10″ |
| | 68 | 3 480 | 8.4 | 8.8 | 221 | 11 | 4′15″ |
| | 66 | 3 360 | 8.6 | 7.4 | 217 | | 4′20″ |
| | 64 | 3 240 | 8.8 | 6.0 | 213 | 10 | 4′25″ |
| | 62 | 3120 | 9.0 | 4.6 | 209 | | 4′30″ |
| | 60 | 3 000 | 9.2 | 3.2 | 205 | 9 | 4′35″ |
| 不及格 | 50 | 2 850 | 9.4 | 2.2 | 200 | 8 | 4′55″ |
| | 40 | 2 700 | 9.6 | 1.2 | 195 | 7 | 5′15″ |
| | 30 | 2 550 | 9.8 | 0.2 | 190 | 6 | 5′35″ |
| | 20 | 2 400 | 10.0 | −0.8 | 185 | 5 | 5′55″ |
| | 10 | 2 250 | 10.2 | −1.8 | 180 | 4 | 6′15″ |

表 7　　中职三年级女生评分表

| 等级 | 单项得分 | 肺活量（毫升） | 50 米（秒） | 坐位体前屈（厘米） | 立定跳远（厘米） | 1 分钟仰卧起坐（次） | 800 米（分．秒） |
|---|---|---|---|---|---|---|---|
| 优秀 | 100 | 3 350 | 7.6 | 25.3 | 206 | 55 | 3′20″ |
| | 95 | 3 300 | 7.7 | 23.6 | 200 | 53 | 3′26″ |
| | 90 | 3 250 | 7.8 | 21.9 | 194 | 51 | 3′32″ |
| 良好 | 85 | 3 100 | 8.1 | 20.2 | 187 | 48 | 3′39″ |
| | 80 | 2 950 | 8.4 | 18.5 | 180 | 45 | 3′46″ |
| 及格 | 78 | 2 850 | 8.6 | 17.2 | 177 | 43 | 3′51″ |
| | 76 | 2 750 | 8.8 | 15.9 | 174 | 41 | 3′56″ |
| | 74 | 2 650 | 9.0 | 14.6 | 171 | 39 | 4′01″ |
| | 72 | 2 550 | 9.2 | 13.3 | 168 | 37 | 4′06″ |
| | 70 | 2 450 | 9.4 | 12.0 | 165 | 35 | 4′11″ |
| | 68 | 2 350 | 9.6 | 10.7 | 162 | 33 | 4′16″ |
| | 66 | 2 250 | 9.8 | 9.4 | 159 | 31 | 4′21″ |
| | 64 | 2 150 | 10.0 | 8.1 | 156 | 29 | 4′26″ |
| | 62 | 2 050 | 10.2 | 6.8 | 153 | 27 | 4′31″ |
| | 60 | 1 950 | 10.4 | 5.5 | 150 | 25 | 4′36″ |
| 不及格 | 50 | 1 910 | 10.6 | 4.7 | 145 | 23 | 4′46″ |
| | 40 | 1 870 | 10.8 | 3.9 | 140 | 21 | 4′56″ |
| | 30 | 1 830 | 11.0 | 3.1 | 135 | 19 | 5′06″ |
| | 20 | 1 790 | 11.2 | 2.3 | 130 | 17 | 5′16″ |
| | 10 | 1 750 | 11.4 | 1.5 | 125 | 15 | 5′26″ |

表 8　　加分表

| 加分 | 1 | 2 | 3 | 4 | 5 | 6 | 7 | 8 | 9 | 10 |
|---|---|---|---|---|---|---|---|---|---|---|
| 引体向上（次） | 1 | 2 | 3 | 4 | 5 | 6 | 7 | 8 | 9 | 10 |
| 仰卧起坐（次） | 2 | 4 | 6 | 7 | 8 | 9 | 10 | 11 | 12 | 13 |
| 1 000 米（秒） | -4 | -8 | -12 | -16 | -20 | -23 | -26 | -29 | -32 | -35 |
| 800 米（秒） | -5 | -10 | -15 | -20 | -25 | -30 | -35 | -40 | -45 | -50 |

注：1. 引体向上、一分钟仰卧起坐均为高优指标，学生成绩超过单项评分 100 分后，以超过的次数所对应的分数进行加分。2. 1 000 米跑、800 米跑均为低优指标，学生成绩低于单项评分 100 分后，以减少的秒数所对应的分数进行加分。

表 9

## 《国家学生体质健康标准》登记卡（样表）

学　校 ________________

<table>
<tr><td>姓　名</td><td colspan="3"></td><td colspan="2">性　别</td><td colspan="2"></td><td colspan="2">学　号</td><td colspan="2"></td></tr>
<tr><td>班　级</td><td colspan="3"></td><td colspan="2">民　族</td><td colspan="2"></td><td colspan="2">出生日期</td><td colspan="2"></td></tr>
<tr><td rowspan="2">单项指标</td><td colspan="3">中职一年级</td><td colspan="3">中职二年级</td><td colspan="3">中职三年级</td><td colspan="2">毕业成绩</td></tr>
<tr><td>成绩</td><td>得分</td><td>等级</td><td>成绩</td><td>得分</td><td>等级</td><td>成绩</td><td>得分</td><td>等级</td><td>得分</td><td>等级</td></tr>
<tr><td>体重指数（BMI）（千克/米$^2$）</td><td></td><td></td><td></td><td></td><td></td><td></td><td></td><td></td><td></td><td rowspan="13"></td><td rowspan="13"></td></tr>
<tr><td>肺活量（毫升）</td><td></td><td></td><td></td><td></td><td></td><td></td><td></td><td></td><td></td></tr>
<tr><td>50 米跑（秒）</td><td></td><td></td><td></td><td></td><td></td><td></td><td></td><td></td><td></td></tr>
<tr><td>坐位体前屈（厘米）</td><td></td><td></td><td></td><td></td><td></td><td></td><td></td><td></td><td></td></tr>
<tr><td>立定跳远（厘米）</td><td></td><td></td><td></td><td></td><td></td><td></td><td></td><td></td><td></td></tr>
<tr><td>引体向上（男）/<br>1 分钟仰卧起坐（女）（次）</td><td></td><td></td><td></td><td></td><td></td><td></td><td></td><td></td><td></td></tr>
<tr><td>1 000 米跑（男）/<br>800 米跑（女）（分·秒）</td><td></td><td></td><td></td><td></td><td></td><td></td><td></td><td></td><td></td></tr>
<tr><td>标准分</td><td colspan="3"></td><td colspan="3"></td><td colspan="3"></td></tr>
<tr><td>加分指标</td><td>成绩</td><td colspan="2">附加分</td><td>成绩</td><td colspan="2">附加分</td><td>成绩</td><td colspan="2">附加分</td></tr>
<tr><td>引体向上（男）/<br>1 分钟仰卧起坐（女）（次）</td><td></td><td colspan="2"></td><td></td><td colspan="2"></td><td></td><td colspan="2"></td></tr>
<tr><td>1 000 米跑（男）/<br>800 米跑（女）（分·秒）</td><td></td><td colspan="2"></td><td></td><td colspan="2"></td><td></td><td colspan="2"></td></tr>
<tr><td>学年总分</td><td colspan="3"></td><td colspan="3"></td><td colspan="3"></td></tr>
<tr><td>等级评定</td><td colspan="3"></td><td colspan="3"></td><td colspan="3"></td></tr>
<tr><td>体育教师签字</td><td colspan="3"></td><td colspan="3"></td><td colspan="3"></td><td colspan="2"></td></tr>
<tr><td>班主任签字</td><td colspan="3"></td><td colspan="3"></td><td colspan="3"></td><td colspan="2"></td></tr>
<tr><td>家长签字</td><td colspan="3"></td><td colspan="3"></td><td colspan="3"></td><td colspan="2"></td></tr>
</table>

学校签章：　　　　年　　月　　日

**表10　　免予执行《国家学生体质健康标准》申请表（样表）**

<table>
<tr><td>姓　名</td><td></td><td>性　别</td><td></td><td>学　号</td><td></td></tr>
<tr><td>班级/院（系）</td><td></td><td>民　族</td><td></td><td>出生日期</td><td></td></tr>
<tr><td>原因</td><td colspan="5">申请人：<br>年　　月　　日</td></tr>
<tr><td>体育教师签字</td><td colspan="2"></td><td>家长签字</td><td colspan="2"></td></tr>
<tr><td>学校体育部门意见</td><td colspan="5">学校签章：<br>年　　月　　日</td></tr>
</table>

注：中等职业学校及普通高等学校的学生，“家长签字”由学生本人签字。